Valérie Hammerbacher
Anja Krämer

Stuttgart

Architektur des 20. und 21. Jahrhunderts

22 Stadtspaziergänge

G. BRAUN

Vorwort

Was gibt es Spannenderes, als mit offenen Augen und geschärftem Blick durch eine Stadt zu spazieren. Alles Gebaute kann aus seiner Entstehungszeit erzählen und vieles über die Entwicklung der Stadt, über die Kultur ihrer Bewohner oder über die Zusammenhänge der Architekturgeschichte mitteilen. In fremden Städten geben wir uns Streifzügen durch die Straßen mit Vorsatz und Genuss hin. In der eigenen Stadt, in der wir uns täglich bewegen, passiert es viel zu selten, dass wir von gewohnten Pfaden abschweifen.

Mit unseren reich bebilderten Stadtspaziergängen zur Architektur des 20. und 21. Jahrhunderts möchten wir unsere Leser auf neue Wege in Stuttgart locken und sie zu Entdeckungen animieren. 22 über das ganze Stadtgebiet verteilte Routen sollen ihnen die Highlights aus 110 Jahren Baugeschichte und -gegenwart ebenso zeigen wie typische und weitverbreitete Vertreter ihrer Zeit oder außergewöhnliche, noch unbekannte Bauten. Auch wenn der Schwerpunkt aller Rundgänge im 20. Jahrhundert liegt, wollten wir nicht mit dem Jahr 2000 enden. Es gibt eine Kontinuität der Entwicklungsstränge vom 20. Jahrhundert bis in die Gegenwart hinein, sowohl was die Gestaltung als auch was die Protagonisten betrifft. Es war unser Anliegen, diese

Entwicklungslinien und die Netzwerke der Architekten an konkreten Bauten immer wieder zu verdeutlichen. So wäre es nur ein künstlicher Schnitt gewesen, die Entwicklung der letzten dreizehn Jahre unbeachtet zu lassen.

Im Stadtzentrum haben wir die Rundgänge unter ein besonderes Thema gestellt, um durch Vergleiche den Besonderheiten eines Zeitabschnitts, eines Stils oder einer Bauaufgabe näherzukommen. Eine reiche Dichte von Bauwerken aus allen Stilphasen ermöglichte hier dieses Vorgehen. In den umliegenden Stadtbezirken versammeln die Touren dagegen unterschiedliche Architekturen der letzten 110 Jahre.

Mit der Arbeit an diesem Buch haben wir uns selbst einen weiteren Teil unserer Stadt erschlossen. Das gleiche wünschen wir unseren Lesern.

Valérie Hammerbacher, Anja Krämer, im Spätsommer 2013

Inhaltsverzeichnis

Stuttgart als Architekturstadt im 20. und 21. Jahrhundert

Spricht man von Architekturmoderne in Stuttgart, so muss man im selben Atemzug die Weissenhofsiedlung nennen, jene Bauausstellung zum modernen Wohnen, die die Hauptstadt Württembergs 1927 mit einem Schlag in aller Welt bekannt machte. Die internationale Presse berichtete über dieses Ereignis, in London und Konstantinopel ebenso wie in Prag oder Berlin. »In Stuttgart wurde jetzt die entscheidende Schlacht um das neue Wohnen geschlagen und zugunsten der neuen Architekten [...] entschieden [...]. Voll Neid müssen wir Berliner zusehen [...], wie eine großzügige und verständnisvolle Regierung Hand in Hand mit den besten Architekten Europas alle Erwägungen und Belange kurzerhand beiseiteschiebt

[...]«, so konnte man etwa im August des Jahres 1927 in der Berliner Wochenschrift »Das Blaue Heft« lesen.

Auch heute noch ist die Weissenhofsiedlung international bekannt und führt die Liste der bedeutendsten Bauten der Stadt Stuttgart an. Gleich 10 von 17 Architekten der Weissenhofsiedlung werden bei Wikipedia unter den berühmtesten Architekten des 20. Jahrhunderts aufgeführt, nämlich Peter Behrens, Ludwig Mies van der Rohe, Le Corbusier, Walter Gropius, J. J. P. Oud, Hans Poelzig, Hans Scharoun, Pierre Jeanneret sowie die Brüder Bruno und Max Taut. Nur fünf weitere Namen finden sich dann noch

Blick auf die Weissenhofsiedlung

STUTTGART. Partie v. d. Weissenhof-Siedlung

unter den rund 450 Architekten, die mit Bauten in Stuttgart in Verbindung stehen: Theodor Fischer, der Begründer der Stuttgarter Schule; einer seiner Schüler, Paul Schmitthenner; der Architekt Erich Mendelsohn, dessen Stuttgarter Kaufhaus Schocken leider in der Nachkriegszeit abgerissen wurde; James Stirling, der Erbauer der Neuen Staatsgalerie, und Frei Otto, der langjährige Leiter des Instituts für leichte Flächentragwerke an der hiesigen Universität. Nur Schmitthenner und Otto sind »Stuttgarter Architekten«, die vor Ort lebten und arbeiteten. Theodor Fischer blieb immerhin sieben Jahre als Hochschullehrer in der Stadt. Die anderen jedoch kamen für ihre Aufträge, meist Einzelwerke, nach Stuttgart, während das Zentrum ihres Schaffens außerhalb Württembergs anzusiedeln ist. Le Corbusier etwa beschränkte seinen Aufenthalt in der Neckarstadt sogar auf nur drei kurze Stippvisiten und überließ die gesamte Bauausführung seinem jungen Bauleiter Alfred Roth.

Sind es also auswärtige Architekten und Einzelerscheinungen, die den Ruhm Stuttgarts als Architekturstadt im 20. Jahrhundert begründen? Wo bleiben in dieser Rangliste Paul Bonatz, Günter Behnisch oder Jörg Schlaich, die heute weltweit mit Architektur made in Stuttgart in Verbindung gebracht werden?

Der Ruf, den Stuttgart heute als Architekturstadt genießt, wurzelt in der ersten Hälfte des 20. Jahrhunderts, nicht in der Bauausstellung am Weissenhof, sondern im personellen Geflecht an der hiesigen Technischen Hochschule. Ohne die Beru-

fung Theodor Fischers (1862–1938) im Jahr 1901 wäre es wohl kaum zur Entstehung der sogenannten Ersten Stuttgarter Schule gekommen. Zu Recht gilt Fischer heute als ihr geistiger Vater. Fischers Schaffen fällt in die Übergangszeit zwischen Historismus, Jugendstil und Moderne. Als eigenständiger Lehrer und Entwerfer lehnte er die Vorherrschaft eines Stils ab. Aus den regionalen Besonderheiten und der jeweiligen Situation vor Ort entwickelte er mit Mut zu Neuschöpfungen und mit freien Rückgriffen auf Traditionen seine eigene Formensprache. Zu sehen ist dies an seinen Stuttgarter Bauten wie dem Gustav-Siegle-Haus oder dem Ausstellungsbau des Württembergischen Kunstvereins, mehr noch an seinen Bauten in der Region, etwa der »Unterhose« in Pfullingen oder der Garnisonskirche in Ulm. Fischer orientiert sich an traditionellen Bautypen, formt sie jedoch ihrer Nutzung entsprechend um und scheut sich nicht, neuartige Baustoffe – wie etwa Beton – demonstrativ einzusetzen. Es verwundert also nicht, dass Fischer Schüler und Mitarbeiter ganz unterschiedlicher Ausrichtung nach Stuttgart zog. Unter ihnen findet man Traditonalisten wie Paul Bonatz und Paul Schmitthenner ebenso wie Modernisten, etwa Erich Mendelsohn, J. J. P. Oud oder Bruno Taut. Auch Architekten, die beide Richtungen zu verbinden wussten, wie etwa Martin Elsaesser, sind vertreten.

»Block« gegen »Ring«

Letztlich spielte Theodor Fischer auch eine Rolle in der Vorgeschichte der Weissenhofsiedlung, denn er gehörte 1907 zu den Gründern des Deutschen Werkbunds, der die Stuttgarter Bauausstellung zwanzig Jahre später veranstalten sollte. Der Werkbund hatte sich »die Veredelung der gewerblichen Arbeit im Zusammenwirken von Kunst, Industrie und Handwerk« auf die Fahnen geschrieben. Geleitet von den Grundsätzen Materialgerechtigkeit, Zweckmäßigkeit und Dauerhaftigkeit suchte man die gute Form, eine pure, reduzierte Ästhetik. Wie unter den Schülern Fischers fanden sich auch im Werkbund zunächst Vertreter der Traditionalisten und Modernisten zusammen. Mit der Weissenhofsiedlung spitzten sich die Konflikte der beiden Flügel zu: Die Vertreter des Neuen Bauens, der internationalen Moderne, deren bekannteste Institution das Dessauer Bauhaus war und die sich im Vorfeld der Weissenhofsiedlung 1924/1926 in der Vereinigung »Der Ring« zusammengeschlossen hatten, setzten sich bei der Stuttgarter Bauausstellung durch. Die Traditionalisten Paul Bonatz und Paul Schmitthenner, die bis dahin zu den führenden Mitgliedern der württembergischen Sektion gehört hatten, verließen den Werkbund und gründeten 1928 mit Paul Schulze-Naumburg und anderen die Architektenvereinigung »Der Block« als Gegenbewegung.

Der aus Elsass-Lothringen stammende Paul Bonatz (1877–1956) hatte Architektur an der Technischen Hochschule München studiert. 1902 holte ihn Theodor Fischer als Assistent nach Stuttgart. Bereits fünf Jahre später wurde er zum außerordentlichen Professor ernannt und schon

im folgenden Jahr, 1908, übernahm er im Alter von 31 Jahren den Lehrstuhl, als Fischer nach München zurückkehrte. Er reformierte und entwickelte die Architekturabteilung, die unter dem Namen »Stuttgarter Schule« zur »führenden architektonischen Hochschule Deutschlands, wenn nicht Europas« aufstieg. Neben Bonatz war Paul Schmitthenner (1884–1972) der zweite Kopf der Stuttgarter Schule. Auch er stammte aus dem Elsass und hatte in Karlsruhe und München Architektur studiert. 1918 wurde er auf den Lehrstuhl für Baukonstruktion und Entwerfen nach Stuttgart berufen. Bonatz und Schmitthenner setzten den von Theodor Fischer eingeschlagenen Weg einer gemäßigten Moderne fort, die auf Vereinfachung aus war, aber zugleich Bezüge zu Geschichte und Tradition anstrebte. Außerdem lag ihnen daran, regionale Besonderheiten in ihrer Arbeit aufzugreifen.

Bonatz, der neben seiner Lehrtätigkeit ab 1910 zusammen mit seinem Partner Friedrich Eugen Scholer ein Architekturbüro führte, gab der Stuttgarter Schule vor allem durch den Bau des Hauptbahnhofs ein Gesicht. Die beeindruckende Modernität dieses Verkehrsbaus lässt sich in den technischen Bauten des Büros weiterverfolgen, etwa bei den Brücken der Reichsautobahn oder den Staustufen am Neckar. Seine Wohnbauten am Killesberg sind dagegen weitaus traditioneller, ebenso wie die benachbarten Villen Paul Schmitthenners. Dennoch prägten letztere deutschlandweit das Bild des »deutschen Wohnhauses«, denn Schmitthenner publizierte sie 1932 in seinem gleichnamigen Architekturlehrbuch, das in zahlreichen Auflagen verbreitet war. Goethes Gartenhaus in Weimar wurde hier als Vorbild und idealer Konterpart den Wohnmaschinen der internationalen Avantgarde à la Weissenhof entgegengesetzt.

Den zweiten Akt im Richtungsstreit erlebte Stuttgart mit dem Projekt der Kochenhofsiedlung: Der Deutsche Werkbund plante eine Folgeausstellung und beauftragte den Stuttgarter Richard Döcker mit der Leitung, nachdem dieser sich am Weissenhof durch den Bau zweier Wohnhäuser und vor allem durch die nervenaufreibende Bauleitung der Siedlung bewährt hatte. Doch Schmitthenner nutzte die veränderten politischen Machtverhältnisse 1933, übernahm die Leitung und machte die Ausstellung zu einem Projekt der Traditionalisten. So wurde sie zu einer Gegendarstellung zur Weissenhofsied-

lung, erreichte jedoch nie deren Rang, da man es – anders als am Weissenhof – versäumte, weitere führende Traditionalisten außerhalb der Stuttgarter Schule hinzuzuziehen.

Stuttgarter Architekten der Moderne

Richard Döcker (1894–1968) darf als wichtigster Vertreter der Avantgarde in Stuttgart gelten. Er hatte hier studiert und von 1922 bis 1924 als Assistent bei Paul Bonatz gearbeitet. Jedoch entwuchs er der Stuttgarter Schule schnell und schloss sich dem Neuen Bauen an. Noch bevor er 1927 die Bauleitung der Weissenhofsiedlung übernahm, trat er 1926 dem »Ring« bei. 1928 arbeitete er in der CIAM-Gruppe, dem Congrès International d'Architecture, mit, dem einflussreichsten Netzwerk der internationalen Avantgardearchitekten. Für Stuttgart und die Region

Postkarte »Modernes Stuttgart« um 1931

wurde er zum führenden Architekt der Moderne, wie seine Villenbauten oder auch das Waiblinger Krankenhaus zeigen, und publizierte über Grundsatzthemen der Zeit, etwa über Keintypenhäuser oder das Flachdach.

Neben Richard Döcker wirkten Ernst Otto Oßwald, Adolf Gustav Schneck, Hugo Keuerleber und Albert Schieber als Vertreter der Moderne in Stuttgart. Ernst Otto Oßwald (1880–1960), der mit dem Stuttgarter Tagblatt-Turm ein im doppelten Wortsinn herausragendes, weithin sichtbares Zeichen des Neuen Bauens gesetzt hatte, war vor seiner Bürogründung Mitarbeiter bei Theodor Fischer gewesen. Adolf Gustav Schneck (1883–1971) hatte bei Paul Bonatz studiert, bevor er an der Stuttgarter Kunstgewerbeschule Professor am Lehrstuhl für Innenarchitektur und Möbelbau wurde. Als Architekt der Moderne trat er nur kurze Zeit in Erscheinung. Neben seinen Häusern am Weissenhof ist hier vor allem das elegant und raffiniert entworfene Erholungsheim, das »Haus auf der Alb«, in Bad Urach zu nennen. Hugo Keuerleber (1883–1949) arbeitete in den 1920er-Jahren mit Richard Döcker beim Bau der Siedlung Viergiebelweg zusammen. Durch seine Lehrtätigkeit an der Stuttgarter Architekturfakultät gehört er mit Wilhelm Tiedje, Heinz Wetzel und Martin Elsaesser neben den führenden Köpfen Bonatz und Schmitthenner zur Stuttgarter Schule. Auch Albert Schieber (1875–1946) zählt zu den konsequenten Vertretern der Stuttgarter Moderne. Neben dem Hahn & Kolb-Haus errichtete er mit der Siedlung Ziegelklin-

ge eine erste städtische Flachdachsiedlung und sachliche Industriebauten, wie etwa den Lagerbau, der seit Kurzem das Stadtarchiv beherbergt. Freilich wurden all die genannten Bauten der Stuttgarter Modernisten weit übertroffen von Erich Mendelsohns gläsernem, stromlinienförmigen Kaufhaus Schocken, das nachts wie ein Ozeandampfer mit beleuchteten Fensterbändern und Schiffsdecks vom Anbruch einer neuen Zeit kündete.

Neben den Kaufhäusern Schocken und Breuninger entstanden neue Großbauten vor allem auf dem Gelände, das durch die Verlegung des Hauptbahnhofes in den 1920er-Jahren frei geworden war. Hier bauten große Büros wie Eisenlohr und Pfennig, Bielenberg und Moser oder Schmohl und Staehelin Geschäftshäuser, die sich an Expressionismus, Neoklassizismus oder Neuer Sachlichkeit orientierten, sich insgesamt jedoch um eine zurückhaltende, gemäßigte Modernität bemühten.

Drittes Reich und Wiederaufbau

Während des Nationalsozialismus wurde Stuttgart zur »Stadt der Auslandsdeutschen«. Oberbürgermeister Karl Strölin war stark bestrebt, der Stadt durch Großbauprojekte Gewicht und Aufmerksamkeit in Berlin zu verschaffen. Glücklicherweise wurden neben der Adolf-Hitler-Kampfbahn für Sportveranstaltungen, einer provisorischen »Schwabenhalle« für Großveranstaltungen auf dem Cannstatter Wasen und den Bauten der Reichsgartenschau auf dem Killesberg kaum Bauprojekte realisiert. Vor allem die geplanten Großbauten auf den Hügelkuppen, ein Reichssender auf der Karlshöhe, ein Wehrbereichskommando anstelle des Weissenhofgeländes, ein Gauforum auf der Uhlandshöhe, am Bollwerk oder auf dem Rosenstein hätten dem Bild der Stadt ein martialisches Gepräge verliehen. Die Architekten der Stuttgarter Schule waren an diesen Planungen verschiedentlich beteiligt. Mit Kriegsende löste sich die erste Stuttgarter Schule jedoch auf. Paul Bonatz war in Ankara, Paul Schmitthenner wurde vom Lehrstuhl suspendiert. Seine Wiederberufung verhinderten die Stuttgarter Vertreter des Neuen Bauens.

Die zweite Stuttgarter Schule, die sich aus der jüngeren Generation von Studenten und Assistenten an der Technischen Hochschule zusammensetzte, befasste sich in der Nachkriegszeit mit dem Wiederaufbau der zerstörten Innenstädte und mit der Frage, inwiefern ein nahtloses Anknüpfen an die von den Nazis verfemte Moderne zu bewerkstelligen sei. Sowohl in der Lehre an der Technischen Hochschule wie durch die Aufträge von öffentlichen und privaten Bauherren stand die Wiederbelebung der Konzepte des Neuen Bauens in den frühen 1950er-Jahren im Vordergrund. Ein gutes Beispiel dafür ist das Kaufhaus Union Tietz (heute Karstadt) in der Königstraße 27–29. Der Bau wurde von 1950 bis 1953 nach einem Entwurf von Richard Döcker aus dem Jahr 1929 errichtet – mit einer Fassade, die deutlich die Horizontale betont und damit gestalterisch ein klares Bekenntnis zu der Zeit der 1920er-Jahre formulierte.

Richard Döcker spielte nicht nur durch seine Bauten eine wichtige Rolle. Zwar sind sein Wohnhochhaus in der Hegelstraße, das Verwaltungshochhaus Wüstenrot in Ludwigsburg sowie das Katharinenhospital bedeutende Beispiele für die Architektur der Nachkriegszeit, doch machten ihn vor allem seine Hochschullehre und die Ämter, die er innehatte, zu einem wichtigen Akteur innerhalb der Architekturszene. Während des Dritten Reichs bekam er als kompromissloser Vertreter der Moderne und als Gegner Schmitthenners keine Aufträge – weder von privaten Investoren noch von öffentlicher Hand. Er studierte schließlich Biologie und zog sich in das Privatleben zurück. Nach dem Ende des Zweiten Weltkrieges wurde er jedoch zu einem Vertreter des kritischen Wiederaufbaus und der Moderne: 1945 wählte man ihn in den Vorstand der Landesgruppe Nordwürttemberg des wiedergegründeten Bundes Deutscher Architekten (BDA), ab 1946 engagierte er sich als Generalbaudirektor der Stadt Stuttgart. Von 1947 bis 1960 leitete er als Professor für Städtebau und Wiederaufbau an der Technischen Hochschule die Architekturabteilung und prägte so mehrere Generationen von Studenten.

Stuttgarter Schulen

Die Biografien einiger Architekten der zweiten Stuttgarter Schule zeigen jedoch, dass Schülerschaft nicht bedeutet, die Tradition der Technischen Hochschule nahtlos fortzusetzen. Mit Hans Volkart (1895–1965), Rolf Gutbier (1903–1992),

Werner Gabriel (1906–1998), Günter Wilhelm (1908–2004), Paul Stohrer (1909–1975) und Rolf Gutbrod (1910–1999) finden sich Persönlichkeiten, die sich eigenständig behaupteten und später selbst in akademischer Weise in Stuttgart wirkten. Alle studierten zwar an der Technischen Hochschule, waren Assistenten von Paul Bonatz oder arbeiteten in dessen Büro. Doch jeder dieser Baumeister definierte einen individuellen Weg für eine zweite Moderne in der Zeit nach 1945.

Eindrucksvoll lässt sich diese Entwicklung im Werk von Hans Volkart nachvollziehen. Während seine frühen Bauten, wie die Hedelfinger Kreuzkirche von 1929, noch dem Neuen Bauen verpflichtet sind, greift er mit der Stuttgarter Universitätsbibliothek von 1961 erstmals auf US-amerikanische Vorbilder zurück: Offene Regale, Galeriegeschosse und ein freies

Kreuzkirche, Hedelfingen

Stützenraster sind den Bibliotheken aus Washington und Philadelphia entlehnt, die er während einer Forschungsreise besucht hatte. Mit dem Schauspielhaus am Eckensee in den Oberen Schlossgartenanlagen gelang ihm schließlich 1962 eine freie Formfindung mit wabenförmiger Grundfigur für das zweigeschossige Foyer mit Galerie. Auch im Spätwerk von Werner Gabriel ist das US-amerikanische Vorbild spürbar: Er orientierte sich an der Bungalow- und Pavillonarchitektur, die für das Büro- und Wohnhaus entwickelt wurden. Ähnliches trifft auf Max Bächer (1925–2011) zu, der mit dem Haus Windstoßer eine Ikone der Nachkriegsarchitektur geschaffen hat. Doch ist Bächer nicht nur durch seine Bauten eine prägende Persönlichkeit innerhalb der Architektenschaft gewesen. Er begleitete bis ins hohe Alter die Architekturentwicklung durch seine kritischen Schriften, seine Lehre und Jurorentätigkeit, die er zuletzt im Wettbewerb für die Zentralmoschee in Köln-Ehrenfeld ausübte.

Vor allem ist es das Werk von Rolf Gutbrod, das sich als eine Reaktion auf die veränderten Diskurse der Nachkriegsarchitektur verstehen lässt: Er reagierte mit der Liederhalle auf den Einfluss Scharouns und schuf eine neue organische Formensprache, die auch Veränderungen in den Grundlagen des Konstruierens verlangte. So entwickelte Gutbrod zusammen mit Frei Otto (geb. 1925) 1964 den Versuchspavillon für den deutschen Beitrag zur Expo 1976 in Montreal. Das Testgebäude, mit dem die Architekten eine Hängedachkonstruktion erprobten,

Schauspielhaus Stuttgart

befindet sich heute auf dem Gelände der Universität Stuttgart in Vaihingen und beherbergt das Institut für Leichtbau, Entwerfen und Konstruieren. Es ist ein weltweit bedeutendes Beispiel moderner Architektur und verweist zugleich auf die bewegte Geschichte experimenteller Lehre. Frei Otto gründete 1964 hier das Institut für leichte Flächentragwerke, wo er im Austausch mit Biologen wie Johann-Gerhard Helmcke, Medizinern und Paläontologen natürliche Konstruktionen studierte, die auf pneumatischen und biologischen Konstruktionsprinzipien basieren. In seiner Zusammenarbeit mit dem Stuttgarter Architekten Günter Behnisch (1922–2010) konnte er auf diese Erkenntnisse zurückgreifen, als er 1968 für das Olympiagelände in München zugbeanspruchte Hängekonstruktionen, Leichtbauten mit Seilnetzen und Gitterschalen entwickelte. Im Jahr 1995 übernahm Werner Sobek (geb. 1953) die Leitung des Instituts für Leichte Flächentragwerke und verschmolz es mit dem Lehrstuhl für Statik, Eisenbetonbau und gewölbte Brücken zum neu benannten Institut für Leichtbau, Entwerfen und Konstruieren. Damit wurden erstmals die Disziplinen Architektur und Tragwerkslehre wieder in einem Lehrstuhl zusammengefasst und zugleich zwei wichtige Traditionen der Stuttgarter Hochschule vereinigt: zum einen die Tragwerkslehre, begründet und zur Weltbedeutung gebracht durch den Erbauer des Fernsehturms, Fritz Leonhardt (1909–1999), und dessen Nachfolger Jörg Schlaich (geb. 1943), und auf der anderen Seite die Forschung an leichten zugbeanspruchten Konstruktionen, wie sie Otto prägte.

Die gesellschaftlichen Umbrüche in den 1970er-Jahren gingen nicht spurlos an der Architekturabteilung der Universität Stuttgart vorbei. Aus den Reihen progressiver Hochschullehrer und engagierter Studenten entwickelte sich ein heute fast vergessenes Radikalexperiment: Es entstand eine Fakultät ohne Professoren, eine intellektuelle Selbstverwaltung, die durch studentische Aktionen getragen wurde. Politisiert durch die 68er-Bewegung, organisierten die Studierenden Seminare, Entwürfe und Prüfungen selbstständig, debattierten über Politik und Partizipationsmodelle, über den gesellschaftlichen Nutzen der Architektur, auch über die Reform der Lehre und Erneuerung der Entwurfsmethodik, druckten Flugblätter und gründeten Zeitschriften. Das prominenteste Produkt dieser Zeit, das bis heute den Architekturdiskurs in Deutschland maßgeblich bestimmt, ist die Zeitschrift ARCH+, die heute in Berlin herausgegeben wird. Begleitende Protagonisten waren die Professoren Peter Hübner (geb. 1939) und Peter Sulzer (geb. 1932), die die Lehranstalt zu einer Plattform der Beteiligung und der Diskussion umbauen wollten. Das Bauhäusle auf dem Universitätsgelände in Vaihingen, durch Studenten im Selbstbau hergestellt, ist ein Zeugnis dieser neuen Phase, die bis in die 1990er-Jahre wirkte.

Derzeit sind es oft studentische Forschungsarbeiten, die die innovative Qualität der Lehre an der Stuttgarter Universität zeigen. Am Institut für Grundlagen moderner Architektur und Entwerfen wurde unter dem Begriff der Baubotanik

Pflanzen als Tragwerke

ein interdisziplinäres Forschungs- und Betätigungsfeld für Architekten, Ingenieure, Geistes- und Naturwissenschaftler etabliert, die aus unterschiedlichen Perspektiven daran arbeiten, Gebäude aus wachsenden Holzpflanzen zu konzipieren und herzustellen. Das Ergebnis: Die Absolventen Hannes Schwertfeger und Oliver Storz gründeten 2010 das Bureau Baubotanik, in dem sie Prototypen trainierbarer Tragwerke realisieren. Baubotanik ist eine Bauweise, bei der lebende Gehölze als Tragwerk in der Architektur verwendet werden. Es entstehen pflanzliche Lebendarchitekturen, die sich innerhalb der Wachstumsprozesse verändern und eine Alternative zu den herkömmlichen Werkstoffen bilden.

Viele der Hochschullehrer an der Universität Stuttgart waren auch außerhalb akademischer Zirkel erfolgreich. Hans Kammerer und Walter Belz hatten beide in Stuttgart studiert. 1955 gründeten sie ihr Büro ebenfalls in der Landeshauptstadt, zunächst mit Rolf Gutbier. Mit dem Geno-Hochhaus an der Heilbronner Straße, das sich durch seine fragilen Glasgeschosse auszeichnet, wurde das Büro Ende der 1960er-Jahre international bekannt. Später folgte der Erweiterungsbau der Commerzbank am Fruchtkasten und die Calwer Passage – beide setzten die Bauweise mit Glaselementen fort. Im einen Fall in der Vertikalen, um das Treppenhaus aufzunehmen, und in der Calwer Straße mit einer gläsernen Halbtonne, die die Passage für Fußgänger überdacht. Ihr Großprojekt, die später umstrittene Komplettbebauung des Kleinen Schloss-

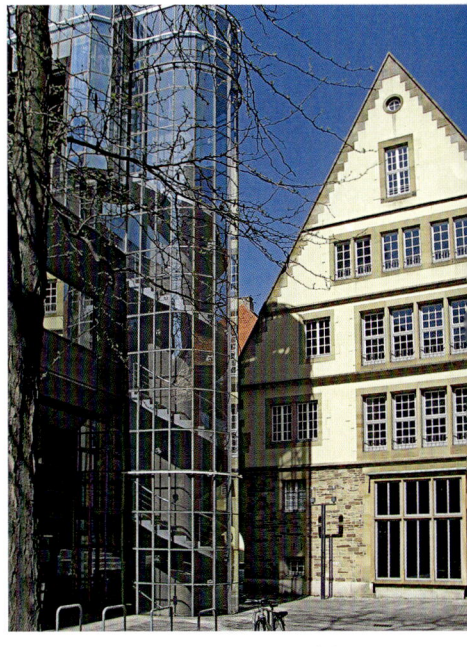

Commerzbank, daneben der Fruchtkasten

platzes als mehrgeschossige Betonlandschaft mit Kioskarchitekturen, ist heute durch den Neubau des Kunstmuseums ersetzt.

Kurzzeitbühnen und Pop-up-Architektur

Ein weiterer Zweig Stuttgarter Architektur bildete sich an der Kunstakademie auf dem Killesberg. Herbert Hirche (1910–2002), Bauhaus-Schüler, Mitarbeiter Mies van der Rohes und bis 1975 Professor für Innenarchitektur, entwickelte Produkte für die Firma Braun und neuartige Schrankwandlösungen, die zugleich als Trennwände einsetzbar waren. Herta-Maria Witzemann (1918–1999),

Möbel von Herta-Maria Witzemann

Professorin für Innenarchitektur bis 1985, schuf die Raumgestaltung für den Stuttgarter Fernsehturm und den Landtag. Mit ihren Möbelentwürfen für Knoll-International und Erwin Behr schrieb sie Designgeschichte. 1980 gründete Arno Votteler an der Akademie das Institut für Innenarchitektur und Möbeldesign, das heute Weissenhof-Institut heißt. Dort machte er bahnbrechende Erfindungen im Stuhldesign, von dem noch heute seine Nutzer im Büroalltag erheblich pro-

fitieren. Und auch in jüngster Zeit sind Beiträge, die an der Akademie entwickelt wurden, durch besondere Innovation aufgefallen: Die Absolventen Lukasz Lendzinski und Peter Weigand erdachten ein Konzept, nach dem Architektur nicht nur ein dreidimensionaler, gebauter Raum ist, sondern als Akt des Eingriffs in den städtischen Kontext begriffen wird. So gehört zur Arbeit ihres Büros »umschichten«, mit temporärer Architektur auf Leerstände zu reagieren, Kurzzeitbühnen und Aufenthaltsmöglichkeiten zu installieren, die so schnell verschwinden, wie sie errichtet wurden.

Diese Beispiele zeigen, dass Stuttgart eine Architekturstadt ist, die sowohl nach innen wirkt wie nach außen strahlt: Mit den innovativen Entwürfen des Büros »Jangled Nerves« und des Ateliers Brückner, die in den letzten Jahren den jungen Zweig der Szenografie in Stuttgart begründet und weiterentwickelt haben, wurde eine neue gestalterische Disziplin

Intervention im Stadtraum, 2008

Marktplatz in Masdar, Dubai

hervorgebracht. Ausstellungsinszenierungen wie für das Haus der Geschichte oder die Gestaltung des Neuen Stadtmuseums im Wilhelmspalais an der Kulturmeile geben davon Zeugnis.

Mit dem Export von architektonischen und konstruktiven Ideen sind nicht nur die Brückenkonstruktionen von Fritz Leonhardt in Istanbul, die Zeltbauten von Rolf Gutbrod und Frei Otto in der arabischen Welt, sondern auch die Stadien des Büros Schlaich, Bergermann und Partner in Johannesburg und Brasilia gemeint. Denn auch bei der Neustadtplanung des arabischen Vorzeigeprojekts Masdar-City in Dubai waren Stuttgarter Planer beteiligt: Die Platzgestaltung des Büros Lava sieht einen neuen gekühlten Stadtmittelpunkt, eine Oase in der Wüste, vor. Die Verschattung wird durch monumentale Schirme erzeugt, die elektronisch geregelt werden. Hier zeigt sich, wie die Errungenschaften der Stuttgarter Schulen ineinandergreifen: Denn Zeltdächer und Schirme, die sich wie Blätter einer Blüte öffnen, erinnern an die Konstruktionen, deren Ursprung in den Experimenten des Instituts für Leichte Flächentragwerke liegt. Sie sind noch heute ein wichtiger Bezugspunkt für die nächste Generation von Gestaltern und Architekturschaffenden.

Die Stuttgarter Stadtmitte

1 Architektur der Zwanziger- und Drei-ßigerjahre in der Stuttgarter City

Ein Bauboom für Geschäftsbauten und Kaufhäuser verändert das Gesicht der Stadt

Stuttgarts Stadtmitte prägen zahlreiche Bauten der Zwanziger- und Drei-ßigerjahre, allen voran der Hauptbahnhof. Aber auch Bürohäuser wie der Tagblatt-Turm oder Kauf- und Geschäftshäuser wie der Mittnachtbau und das verschwundene Kaufhaus Schocken trugen seinerzeit zum Ruhm der modernen Großstadt bei.

	S-Mitte
	3¾ Std.
	3,5 km

Tipps zur Tour: Die Tour führt direkt durch die City. Wer allzu großen Trubel meiden möchte, sollte sie an einem Sonntag planen. Allerdings ist dann das Innere der Markthalle nicht zugänglich. Die Aussichtstreppe am Schlossplatz oder der Schloss-park zwischen Kunstgebäude, Neuem Schloss und Theater bieten sich für einen Zwischenstopp an.

»Es gibt wohl kaum eine Stadt in Deutschland, deren bauliche Entwicklung in den letzten Jahren so großzügig und fortschrittlich gestaltet wurde wie Stuttgart. Man erkennt überall einen aufstrebenden Geist, der, auf Altem aufbauend, sich grundsätzlich zum Neuen bekennt.« Diesen Kommentar konnte man in der Zeitschrift »Moderne Bauformen« aus dem Jahr 1928 lesen. Sicherlich, der Bau der Weissenhofsiedlung im Jahr zuvor hatte alle Blicke auf Stuttgart gezogen und die Stadt mit den Ideen der Avantgarde verbunden. Doch auch in der Stadtmitte ent-standen schon zu Beginn der 1920er-Jahre zahlreiche Neubauten. Die Verlegung des Bahnhofs aus der Stadtmitte nach Norden hatte große Flächen für Bauprojekte zur Verfügung gestellt, auf denen nun vor allem große Waren- und Bürohäuser entstanden. Außerdem zogen die bestehenden Kaufhäuser in der Altstadt nach und modernisierten ebenfalls. Die reiche Bausubstanz dieser Jahre verdeutlicht, welchen Bauboom Stuttgart in der damaligen Zeit erlebte. Freilich geht vieles davon gegenwärtig im Zuge einer neuen Abriss- und Umstrukturierungswelle

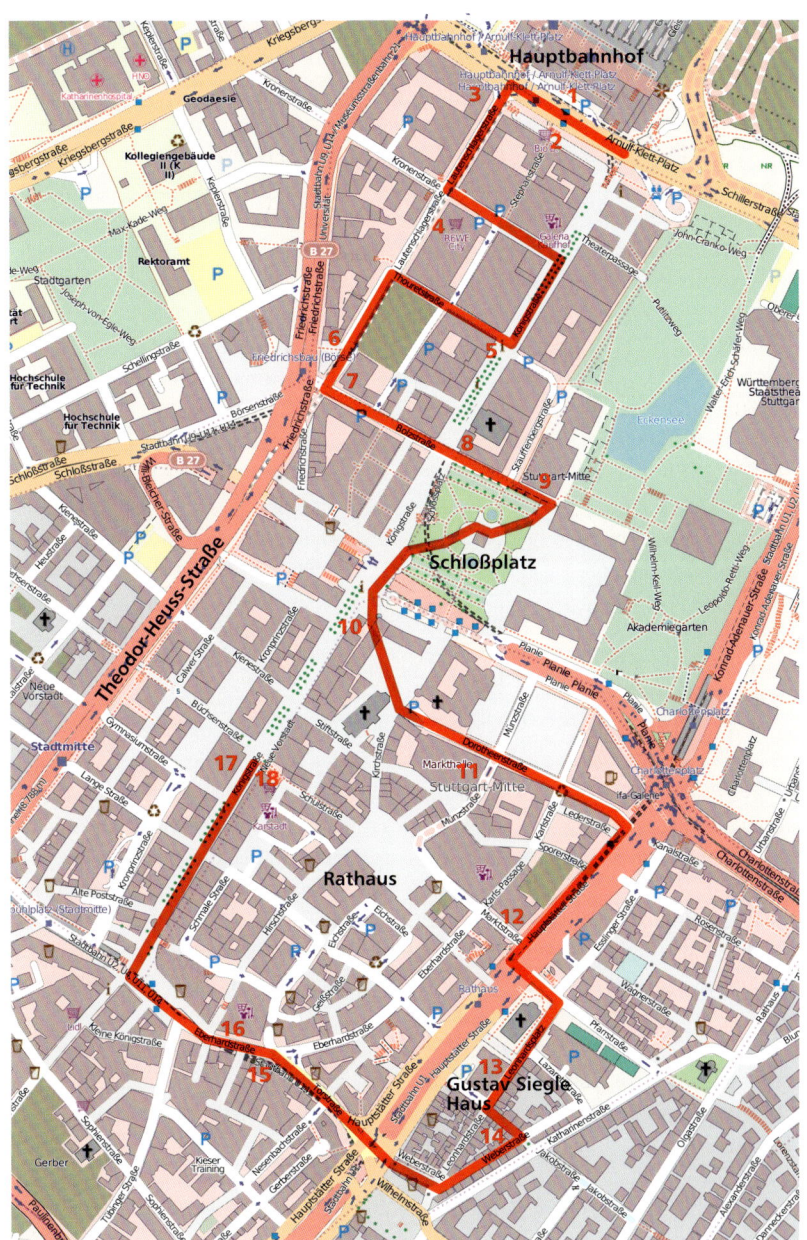

verloren, sofern es nicht schon durch den Zweiten Weltkrieg zerstört worden ist. So sind die beiden Hauptwerke dieser Zeit, der Stuttgarter Hauptbahnhof von Paul Bonatz und das Kaufhaus Schocken von Erich Mendelsohn bedroht bzw. verloren. Diese beiden Bauwerke deuten aber auch einen Spannungsbogen an, der gerade Stuttgart in dieser Zeit so interessant machte: Hier trafen die Vertreter der traditionell ausgerichteten Moderne der Stuttgarter Schule und die Architekten der Internationalen Moderne direkt aufeinander. Während des Spaziergangs werden darüber hinaus einige wichtige Vorläuferbauten aus den 1910er-Jahren und ein Nachfolgebau aus den 1950er-Jahren angesteuert und besprochen.

Hauptbahnhof ①
Arnulf-Klett-Platz 2

Der Stuttgarter Bahnhof von Paul Bonatz und Friedrich Scholer ist eines der richtungsweisenden Werke der Architektur des 20. Jahrhunderts auf dem Weg zur Moderne. Das Architektenteam gewinnt 1911 den Wettbewerb zum Bahnhofsneubau, überarbeitet aber seinen Entwurf weiter, bis die Realisierung beginnt. Ab 1914 wird in zwei Etappen gebaut. Erst als 1922 die östlichen Abschnitte in Betrieb gehen, können die Gleise zum alten Bahnhof an der Bolzstraße abgebaut werden (siehe Nr. 7). Bis 1928 entstehen dann die Westteile. Der neue Bahnhof zeigt eine völlig neuartige Formensprache: Er gruppiert streng kubische Baukörper, die aufgrund der hochgezogenen Dachtrau-

fen als Flachdachbauten in Erscheinung treten. Dabei bestimmt nicht der Wunsch nach Symmetrie die Anordnung der unterschiedlichen Elemente, vielmehr werden sie so platziert, dass sie städtebaulich und funktional voll zur Wirkung kommen. Dadurch erhält jede Seite des Bahnhofs ihre eigene charakteristische Ansicht, deren Gleichgewicht aus dem Zusammenspiel aller Teile entsteht. Den Anblick von der Vorderseite zum Arnulf-Klett-Platz hin bestimmen die Kleine Schalterhalle in der Achse der Lautenschlagerstraße, die Große Schalterhalle und der Turm in der Flucht der Königstraße sowie die dazwischengespannte Pfeilerhalle. Die großen Rundbögen der Schalterhallen wirken wie Stadttore und weisen den Reisenden schon von Weitem den Weg zu den Eingängen. Auch der Eingang der Nordseite in die quer gespannte Kopfbahnsteighalle wird von einem Rundbogen überfangen, der seinen Rahmen durch die seitlich anschließenden Baukörper erhielt. Das Gleichgewicht dieser Komposition wurde jüngst durch den Abbruch des Nordflügels für das Projekt Stuttgart 21 schmerzhaft gestört. Dabei ging auch die abschließende Platzeinfassung mit einem runden Bau verloren. An der Südseite stellt eine lange Folge von vor- und zurückspringenden Bauteilen das optische Gegengewicht zum Turm und zu der Großen Schalterhalle her.

Obwohl im Vergleich zu allen früheren Bahnhofsbauten Zierelemente äußerst sparsam zum Einsatz kamen, finden sich doch eine ganze Reihe regionaler Einflüsse sowie Anknüpfungen an historische

Architekturen: Als Material der Fassaden wurde der heimische Travertin verwendet; das rustikale Mauerwerk und der quadratische Turm erinnern an Burgen; die hohe Pfeilerreihe sowie die schmalen und hohen Fensternischen spielen an auf die Formensprache frühchristlicher Basiliken, römischer oder gar ägyptischer Bauten. Weitere Anleihen aus der orientalischen Architektur zeigt etwa der Mauerverband der Kleinen Schalterhalle mit Streifen aus Ziegel- und Kalksteinmauerwerk. Dieses Bestreben, gegenwärtiges Bauen aus der Historie zu entwickeln, weist Paul Bonatz als einen Schüler Theodor Fischers aus. Darin unterscheidet er sich deutlich von den Vertretern der internationalen Klassischen Moderne.

Der Hauptbahnhof wurde im Zweiten Weltkrieg stark beschädigt und unter der Leitung von Paul Bonatz wieder aufgebaut. Vor allem die Kopfbahnsteighalle änderte dabei ihr ursprüngliches Gesicht und erhielt einen durchgängigen Verputz sowie eine nüchterne Betonbalkendecke. Aktuell ist es das Projekt Stuttgart 21, das das Denkmalensemble Hauptbahnhof stark gefährdet. Wie weitgehend die Verluste ausfallen werden, ist momentan noch offen.

Hauptbahnhof im Jahr 1924

Ehemaliger Hindenburgbau ⓩ
Arnulf-Klett-Platz 1–3

1926 bis 1928 entstand fast gleichzeitig mit den letzten Arbeiten am Hauptbahnhof der Hindenburgbau von Paul Schmohl, Georg Staehelin, Albert Eitel und Richard Bielenberg. Als Pendant des Bahnhofs schloss er den Vorplatz auf der gegenüberliegenden Straßenseite ab. An seiner linken Seite wurden die aus der Großen Schalterhalle kommenden Reisenden direkt in die Königstraße geleitet, die aus der Kleinen Schalterhalle Kommenden gelangten rechts in die Lautenschlagerstraße. Die Eingangssituation zur Königstraße wird dabei durch die abgestufte Gebäudeecke zusätzlich geweitet. Die untersten drei Geschosse mit der hohen, mittigen Arkade entsprechen noch immer dem Zustand der 1920er-Jahre. Hier waren kleine Läden, das mondäne »Konzert-Café Hindenburgbau« und als

weiterer Publikumsmagnet ein Planetarium untergebracht. Die Fassade ist in diesem Bereich flächig mit Muschelkalkplatten verkleidet, die großen Öffnungen sind scharf eingeschnitten. In der Kombination aus Repräsentation und Monumentalität bei gleichzeitig äußerst reduzierter Formensprache entspricht der Bau der Stilrichtung des Neoklassizismus. Ursprünglich waren vier zusätzliche Obergeschosse geplant. In den 1920er-Jahren errichtete man jedoch lediglich ein weit zurückspringendes Obergeschoss und einen erhöhten Mittelbau. Erst beim Wiederaufbau des kriegszerstörten Gebäudes in den Jahren 1948/49 wurden das vierte und fünfte Geschoss aufgestockt und mit einer zeittypischen Rasterfassade verblendet. Der Architekt des Wiederaufbaus war Hans Paul Schmohl, der Sohn des Erbauers. Ein weiteres Geschoss folgte in den Jahren 2004/05 nach Plänen des

Die Stuttgarter Schule und der Traditionalismus

Paul Bonatz, Paul Schmitthenner und Heinrich Wetzel prägten nach dem Ende des Ersten Weltkriegs bis in die 1930er-Jahre hinein die Lehre im Fach Architektur der Technischen Hochschule Stuttgart. Sie reformierten die Ausbildung und die Architektur selbst, wodurch die »Stuttgarter Schule« überregional Beachtung fand. Heute steht der Begriff synonym für die Werke der genannten Architekten und ihrer Schüler. Gemeinsam ist ihnen die Abkehr vom Historismus und

die Hinwendung zum einfachen, handwerklichen Bauen, das bewusst regionale Einflüsse berücksichtigt. Das Ziel ihrer Arbeit war es, Zweckbestimmung, Landschaft und handwerkliche Tradition in ihren Bauten zu vereinen. In Theodor Fischer, dem Vorgänger auf dem Stuttgarter Lehrstuhl von 1901 bis 1908, sahen sie ihren »geistigen Vater«. Häufig wird auch von Traditionalismus gesprochen, um ihre Bauten stilistisch einzuordnen.

Ehemaliger Hindenburgbau

Stuttgarter Architekturbüros Sorg und
Frosch. Deren Glasdoppelfassade setzt
sich deutlich von den älteren, denkmalgeschützten Teilen ab, nimmt jedoch die
Gliederung der unteren Geschosse auf.
Sie erfüllt zugleich die heutigen Lärm-
und Wärmeschutzanforderungen.

Der frühere Name des Gebäudes stammt
aus den 1920er-Jahren und huldigte dem
damaligen Reichspräsidenten. Wegen
seiner unrühmlichen Rolle bei der Machtergreifung der Nationalsozialisten wurde
die Benennung 2010 gestrichen, doch
fehlt bislang ein neuer Name.

Zeppelinbau ③
Arnulf-Klett-Platz 7 / Lautenschlager-straße 2

Kaum war der Hindenburgbau fertig gebaut, schon folgte die nächste Großbau-
stelle am Bahnhofsvorplatz. Der Zeppelinbau entstand 1929 bis 1931 nach den
Plänen von Paul Bonatz und Friedrich
Scholer. Die beiden Bahnhofsarchitek-
ten hatten sich in einem Wettbewerb
unter anderem gegen den Avantgardearchitekten Ludwig Mies van der Rohe
durchgesetzt. Er hätte an dieser Stelle einen großen, monolithischen Kubus mit
einer Glasvorhangfassade über schlanken Stützen und zurückversetztem Erdgeschoss realisiert, wie eine Fotomontage

Zeppelinbau

aus den Wettbewerbsunterlagen zeigt. Bonatz und Scholer realisierten dagegen einen sachlichen, jedoch deutlich gegliederten Flachdachbau, der mit gelben Muschelkalkplatten verkleidet ist. An der Längsseite zur Lautenschlagerstraße wird der große und hohe Kubus durch eine leichte Rundung und das Zurückspringen der beiden obersten Geschosse gemildert.

Durch die Fenstergliederung entstehen vier horizontale Zonen: Über dem zurückliegenden Erdgeschoss mit großen Fensterfronten und kräftigen Pfeilern springt das erste Obergeschoss mit einem umlaufenden Fensterband vor. Darüber folgen drei Geschosse mit dicht gesetzten Fensteröffnungen. In den obersten beiden Etagen dagegen ist die Fensterzahl auf die Hälfte reduziert, ihre versetzte Anordnung lockert die Strenge der Fassaden auf. Die kubische Form, das Flachdach, das Fensterband und das strenge Fensterraster ordnen diesen Bau der Neuen Sachlichkeit zu.

Der Auftraggeber des Verwaltungsbaus mit repräsentativem Hotel war der Sparkassen- und Giroverband. Im Juni 1931 konnte er die Einweihung feiern. Nach dem Krieg, von 1956 bis 1959, errichtete der Architekt Karl Elsässer nach den Plänen von Paul Bonatz einen Erweiterungsbau an der Lautenschlager- und Kronenstraße. Dieser setzt sich deutlich durch eine hellere Kalksteinverkleidung von den älteren Bauteilen ab.

Der Internationale Stil und das Neue Bauen

Als »Internationalen Stil« betitelten Henry-Russell Hitchcock und Philip C. Johnson die Architekturmoderne der 1920er-Jahre in ihrer Ausstellung, die 1932 im New Yorker Museum of Modern Art stattfand. Sie kreierten damit einen Begriff, der sich auf die weltweiten Tendenzen in der modernen Architektur der 1920er-Jahre bezog. Ob in Rotterdam, Berlin, Wien, Paris, Frankfurt oder Stuttgart, die Architekten der Avantgarde bauten geometrische Kuben mit Flachdächern in asymmetrischen Kompositionen, mit großen Fensterflächen und Fensterbändern, die die ansonsten nur verputzten und flächig gestrichenen Fassaden rhythmisierten. Jeglicher Dekor, jedes Ornament war für die Gestaltung des Baus tabu. Das »Neue Bauen«, wie es in Deutschland genannt wurde, strebte eine radikale Erneuerung der Architekturformen und der Lebensbedingungen an. Mit am aussagekräftigsten konkretisierte sich dieses Gedankengut 1927 in der Stuttgarter Ausstellung »Die Wohnung« auf dem Weissenhof.

Ehemalige Oberpostdirektion ④
Lautenschlagerstraße 27

Der Gebäudekomplex der Oberpostdirektion entstand 1925 bis 1928 auf dem frei gewordenen Bahngelände. Der planende Architekt war Max Luz, doch ist leider von den damaligen Bauten fast nichts mehr im Originalzustand erhalten. Bei der Sanierung zwischen 1981 und 1988 wurde großflächig abgerissen, allerdings errichtete man manche der Neubauten als originalähnliche Kopien wieder. Einen ungefähren Eindruck vom Ensemble der 1920er-Jahre gibt der elfstöckige Querbau im Zentrum der Anlage, der neben dem Hahn & Kolb-Haus als eines der frühesten Hochhäuser Stuttgarts gelten kann. Er war als Skelettbau aus Eisenbeton konstruiert und mit Muschelkalkplatten verkleidet. Schmale, tiefe Rücksprünge ließen ihn wie drei dicht nebeneinander stehende Türme erscheinen. Ins Auge sticht der obere Abschluss, ein vom Expressionismus beeinflusstes Band aus durchbrochenen Rauten. Der Haupteingang lag an der Thouretstraße und war mit betontem Sockel, Freitreppe, Relieffiguren und rundbogiger Durchfahrt repräsentativer und traditioneller gestaltet. Seit 2007 wird nach den Plänen des Architekturbüros Tim Hupe erneut entkernt, abgebrochen, aufgestockt und erweitert. Das markante Rautenband der 1920er-Jahre bildet weiterhin den charakteristischen Abschluss der Neubauten.

Ehemalige Oberpostdirektion im Jahr 1930

Hahn & Kolb-Haus ⑤
Königstraße 14

Auch das Hahn & Kolb-Haus entstand 1925 bis 1927 auf dem frei werdenden Gleisgelände, nachdem die Verlegung des Hauptbahnhofes Richtung Schlossgarten erfolgt war. Architekt war der aus Bopfingen stammende Albert Schieber, der sich mit seinem Stuttgarter Büro in den 1920er-Jahren zu einem der wichtigen Vertreter der Moderne entwickelte. Leider wurde der Originalbau in den frühen 1990er-Jahren abgerissen, sodass heute nur eine Rekonstruktion der Fassaden nach den Plänen des Büros Arat-Siegel und Partner zu sehen ist. Auftraggeber des Großbaus war die Werkzeugmaschinenhandlung Hahn & Kolb. Das siebengeschossige Gebäude erstreckte sich wie heute von der Königstraße entlang der Thouretstraße bis zur Stephanstraße. Die Höhenwirkung wurde durch Rücksprünge der obersten Geschosse gemildert. Geländer, die an eine Schiffsreling erinnern, ermöglichten die Nutzung der Flachdächer als Terrassen. Die moderne Haltung demonstrierten Sichtbetonfassaden und große Fensteröffnungen mit neuartigen Horizontalschiebefenstern. Vor allem darin unterschied sich das Hahn & Kolb-Haus von den kurz darauf entstehenden Bauten wie dem Hindenburgbau, dem Mittnachtbau oder der Oberpostdirektion, die alle noch mit Natursteinplatten verkleidet waren. Zusammen mit dem Tagblatt-Turm war das Hahn & Kolb-Haus der bedeutendste Vertreter des Neuen Bauens im Stadtzentrum.

Hahn & Kolb-Haus

Geschäftshaus Lautenschlagerstraße 22/24

Büro und Geschäftshaus ⑥
Lautenschlagerstraße 22/24

1936/37 errichtete der Architekt Georg Staehelin für die Industriehof-AG, eine städtische Beteiligungsgesellschaft, die im Zuge des Bahnhofsneubaus gegründet worden war, das Büro- und Geschäftshaus an der Lautenschlagerstraße. Einige Jahre zuvor war er bereits am Hindenburgbau beteiligt gewesen. Das Gebäude liegt am spitzwinkligen Kreuzungspunkt dreier Straßen und schafft sich durch die abgeflachte Front einen kleinen Vorplatz. Im Erdgeschoss springt eine Ladenzone vor. Das darüberliegende Geschoss erhält dadurch eine umlaufende Terrasse, die über eine dichte Folge von Rundbogenöffnungen erschlossen wird. Im obersten Geschoss kehrt dasselbe Motiv der rundbogigen Fenstertüren wieder, zeigt hier jedoch Einzelöffnungen, die kleine französische Balkone besitzen. Die übrigen Fenster sind als rechteckige Öffnungen in die Kalksandsteinfassaden eingeschnitten. Mächtige Skulpturengruppen muskelgestählter Männer vervollständigen die repräsentativ-monumentale Wirkung des Baus und spiegeln das gigantomanische Menschen- und Weltbild des NS-Regimes wider. Formal betrachtet lassen sich die einzelnen Stilelemente wie etwa die großen, scharf eingeschnittenen Öffnungen, die Rundbogenarkade, die Reduktion des Dekors auf einfache, wuchtige Formen, die mächtigen Sandsteinquader und Skulpturen dem Neoklassizismus zuordnen.

Kino und Geschäftsgebäude Metropol

Kino und Geschäftsgebäude Metropol ⑦
Bolzstraße 10

Mit der Eröffnung des neuen Stuttgarter Hauptbahnhofs 1922 wurde der alte Bahnhof stillgelegt. Dadurch verloren drei Gebäude entlang der Bolzstraße ihre Funktion: das erste Bahnhofsgebäude, das 1844 bis 1846 von Karl Etzel erbaut worden war, ein neuer Mittelbau von Georg Morlok und Adolf Wolff aus den Jahren 1864–67 sowie der zeitgleich erstellte Seitenbau, der die Formen des ersten Bahnhofs spiegelbildlich wiederholte. Als die Pläne für die Neubebauung des Areals auf den Tisch kamen, plädierte der Bund für Heimatschutz für die Erhaltung des Mittelbaus mit seinen prächtigen Arkaden in Formen der Neorenaissance. Schließlich wurden jedoch nur die drei mittleren Bögen in das neue Kino- und Geschäftsgebäude »Ufa-Palast« übernommen. Der linke Seitenbau wurde für die Schaffung der Lautenschlagerstraße abgerissen, das erste Bahnhofsgebäude auf der rechten Seite blieb dagegen erhalten und erhielt eine Durchfahrt zur neu angelegten Stephanstraße.

Der Stuttgarter Ufa-Palast ist von den großen Broadway-Kinotheatern beeinflusst. Er entstand in einer Phase des weltweiten Baubooms von Großkinos. In den Jahren 1925/26 errichtet, besaß er einen großen Saal mit 1.300 Sitzplätzen, eine Bühne mit Orchestergraben, eine Kinoorgel und eine vielfarbige, effektvoll einsetzbare Beleuchtung. Die Pläne stammten vom Stuttgarter Büro Schmohl und Staehelin und dem Berliner Büro Bielenberg und Moser. Es arbeitete hier

Königin-Olga-Bau (Commerzbank)

also das gleiche Architektenteam wie am ehemaligen Hindenburgbau (siehe Nr. 2).

Das Kino wurde als Stahlbetonbau mit einem Dach aus Eisenbindern konstruiert. Zum massigen Hauptbaukörper kam ein niedrigerer Seitenbau mit Läden entlang der Lautenschlagerstraße und einem Café auf der Dachterrasse hinzu. Er ist durch vertikale Werksteinvorlagen und -rahmungen und ein zickzackförmiges, durchbrochenes Abschlussgesims dynamisch gegliedert. Ursprünglich war nur eine Reihe aus schmalen, hohen Fenstern vorhanden. Die zweite Fensterreihe kam erst beim Wiederaufbau 1948/49 hinzu. Leider fehlt seit der Nachkriegszeit auch der obere Abschluss des Hauptbaus: ein hohes Zickzackband, das bis unter die schmalen Fensterchen reichte und farbig abgesetzt in den Putz

eingetieft war. Damit ging ein wesentliches Merkmal der von Expressionismus und Art déco geprägten Fassadengestaltung verloren.

Königin-Olga-Bau (Commerzbank) (8)
Königstraße 9

Man sieht es dem Gebäude nicht an, dass es erst zwischen 1950 und 1954 anstelle eines im Zweiten Weltkrieg stark zerstörten Geschäftshauses erbaut wurde. Trotz der späten Bauzeit passt es zum Thema des Spaziergangs, denn der Architekt Paul Schmitthenner setzt hier nahtlos die Ideen der Stuttgarter Schule aus den 1920er- und 1930er-Jahren fort. Sein Wiederaufbaukonzept für diesen Ort sah vor, traditionelle Formen zu abstrahieren und den Bau weitgehend an die umgebenden Gebäude anzupassen. Wie Paul Bonatz gibt er sich dadurch als Schüler Theodor Fischers zu erkennen. Da der Königin-Olga-Bau einer der ersten Wiederaufbauten am Schlossplatz war, wurde er äußerst kontrovers diskutiert und als »altmodisch« kritisiert. Schmitthenner konnte sich jedoch gegen die Vertreter einer modernen Neustrukturierung durchsetzen.

Zur Königstraße hin sind die unteren beiden Geschosse des Bankgebäudes mit Travertinstein verkleidet und als repräsentative Rundbogenarkade gestaltet. Die drei oberen Stockwerke wurden aus Sandstein gemauert. Eckquaderungen und Fenstergewände sind in hellem Travertin hervorgehoben. An der Seite zum Schlossplatz treten Fenstergitter, Sprossenfenster und Klappläden auf. Ein Gesims mit stilisierten Konsolsteinen verwandelt sich entlang der Königstraße zu einer Terrassenbrüstung. Der Dachaufbau mit hohem Walmdach nimmt einen Festsaal auf. Obwohl das Gebäude als massiver Mauerwerksbau erscheint, ist das Innere als flexibler Skelettbau konstruiert.

Kunstgebäude ⑨
Schloßplatz 2

Das Kunstgebäude wurde 1909 bis 1913 von Theodor Fischer im Auftrag König Wilhelms II. von Württemberg und der Stadt Stuttgart anstelle des abgebrannten Hoftheaters errichtet. Der König erfüllte damit den Wunsch des Künstlerbundes nach einem Ausstellungshaus mit Versammlungsräumen und einem Restau-

rant. Die Außengestalt des Gebäudes prägen vor allem die Eisenbetonkuppel mit dem bekrönenden Hirsch und die zum Schlossplatz vorgelagerte Arkadenhalle. Beides sind Übernahmen aus der Umgebung und Bezüge zur Geschichte des Ortes. Kuppeln gab es damals in der Nachbarschaft sowohl am Olgabau als auch am Marstall. Die Arkadenhalle ist eine Reverenz an den Vorgängerbau an diesem Platz, den hochberühmten Renaissancebau des Neuen Lusthauses. Reste dieses Lusthauses waren in das Hoftheater verbaut und nach dessen Brand 1902 in den Schlossgarten versetzt worden. Auch der Hirsch hatte, als Wappentier des Hauses Württemberg, schon auf den Giebeln des Lusthauses Platz

Kuppel des Kunstgebäudes

gefunden. Die Aufnahme historischer Bezüge ist ein wesentliches Charakteristikum von Fischers Bauten. Dabei kopierte er niemals, sondern gestaltete auf der historischen Grundlage stets neu, mit dem Ziel, Vergangenheit und Gegenwart miteinander zu verbinden. So lehnte er auch die Anpassung seines Gebäudes an den Stil des Neuen Schlosses ab. Vielmehr sah er seine Aufgabe darin, auf dieses dominante Gebäude hinzuleiten, was zur Folge hatte, dass er für die Schlichtheit des Baus kritisiert wurde. Nach Kriegszerstörungen baute der Fischer-Schüler Paul Bonatz das Ausstellungsgebäude in vereinfachter Form und ohne die ursprüngliche Innenausstattung wieder auf.

Geschäftshaus der Commerzbank

Geschäftshaus der Commerzbank ⑩
Königstraße 11

Noch vor dem ehemaligen Hindenburgbau und dem Metropol-Kino bauten Bielenberg und Moser 1921 bis 1923 das Geschäftshaus der Commerzbank an der Königstraße. Der zeitliche Abstand zum Hahn & Kolb-Haus beträgt nur etwa drei Jahre, doch ist der Unterschied frappierend: Die Bank baut repräsentativ und gediegen in Anpassung an die barocken Formen des Neuen Schlosses. Der Vorbau mit Bogenarkaden besitzt eine Terrasse, an deren Geländer barock geformte Baluster ebenso auftreten wie unter den Erdgeschossfenstern entlang der Königstraße. Das erste und zweite Obergeschoss sind durch die Rahmung der Fenster und der dazwischenliegenden Wandfelder zu einer Einheit zusammengefasst und durch ein kräftiges Gesims vom obersten Geschoss optisch getrennt. Bei all diesen Elementen handelt es sich um Übernahmen aus der Architekturgeschichte. Allein die Vereinfachung des Dekors weist auf die Entstehungszeit im 20. Jahrhundert hin.

Markthalle ⑪
Dorotheenstraße 4

Auch wenn die Stuttgarter Markthalle von Martin Elsaesser schon 1911 bis 1914 entstand, sollte man sie doch auf diesem Spaziergang zur Architektur der 1920er- und 1930er-Jahre nicht links liegen lassen. Neben ihrem traditionsverbundenen Außenbau besitzt sie nämlich einen funktionalen, modernen Innenraum mit einer offen sichtbaren Konstruktion aus Eisenbetonträgern. Martin Elsaesser, der wie Bonatz bei Theodor Fischer in Stuttgart studiert hatte, gewann mit seinem Entwurf den Wettbewerb zum Neubau der Markthalle. Die alte Gusseisenhalle aus dem Jahr 1864 war durch das rapide Anwachsen der Stadtbevölkerung schnell zu klein geworden und sollte ersetzt werden. Der Neubau Elsaessers nahm über 430 Marktstände sowie Büros und städtische Ämter auf. Die zentrale Halle ist mit offen liegenden, schlanken Betonträgern stützenfrei konstruiert. Je zwei Bögen liegen übereinander. Sie steifen die Halle aus und tragen zugleich ein flach gewölbtes Glasdach. Darüber gibt es ein zweites Steildach, dessen Mittelteil ebenfalls verglast ist, um reichlich Tageslicht ins Innere zu lassen. Umlaufende Emporen erweitern die Marktflächen, während an-schließende Seitenbauten für Büros und Nebenräume vorgesehen waren.

Im Innenraum dominiert die moderne Konstruktion, jedoch nahm Elsaesser für den Außenbau Formen der umliegenden Altstadtbauten auf: So verweisen die spitzbogigen Arkaden und der Rundturm auf das Alte Schloss und die polygonalen Eckerker auf den Turm der Stiftskirche. Durch die Gliederung und Gruppierung unterschiedlicher Bauteile wirkt die Markthalle insgesamt wie ein historisch gewachsenes Gebäude, obwohl Elsaesser auf exakte Stilzitate oder historisierende Schmuckformen verzichtet. Die Bauplastik und Malereien am Gebäude entsprechen dem damals aktuellen Zeitgeschmack.

Markthalle

Kaufhaus Breuninger im Jahr 1933

Kaufhaus Breuninger ⑫
Marktstraße 3 / Ecke Holzstraße

Auch das Kaufhaus Breuninger gehörte zu den modernen Bauten Stuttgarts in den 1920er-Jahren. 1929 bis 1931 hatte das Architekturbüro Eisenlohr und Pfennig an der Ecke Marktstraße und Holzstraße ein Hochhaus mit abgerundeter Ecke, vollständig verglasten Fensterbändern und der typischen Terrassierung als Erweiterung des Modehauses errichtet. Man wollte wohl der Konkurrenz des Kaufhauses Schocken in nichts nachstehen. Nach starken Schäden im Zweiten Weltkrieg baute man verändert wieder auf, jedoch ist die Rundung unter der vorgehängten Fassade aus Aluminium-lamellen nach wie vor erkennbar. Auch der rückwärtige Turm mit seinem vertikal durchlaufenden Fenster stammt noch vom ursprünglichen Bau.

Gustav-Siegle-Haus ⑬
Leonhardsplatz 28

Das Gustav-Siegle-Haus wurde zwischen 1907 und 1912 nach den Plänen von Theodor Fischer als bürgerliches Kulturhaus errichtet. Die Idee und das Geld zu diesem Projekt kamen von der Gustav-Siegle-Stiftung, die zwei Jahre nach dem Tod des Stuttgarter Farbenfabrikanten und Politikers von dessen Familie gegründet worden war. Ziel der Stiftung war es, sich ohne religiöse oder politische Ausrich-

Gustav-Siegle-Haus

tung für die Volksbildung einzusetzen. Dadurch unterschied sich das Projekt »Gustav-Siegle-Haus« von den damals vielfach entstehenden Volkshäusern der Arbeiter- und Genossenschaftsbewegungen. Theodor Fischer hatte schon kurz zuvor ein ähnliches Bauprogramm mit den Pfullinger Hallen realisiert. Um einen Bauplatz in der Stadt zu schaffen, ließ die Stadt Stuttgart das Kornhaus am Leonhardsplatz abreißen und verkaufte das Areal zu günstigen Konditionen an die Stiftung. Am 6. Oktober 1912 konnte die Einweihung gefeiert werden.

Den großen, rechteckigen Bau gliederte Fischer geschickt in unterschiedlich hohe, einander durchdringende geome-trische Baukörper. An der Hauptfassade führen zwei überdachte Treppenarme mit äußerst schlanken Säulen zu einem Turm, wo sich der Eingang in den großen Saal des Obergeschosses befindet. Dieses Motiv übernahm Fischer von der Ruine des Neuen Lusthauses. Dem zurückhaltend dekorierten Außenbau traten im Saal reiche Malereien und Verzierungen in Jugendstilformen entgegen.

Um durch Mieteinnahmen den Bauunterhalt des Gebäudes zu sichern, wurde in dem rückwärtigen Erdgeschossanbau ein Postamt eingerichtet. Nach schweren Beschädigungen im Jahr 1944 renovierte Martin Elsaesser, ein Schüler Theodor Fischers, das Gustav-Siegle-Haus. Er orien-

tierte sich an den Originalplänen, nahm jedoch auch Vereinfachungen und Änderungen am Bau vor. So geht beispielsweise das umlaufende Fensterband am unteren Dachansatz auf ihn zurück. Die markante Eingangsfront behielt allerdings ihr ursprüngliches Aussehen.

Mietshaus mit Ladenlokal ⑭
Jakobstraße 8–10

Das Gebäude in der Jakobstraße 8–10 wurde 1929 von den Architekten Hans Häring und Hofmann für den Schriftsetzer Hermann Franz mit einer damals ultramodernen Eisenrahmenkonstruktion und

Mietshaus mit Ladenlokal Jakobstraße 8-10

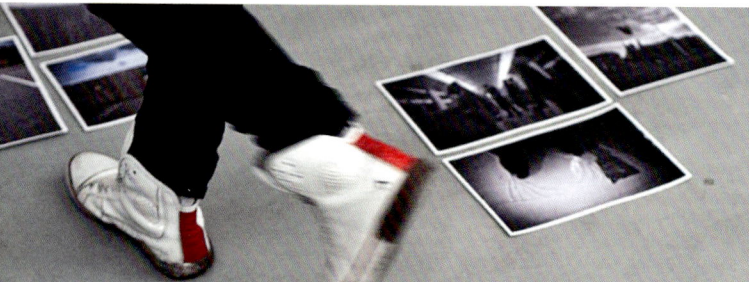

Architektur aus Peking, Performance aus Delhi, Videokunst aus Lagos und Fotografie aus Tunis. Die ifa-Galerie Stuttgart zeigt zeitgenössische Kunst – einzigartig, international.

ifa-Galerie Stuttgart
Institut für Auslandsbeziehungen (ifa)
Charlottenplatz 17
70173 Stuttgart
www.ifa.de

Abbildung: Gerhardt Kellermann

i f a **█** Institut für Auslandsbeziehungen e. V.

betonierten Wänden erbaut. Es nimmt den Platz von zwei Vorgängerbauten ein, weshalb die Fassade dem Straßenverlauf folgend leicht abknickt. Die filigranen Rahmungen der Schaufenster des Ladengeschosses, die Fensterbänder der Obergeschosse und die nüchtern verputzte Fassade zeigen deutlich die Formensprache des Neuen Bauens. Innerhalb der Altstadt ist es eines der seltenen und gut erhaltenen Beispiele für den Einzug der Moderne ins Baugeschehen auch abseits der Großprojekte.

Tagblatt-Turm ⑮
Eberhardstraße 61

»Stuttgart empor«, so titelte das »Neue Tagblatt«, als nach vier Jahren Planungs- und Bauzeit das neue Bürohaus der Zeitung am 5. November 1928 eingeweiht werden konnte. Es war das erste Stuttgarter Hochhaus mit 18 Stockwerken und 61 Metern Höhe. So gelang es der Zeitung, auf einer Grundfläche von nur 135 Quadratmetern Verlag und Redaktion unterzubringen. Mit dem Bau beauftragte sie den Stuttgarter Architekten Ernst Otto Oßwald. Da er mit seiner Planung die an der Eberhardstraße vorgegebene Bauhöhe von 20 Metern deutlich überschritt, schrieb man auf Anweisung des Gemeinderats einen Ideenwettbewerb aus. Paul Bonatz, Hugo Keuerleber, Adolf Gustav Schneck und Heinrich Wetzel beteiligten sich daran. Als Sieger ging jedoch erneut Ernst Otto Oßwald hervor. Er führte das Turmhaus als Stahlbetonkonstruktion mit Sichtbetonfassaden aus und schuf damit das erste Sichtbetonhochhaus

Tagblatt-Turm im Jahr 1928

der Welt. Wie das Baumaterial Beton, so gehören auch die um die Turmecken greifenden Fensterbänder und schmalen Balkone, die kubische Staffelung des Baukörpers und seine nächtliche Beleuchtung mit Neonröhren zum Vokabular der Moderne. Auf diese Weise wurde der Tagblatt-Turm neben der Weissenhofsiedlung und dem Kaufhaus Schocken zu ei-

Kaufhaus Schocken im Jahr 1929

nem weithin beachteten Zeichen für das Neue Bauen und die Modernität Stuttgarts. Noch heute überragt der extrem schlanke Turm alle Dächer der Innenstadt. Bei der jüngsten Sanierung erhielt er aus konservatorischen Gründen einen betonfarbenen Schutzanstrich.

Ehemaliges Kaufhaus Schocken ⑯
Eberhardstraße 28

Dem Tagblatt-Turm gegenüber stand an der Stelle der heutigen Galeria Kaufhof das 1926 bis 1928 errichtete Kaufhaus Schocken von Erich Mendelsohn. Es galt als eines der herausragenden Beispiele des Neuen Bauens. Seine Kennzeichen waren ein halbrunder, gläserner Trep-

penturm und der über zwei Meter hohe, markante Schriftzug »Schocken« über dem Haupteingang. Daneben betonten Fensterbänder und Flachdächer die Horizontale. Vor allem nachts wurden die Transparenz des Stahlskelettbaus und die dynamische Linienführung durch Beleuchtung werbewirksam in Szene gesetzt. Leider wurde das Kaufhaus Schocken in der Nachkriegszeit trotz internationaler Proteste abgebrochen, um das Kaufhaus neu zu organisieren und zugleich die Straße zu verbreitern. Den Neubau führte 1960/61 Egon Eiermann aus. Es bedeutet eine Ironie des Schicksals, dass seit etwa einem Jahrzehnt die Straße wieder zurückgebaut ist, um den Verkehr in der Innenstadt zu reduzieren.

Mittnachtbau ⑰
Königstraße 46

Auch der Mittnachtbau gehört zu den großen Geschäfts- und Bürohäusern, die in den 1920er-Jahren dem Stadtzentrum ein völlig neues Gesicht gaben. 1926 bis 1928 wurde er anstelle eines kompletten Altstadtkarrees nach Plänen des Büros Eisenlohr und Pfennig errichtet. Die beiden Architekten, die ansonsten eine eher konservative Architektursprache pflegten, setzten hier an der oberen Königstraße einen bewusst modernen Akzent. Die miteinander verzahnten Kuben und die Fensterbänder greifen Formen des Neuen Bauens auf. Den siebengeschossigen Block an der Königstraße durchdringt an der Büchsenstraße ein zehngeschossiger Turm. Sein oberer Abschluss ist rundum verglast. Dort befand sich 1928 ein »reizendes Café« mit Terrasse, wie eine zeitgenössische Bauzeitschrift berichtete. Mit der Verkleidung aus stark gemaserten, gelben Travertinplatten kamen jedoch auch expressionistische Anklänge hinzu. Schmale horizontale und breite vertikale Formate wechseln sich dabei ab. Einen kräftigen Akzent setzen die schwarzen Gesimsbänder an der Turmecke und unter den Fensterbändern. Benannt wurde der Bau nach dem württembergischen Ministerpräsidenten Hermann Freiherr von Mittnacht (1825–1909). Die beiden verglasten, schräg auskragenden Erker an der Königstraße wurden erst im Zuge der Wiederherstellung nach dem Krieg angefügt.

Kaufhaus Union (heute Karstadt) ⑱
Königstraße 27–29

Schon 1921/22 hatte Richard Döcker, der prominenteste Vertreter des Neuen Bauens in Stuttgart, einen Hochhausplan für seine Heimatstadt entworfen, kam jedoch selbst erst in der Nachkriegszeit mit einem eigenen Projekt zum Zuge. Alle noch in den 1920er-Jahren realisierten Hochhäuser wurden von anderen Architekten gebaut: der Tagblatt-Turm, das Hahn & Kolb-Haus, der Zeppelinbau, der Mittnachtbau oder das Kaufhaus Breuninger. Auch seine Planungen für das Kaufhaus

Mittnachtbau

Ehemaliges Kaufhaus Union

Union von 1929 blieben bis nach dem Krieg in der Schublade. Als er schließlich 1950 bis 1953 mit der Ausführung beauftragt wurde, griff er auf die früheren Entwürfe zurück, mit der Folge, dass ihm nun vorgeworfen wurde, der Bau zeige einen »wenig kraftvollen Spätfunktionalismus«. Städtebaulich bezieht sich das Kaufhaus Union auf den Mittnachtbau, mit dessen Eckturm es zusammen eine Torsituation für den oberen Abschnitt der Königstraße schafft.

 Cafés und Restaurants mit schöner Aussicht auf historische Plätze und Gebäude finden sich vor allem am Schlossplatz, am Schillerplatz oder am Landtag.

 Tourstart: Hauptbahnhof: S-Bahn 1, 2, 3, 4, 5, 6, 60; U-Bahn 5, 6, 7, 9, 12, 14, 15; Bus 40, 42, 44
Tourende: Stadtmitte: S-Bahn 1, 2, 3, 4, 5, 6, 60;
Rotebühlplatz: U 2, 4, 14

2 Die Fünfziger- und Sechzigerjahre im Stadtzentrum

Ein Grundriss wie ein Konzertflügel

Zwei Bauaufgaben stellten die Stuttgarter Architekten in den 1950er-Jahren vor neue Herausforderungen: zum einen die Rekonstruktion der zerstörten Innenstädte und zum anderen der Neubau öffentlicher und privater Gebäude. 13 Jahre Nationalsozialismus hatten eine tiefe und folgenreiche Zäsur hinterlassen. Die Entwicklung einer progressiven Architektur war unterbrochen worden, da namhafte Architekten in die USA ausgewandert waren oder durch Berufsverbot von der Gestaltung des Baugeschehens ausgeschlossen wurden. Zugleich sahen sich die Stuttgarter Bauherren und Gestalter inzwischen mit neuen Fragestellungen konfrontiert: Wollte man an die Konzepte der Vorkriegsmoderne anknüpfen oder eigene Wege beschreiten?

S-Mitte

4 Std.

5,7 km

Tipps zur Tour: Die Liederhalle, der Universitätscampus und der Landtag sind in Garten- und Parkanlagen eingebettet. Lichtschirme gestalten den Platz der Liederhalle, während sich im Unipark zahlreiche zeitgenössische Plastiken und Skulpturen befinden.

Das »Deutsche Haus« ①
Tübinger Straße 15

Das Bürogebäude »Deutsches Haus«, das zwischen 1951 und 1952 von Bodo Rasch konzipiert wurde, zeigt diesen Zwiespalt exemplarisch. Man spürt die Bezugnahme auf das Neue Bauen durch Einzelelemente deutlich und findet gleichzeitig Merkmale wie die in den 1950er-Jahren so typische Rastergliederung. Die zentrale Partie des sechsstöckigen Hauses wird durch Fensterbänder bestimmt. Dabei handelt es sich um schmale, hochrechteckige Scheiben, die durch verputzte Brüstungsbänder als Streifen hervorgehoben werden. Im Gegensatz zur hellen Fassadenverblendung des restlichen Baus sind die Brüstungsfelder schwarz gestrichen. Die verhaltene Dynamik der Formensprache erinnert eindeutig an Erich Mendelsohns Kaufhaus Schocken, das in unmittelbarer Nähe stand. Der Baukörper wird rechts und links durch Anbauten mit Muschelkalkplatten flankiert. Diese Fassaden grenzen jedoch nicht unmittelbar aneinander, sondern geben den Blick auf eine tiefere Schicht, den Kern des Gebäudes, frei. Die straßenparallelen Flanken wirken wie vorgeblendet, die Fenster sind in breite Rahmen gesetzt. Insgesamt ergibt sich eine Kompositarchitektur, die zwei unterschiedliche Strömungen miteinander verbindet. Der Kern zitiert die 1920er-Jahre, während die äußeren Fassadenscheiben die konventionelle Rastergliederung zeigen. Dieselbe Rastergestal-

tung findet sich auch bei Paul Stohrers Stuttgarter Rathaus von 1953 und verweist auf das prägende Gestaltungselement des kommenden Jahrzehnts (Nr. 3). Überdies zitiert ein angedeuteter Erker des »Deutschen Hauses« zur Christophstraße traditionelle Eingangsformen, obwohl er ungewöhnlich flach und zurückgenommen ausgeführt ist.

Zur Architektur kam Bodo Rasch über seine Möbelentwürfe, die ihn innerhalb der Stuttgarter Architektenschaft bekannt gemacht hatten. Mit seinem Bruder Heinz hatte er 1927 durch die ausge-

Deutsches Haus

fallene Ausstattung des Hauses von Peter Behrens in der Weissenhofsiedlung für Aufsehen gesorgt. Darauf folgten experimentelle Entwürfe wie ein Wohnhochhaus, das mit Stahltrossen an einen Mast gehängt wurde. An die avantgardistische

Kühnheit dieser Hängekonstruktionen, in der er das zugbeanspruchte Bauen der Nachkriegsmoderne vorwegnahm, konnte er mit dem »Deutschen Haus« jedoch nicht anknüpfen.

Die Galeria Kaufhof ②
Eberhardstraße 28

Gegenüber dem Tagblatt-Turm befindet sich der Kaufhof aus dem Jahr 1960. Es ist das Werk des Berliner und später Karlsruher Architekten Egon Eiermann. Der Zweckbau zeigt bis heute Fragmente der ursprünglichen Gestaltung. Obwohl die Fassade stark verändert wurde, finden sich noch Teile der wabenförmigen, 60 mal 60 Zentimeter großen, weißen Keramikteile, die den ungegliederten Kubus verblendeten. Das Kaufhaus befindet sich an der Stelle des hochberühmten, unglücklicherweise abgerissenen Warenhauses Schocken. 1927/28 hatte Erich

Kaufhof, Fassadendetail

Mendelsohn in Stuttgart dieses Gebäude errichtet, das mit dem Tagblatt-Turm das bedeutendste Zeugnis des Neuen Bauens in der Innenstadt war. Ein dürftig entwickeltes Denkmalverständnis, wirtschaftliche Interessen des Kaufhauskonzerns und die Realisierung der »autogerechten Stadt« führten 1960 zur Zerstörung dieses Architekturmonuments. Als »architektonischer Schwächeanfall« von Journalisten kritisiert, blieb Eiermann mit dem Kaufhaus Karstadt hinter seinen Möglichkeiten zurück. Während er in Stuttgart-Vaihingen bei der IBM-Konzernzentrale ein interessantes Gebäude mit fragiler Tragstruktur entwickelte, hinterließ er hier einen Fremdkörper, der weder eine Beziehung zur topografischen Situation herstellt noch auf die benachbarten Häuser eingeht.

Der Marktplatz,
das Rathaus ③

Nachdem Sie die Eberhardstraße überquert haben, führen Treppen zwischen den Kaufhäusern C & A und Kaufhof zur Hirschstraße und zum Marktplatz. Das Bauensemble rund um den Marktplatz zeigt Nachkriegsarchitektur, die größtenteils Ende der 1950er-Jahre errichtet wurde. Keines der ursprünglichen Geschäftshäuser ist wieder aufgebaut worden. Stattdessen besitzt das Ensemble einen einheitlichen, geschlossenen Charakter mit Flachdächern und Loggien im oberen Gebäudeabschluss. Durch die Staffelung der Baukörper griff man jedoch die kleinteilige Gliederung der Vorgängerbauten auf. Die verschiedenfarbigen Fassaden in

Marktplatz

Gelb, Blau und Rot unterstreichen diesen Eindruck.

Das Rathaus von Paul Stohrer und Paul Schmohl ersetzt den neogotischen Vorgängerbau, der 1944 abbrannte. Teile des Turms wurden unsichtbar in den Neubau integriert. Er dominiert mit deutlicher Fernwirkung den Platz. Die strenge Rastergliederung leitet sich von den Maßen des großen, quadratischen Fensters an der Marktplatzfassade ab. Die massive Verkleidung mit Muschelkalkplatten, die bereits das »Deutsche Haus« kennzeichnete, ist auch bei diesem Verwaltungsbau Hinweis auf seine Entstehung Anfang der 1950er-Jahre. Das Kaufhaus Breuninger, schräg gegenüber, wird im Gegensatz dazu von einer massigen Betonarchitektur dominiert. Dieses Betongebirge aus dem Jahr 1970, von den Architekten des Büros Kammerer und Belz geplant, zeigt einen Trend, der das kommende Jahrzehnt der

1970er-Jahre prägen wird: kompakte Großformen, die sich zu Sichtbeton-monumenten auftürmen.

Überqueren Sie nun den Markplatz, bis Sie den Schillerplatz neben dem alten Schloss erreichen. Wenn Sie nun den Platz durch den Torbogen auf der linken Seite verlassen, so gelangen Sie zur Königstraße.

Das ehemalige Geschäftshaus Speiser ④
Königstraße 34

Ähnlich monumental und klotzig wie das Kaufhaus Breuninger wirkt die Architektur des Buchhauses Wittwer. Links daneben befindet sich das Speiser-Haus, das Rolf Gutbier 1952 als erstes modernes Geschäftshaus der Nachkriegszeit in Stuttgart baute. Eindeutig sind die Referenzen an die US-amerikanische Architektur der

Ehemaliges Geschäftshaus Speiser

1940er-Jahre zu erkennen: Die Laden-
räume im Erdgeschoss sind zwar heute
durch ungegliederte Flächen verändert,
deuten aber die raumhohe Glasfassade
des ursprünglichen Entwurfs noch an.
Vom zweiten Obergeschoss an aufwärts
befinden sich Büros. Das zurückgesetzte,
zum Teil mit schwarzen Kacheln verklei-
dete oberste Stockwerk wird von einem
dominant vorspringenden Flugdach abgeschlossen. Das Geschäftshaus Speiser
ist das erste Gebäude in Stuttgart mit
einer Stahl-Glas-Fassade. Das Konstruktionsprinzip und die Materialauswahl
waren Anfang der 1950er-Jahre revolu-
tionär: Einer Stahlskelettkonstruktion
wurde ein »Vorhang« mit einflügeligen
Fenstern in Aluminiumrahmung und
gefalteten Brüstungsverblendungen
vorgesetzt. Gleichzeitig sorgen wuchtige

Doppel-T-Träger für vertikale Akzente
im Innenraum. Vor allem in den ersten
Geschossen zeigt sich die Charakteris-
tik dieser Curtain Wall. Die raumhohe
Verglasung sitzt vor den Stützen des
Skeletts. Die konstruktiven Prinzipien
des Tragwerks werden dadurch offen-
gelegt, sodass sich das tragende Skelett
vom Erdgeschoss bis in das Dachgeschoss
abzeichnet. Die mächtigen Pfeiler mit
quadratischem Grundriss sind jeweils
circa zwei Meter hinter die Glasfassade
gesetzt. Sie bilden das Stützenraster, auf
dem sich der Bau erhebt. Fünf Jahre nach
Kriegsende realisiert, hatte das Hochhaus für die Innenstadt Signalwirkung.
Im Vergleich zur Neuorganisation des
Marktplatzes, der mit historischen Reminiszenzen und Mauerwerksbau eine un-
entschlossene Haltung ausstrahlt, ist der
Speiser-Bau mit seinen schlanken Details
ein Bekenntnis zur Moderne US-amerikanischer Prägung.

Die ehemalige Württembergische Bank (s)
Kleiner Schlossplatz 11

Die Württembergische Bank, heute
BW-Bank, von Rolf Gutbrod schließt
den Kleinen Schlossplatz nach Norden
ab. Die Eckbebauung stammt aus dem
Jahr 1963 und befindet sich im Zentrum
der Innenstadt. Bezüglich der dahinterliegenden Theodor-Heuss-Straße und
der Lage des Kunstmuseums ist das Gebäude in die zweite Zeile gerückt. Die
Qualität des Bankenbaus zeigt sich in
der Rhythmik der Rasterfassade. Während die frühen mehrstöckigen Bauten

Landesbank Baden-Württemberg

der jungen Bundesrepublik eine strenge Serialität der Brüstungs-, Fenster- und Rahmenelemente besitzen, variierte Rolf Gutbrod beim Gebäude der Baden-Württembergischen Bank die Breite der Fensterstreifen. Unregelmäßig sind schräge Gliederungselemente angebracht, die der Fassade Plastizität verleihen. Rhombenförmig zulaufende Profile sind mit Naturstein verkleidet und erzeugen ein Relief. Der kompakte Quader ist an den Seiten durch zurückgesetzte Streifen und Öffnungen unterbrochen. Die Gebäudehülle ist zwar dem rechten Winkel verpflichtet, im Erdgeschoss jedoch bilden locker positionierte Bereiche ein formales Gegengewicht zu dieser geradlinigen Strenge.

Der erste Stock wird heute durch einen Lichthof dominiert. Nach wie vor treffen hier freie Formen auf einen geome-

trischen Grundriss. Die ursprüngliche Gestaltung sah jedoch frei angeordnete Schalterinseln vor. Sie ermöglichten durchlässige Verkehrswege, die den Besucherstrom leiteten. Der Innenraum war durch braune Edelhölzer, Granit und schwarze Ledermöbel geprägt. Außerdem legte Gutbrod in diesem Gebäude großen Wert auf eine durchdachte Lichtregie, die von starker Helligkeit bis zu diffusem Halbdunkel reichte. Auch Kunst- und Tageslicht wechselten einander ab. Auf die Kundenzone verwies ein asymmetrisches, sich nach unten erweiterndes Glas-Stahl-Dach, das die stereometrische Form aufzusprengen schien.

Gutbrod verlagerte die Kundenzone in den ersten Stock und schuf damit eine Art mikrostädtischen Entwurf, dem der Pflastersteinbelag im Erdgeschoss noch Nachdruck verlieh. Damit erinnert sein Entwurfsgedanke an Hugo Härings Konzept: »Grundriss lösen wie Stadtplan Wege Straßenführung Plätze«. Heute ist der Kundenbereich im ersten Geschoss nicht mehr öffentlich zugänglich. Auch Details wie die Bodengestaltung wurden verändert.

Die Liederhalle ⑥
Berliner Platz 1–3

Nähert man sich der Liederhalle über den Park am Berliner Platz, blickt man auf den vorgelagerten Beethovensaal. 1955 erhielten Adolf Abel und Rolf Gutbrod den ersten Preis in einem geschlossenen Wettbewerb für den Entwurf des Bauensembles. Die Vorgeschichte des Baus reicht allerdings bis in das Jahr 1949 zurück und markiert eine Wende im Werk Gutbrods. Während der erste Wettbewerbsbeitrag, den er in der Arbeitsgemeinschaft mit Adolf Abel entwickelte, noch eine kubische Verschachtelung von auskragenden Blöcken unterschiedlicher Größe zeigte,

stellt das am Ende realisierte Konzept eine eigenständige Formfindung dar. Diese Leistung Gutbrods macht das Konzertgebäude zum Paradebeispiel einer selbstbewussten Architektur mit organischer Formensprache. Es besitzt eine herausragende Position innerhalb der Stuttgarter Architekturgeschichte, da es zusammen mit den beiden Hochhäusern »Romeo« und »Julia« von Hans Scharoun zu den wichtigen Zeugnisse des organischen Bauens in Stuttgart nach 1945 zählt.

Der Haupteingang der Liederhalle liegt auf der Ebene des Berliner Platzes, wo ein weit auskragendes Flugdach mit zierlichen Stützen die Besucher empfängt. Die im Außenraum schräg hervortretenden Wandteile des Mozart- und Silchersaals leiten den Strom über den Platz in das Foyer. Insgesamt ist das Konzerthaus eine komponierte Architekturlandschaft aus individuellen Baukörpern. Es vermeidet Monumentalität, Symmetrie und Reihung. Ein flach gedeckter Restaurant- und Foyertrakt bindet die drei klar ablesbaren Baukörper zusammen. Der Beethovensaal, mit 2000 Plätzen der

Was ist organisches Bauen?

Obwohl es eine inflationäre Vielfalt in der Interpretation der organischen Architektur gibt, findet sich oft die Forderung nach einem speziellen Entwurfsansatz: »Aus all dem ergibt sich, dass ein Bauwerk nur von innen nach außen entworfen werden kann«, schrieb Hugo Häring, der führende Architekturtheoretiker der

1920er- und 1930er-Jahre. Bei organischer Architektur findet sich oft die Betonung des Plastischen und Modellierten sowie ein asymmetrischer und auf hierarchische Prinzipien verzichtender Aufbau der Einzelelemente, die in einer fließenden Bewegung zusammengefasst werden.

Foyer des Mozartsaals

größte Raum, besitzt einen Grundriss, der an einen Konzertflügel erinnert. Der Mozartsaal mit 750 Sitzplätzen entwickelt sich auf einem leicht verschobenen Fünfeck und der Silchersaal bietet mit seinem rechteckigen Grundriss 350 Personen Platz. Während der Mozartsaal mit Quarzitplatten verkleidet ist, sind dem Silchersaal Klinkerplatten vorgeblendet; durch eine gestaffelte Glasbausteinwand erhält er als einziger Raum Tageslicht. Der Beethovensaal wiederum ist in Sichtbeton ausgeführt. Er ist mit Natursteinplatten, Marmorstreifen und Mosaiksteinchen inkrustiert.

Auch der Innenraum leitet sich von einem organischen Entwurfsprinzip ab: Gutbrod fertigte Studien für Bewegungsströme, nach denen er die Bauten von innen nach außen plante und arrangierte. Das zweigeschossige Foyer besitzt eine Galerie, die mit diagonal eingestellten Treppen in weiten Schwüngen das Zentrum umfasst. Dass auch die Liederhalle nicht voraussetzungslos entstand, zeigen einige Details. Die Decke in der Garderobe des Mozartsaals erinnert an Hans Poelzigs »Großes Schauspielhaus« in Berlin von 1918. Die wellenförmige Gipsmodellierung ist in das Blickfeld gerückt, noch ehe der Besucher über ein Zwischenpodest den Zugang zum Mozartsaal erreicht. Die eindrücklich elegante Empore des Beethovensaals steigt in einer raumgreifenden Kurve an und ruft damit Assoziationen an Poelzigs Kinobau in Breslau hervor.

Gedok-Haus

Das Gedok-Haus ⑦
Seidenstraße

Auf der rechten Seite, neben der Russischen Kirche, befindet sich das Gedok-Haus auf einer Anhöhe. Die Gedok, die Gemeinschaft deutscher und österreichischer Künstlerinnen und Kunstfreunde, ließ 1954 ihren Stuttgarter Hauptsitz errichten. Die Gewinnerin eines begrenzten Wettbewerbs war Grit Bauer-Revellio. Nach ihrem Entwurf entstand ein lang gestreckter Baukörper, der an der Nahtstelle zweier Stadtviertel sitzt. Den Hang hinauf erstrecken sich rückseitig Villen bis zum Kräherwald, unterhalb entwickelt sich der Stuttgarter Westen. Mit fünf Vollgeschossen öffnet sich die Fassade nach Süden. Die Zwischenwände bilden Loggien über die gesamte Zimmerbreite. Sie entsprechen einer Wohneinheit, definieren jeweils einen Balkon und erinnern an Kabinen. Weniger die Einzelfenster bestimmen hier die Ansicht als vielmehr dieses prominente, konstruktive Gerüst der Querwände. Die sogenannte Schottenbauweise besitzt einen interessanten Aufbau des Tragwerks. Tragende Wände sind in Querrichtung angeordnet, sodass die Last der Geschossplatte auf die Schotten oder Scheiben abgeleitet werden kann. Dadurch sind die Außenwände und die innenliegenden Trennwände von ihrer statischen Funktion befreit. Das Haus beherbergt 27 Ein- und Zweiraumappartements sowie 13 Atelierräume und einen Ausstellungssaal. Als Ort der Künstlerförderung bieten die Kleinwohnungen sowohl Unterkunft für einen mehrmonatigen Aufenthalt wie auch die räumlichen Bedingungen für künstlerisches Arbeiten. Zur Straßenseite sind die Ateliers ausgerichtet, gegenüber befinden sich die Wohneinheiten.

Das Gedok-Haus ⑧
Hölderlinstraße 17

In Richtung Hölderlinstraße zeigt sich eine flache Fassade, die durch Fensterfelder mit meist fünf Fensterstreifen unterschiedlicher Breite durchbrochen ist. Die Schlichtheit, die schmalen, vertikalen Wandstreifen und die verputzten, flächigen Brüstungsfelder erinnern deutlich an die Architektur des Neuen Bauens. Offensichtlich ist die Verwandtschaft zu

Mart Stams Südfassade seiner drei Reihenhäuser in der Weissenhofsiedlung.
Kein anderer Bau der 1950er-Jahre zitiert
so deutlich die Flächigkeit und klare Pro-

**Wohnhaus von Mart Stam,
Weissenhofsiedlung**

portionierung der modernen Wohnungs-
architektur wie das Gedok-Haus. Unter-

GEDOK STUTTGART

Die Gedok, Gemeinschaft der Künstlerinnen und Kunstförderer e.V., wurde 1926
in Hamburg gegründet.
Die Stuttgarter Gruppe besteht seit 1937 und besitzt seit 1955 in der Hölderlinstraße ein eigenes Haus
mit 22 Wohnateliers, einem Ausstellungs- und einem Ballettsaal.
Die GEDOK weist sich durch besondere Interdisziplinarität aus.
Ihre Mitglieder sind Künstlerinnen aus den Gebieten Musik, Literatur und
Theater, Tanz, Angewandte Kunst, Bildende Kunst und Neue Medien.
Das Atelierhaus der GEDOK Stuttgart hat sich mit der Galerie
als spartenübergreifendes Kulturzentrum und als ein künstlerisches Forum etabliert.
Neben Ausstellungen und Performances, Lesungen und Konzerten, gibt es kunst- und
kulturtheoretische Vorträge, Workshops, Professionalisierungsseminare, Atelierbesuche und Feste.

**Der Veranstaltungskalender erscheint dreimal im Jahr.
Programminformationen unter www.gedok-stuttgart.de**

GEDOK e.V. Stuttgart, Hölderlinstraße 17, 70174 Stuttgart
Fon 0711 / 29 78 12   Mail gedok@gedok-stuttgart.de

Bildende Kunst_Literatur_Musik_Kunsthandwerk

schiede zeigen sich in der Betonung des Treppenhauses und der Eingangszone: Während Stam alle Fassadenelemente gleich behandelte, wird im Gedok-Haus die serielle Reihung durch eine Variation der Streifenbreite und Mauerwerksteile aufgelöst. Deutlich ist der Eingangsbereich aus der Mittelachse nach rechts gerückt, das dahinterliegende Treppenhaus setzt die diagonalen Treppenläufe wirkungsvoll in Szene.

Eberhard-Ludwig-Gymnasium, das Gerling-Haus, das Haus Stohrer ⑨, ⑩, ⑪
Herdweg 72, 59, 64

Hinter einer Baumreihe versteckt befindet sich das Eberhard-Ludwig-Gymnasium, bei dem es sich um ein Spätwerk aus dem Jahr 1955 des zu Unrecht vergessenen Architekten Adolf Bregler handelt. Zu seinen wichtigsten Gebäuden zählt die Empfangshalle für den Landesflughafen Stuttgart in Böblingen, der 1929 gebaut wurde und eine Weiterentwicklung des Neuen Bauens darstellt.

Wenige Meter weiter, in Richtung Innenstadt, erkennt man auf der rechten Seite ein Werk des Architekten Rolf Gutbier, der in diesem Rundgang bereits durch den Speiser-Bau vorgestellt wurde. Das Gerling-Haus, das er 1959 plante, steht für den ausgereiften Internationalen Stil, der sich Ende der 1950er-Jahre zum Mainstream in der Architektur herausgebildet hatte. Unter der Mitarbeit von Hans Kammerer und Walter Benz schuf Rolf Gutbier eine klassische Adaption der US-amerikanischen Vorbilder. Das Ergebnis ist ein kompakter Baukörper mit drei Geschossen. Das verglaste Erdgeschoss ist einen Meter zurückgesetzt und gibt den Blick auf die Rundstützen frei. Ein gleichmäßiges Raster aus eloxierten

Eberhard-Ludwig-Gymnasium

Bürohaus der Gerling-Versicherung

Leichtmetallprofilen gliedert die Fassade, die Brüstungsfelder werden mit Marmorplatten geschlossen. Als Solitär nimmt der Bau keinen Bezug zur Landschaft – der Einfluss von Mies van der Rohes Pavillonarchitektur ist hier offensichtlich.

Etwas tiefer befindet sich auf der linken Seite des Herdwegs das Bürohaus des Architekten Paul Stohrer. Während dieser mit dem Rathaus am Marktplatz eine Kompromissarchitektur vorgelegt hatte, zeichnen sich seine Folgebauten, wie das Atelierhaus im Schellenkönig und der Geschäftsbau »Haus Englisch« in der Königstraße Nr. 33, durch Ideenreichtum und kluge Lösungen architektonischer Probleme aus. 1961 errichtete Stohrer das Bürohaus, das sich zwischen den gründerzeitlichen Villen im Herdweg behaupten kann. Das Gebäude offenbart

Bürohaus von Paul Stohrer

bei genauerer Analyse buchstäblich seine Vielseitig- und Vielschichtigkeit. Es besticht nicht nur durch eine aufgelockerte Rasterplanung, sondern auch durch Plas-

tizität, die durch die Schichtungen aus Betonflächen und Glasstreifen erzeugt wird. Zur Straßenseite öffnet es sich und wird durch einen auskragenden Kubus im zweiten Stock profiliert. Den Abschluss bildet eine rahmende Dachbrüstung, die Erinnerungen an Le Corbusiers Flugdach im Doppelhaus auf dem Killesberg wachruft. Markante Fensterbänder und Rundfenster bestimmen die Rückfassade, die durch ein geschichtetes Relief dominiert wird.

Der Universitätscampus ⑫
Holzgartenstraße 9a

An der Stelle des ehemaligen Stadtgartens befindet sich heute der Universitätscampus, der Kern des von 1956 bis 1965 neu entstandenen Universitätsviertels. 1967 wurde die ehemalige Technische Hochschule, die auch die Keimzelle der

sogenannten Stuttgarter Schule war, zur Universität Stuttgart ausgebaut. Die Struktur einer auf Ingenieurs- und Naturwissenschaften ausgelegten Hochschule zeigt sich allerdings noch heute in den Fakultäten. Sieben ihrer zehn Wissenschaftsbereiche spiegeln die Gliederung der »technischen« Vergangenheit. Anfang der 1960er-Jahre wurden die naturwissenschaftlichen Institute aus Platzgründen auf einen Campus in Stuttgart-Vaihingen verlagert – was wiederum wichtige Impulse für prägende Neubauten lieferte, wie sie später im Kapitel »Bauten für Wissenschaft und Forschung« vorgestellt werden.

Das Universitätsgelände wird vom Max-Kade-Hochhaus im Süden, der Universitätsbibliothek im Westen so-

Universitätsbibliothek

wie dem Hörsaal-Provisorium und den Kollegiengebäuden im Norden gerahmt. Alle Gebäude sind zwischen 1952 und 1960 entstanden. Sie sind Teil der Umgestaltung des ehemaligen Stadtgartens, dessen Baubestand zerstört oder bis auf das Polytechnikum von Joseph von Egle, das heutige Rektoramt, abgerissen wurde. Wilhelm Tiedje, ehemaliger Mitarbeiter Paul Schmitthenners, entwarf 1952 das Max-Kade-Heim, das neben der Liederhalle den Campus abschließt. Es ist das erste Wohnhochhaus in Stuttgart und wurde für knapp 160 Studenten geplant. Max Kade, US-amerikanischer Fabrikant und Stifter, hatte die Mittel für den Bau gespendet. Jedes der 16 Geschosse verfügt über acht Einzel- und zwei Doppelzimmer. Die Geschossdecken zeigen sich als helle Putzstreifen an der monolithischen Fassade. Das einzige auskragende Element ist das Flugdach über dem letzten Geschoss. Da das Hochhaus kein Skelettbau ist, erlaubt das Tragwerk keine großzügigen Öffnungen. Tiedje erprobte hier eine Schüttbetonbauweise, bei der Ziegelstoffe aus der Verwertung von Kriegstrümmern beigemischt wurden. Dieser Bauweise ist der blockhafte Charakter geschuldet.

Kollegiengebäude der Universität Stuttgart

KI und KII ⑬
Keplerstraße 11, 17

Wenn Sie der Erschließungsachse folgen, welche den Park durchschneidet, wird Ihr Blick auf die Kollegiengebäude KI und KII von 1956 gelenkt. Die Zwillingsbauten an der Keplerstraße bilden als emporragende, zehnstöckige bzw. 15-stöckige Hochhausscheiben das Tor zum Campus. Interessant ist Rolf Gutbiers Lösung, die Seminarräume auf der Ostseite den Büroeinheiten auf der Westseite gegenüberzustellen und somit ineinander verschränkte, gestaffelte Geschosse zu schaffen. Den Seminarräumen liegen niedrigere Halbgeschosse gegenüber, die mit gegenläufigen Treppen erschlossen werden und die Büros und Sekretariate beherbergen. Ein breiter Gang dient als Verkehrsweg, er verbindet das Treppenhaus, die Aufzüge und Hörsäle. Parallel dazu verläuft ein Flur, der den Zugang zu

Hahn-Hochhaus

Heterogenität der Nachkriegsarchitektur besonders deutlich: Während Gutbier eine blockhafte, reduzierte Fassade bevorzugte, setzte Gutbrod auf eine aufgesprengte, freie Form. Kalkulierte Knicke und spitzwinklige Zuläufe laden ein, den Bau zu umrunden und das Wechselspiel der Formen und deren Licht- und Schattenwirkung zu erleben. Der Grundriss entwickelt sich aus einem flachen Trapez und einem unregelmäßigen Sechseck. Das Hochhaus stützt sich auf eine schmale Scheibe, die die Längsaussteifung des 14-geschossigen Baukörpers übernimmt. Niedrigere zweigeschossige Anbauten fächern sich am Sockel auf. Auftraggeber für den Bau war die Firma «Hahn Automobile», die sowohl Ausstellungsräume wie Büros an diesem städtebaulich markanten Punkt verlangte.

Das Hochhaus liegt an einer der Stuttgarter Stadtautobahnen, die aus der Verkehrspolitik in den 1960er-Jahren hervorgingen. Die sechsspurige Friedrichstraße schuf eine Situation, unter der die urbane Qualität der Innenstadt noch heute leidet, denn die Stadtviertel werden nicht mehr als geschlossene Einheiten spürbar und sind für die kontinuierliche fußläufige Erschließung unattraktiv.

den Verwaltungseinheiten und Toiletten ermöglicht. Zwei Treppenhäuser sind an die Schmalseiten des Gebäudes gesetzt. Das Erdgeschoss ist als verglaste Halle angelegt. Die Pfeiler dort verweisen deutlich auf das Stahlskelett als Tragwerk.

Das Hahn-Hochhaus ⑭
Friedrichstraße 10

Von dem Platz zwischen KI und KII gelangt man auf einer breiten Freitreppe hinunter in die Geschwister-Scholl-Straße. An der Ecke befindet sich das Hahn-Hochhaus, das Rolf Gutbrod 1962 errichtete. Vergleicht man es mit den Kollegiengebäuden KI und KII, wird die

Der Landtag ⑮
Schlossgarten

Den Abschluss dieser Tour bildet ein Highlight der regionalen Architekturgeschichte. Zwischen dem Opernhaus und dem Neuen Schloss behauptet sich der elegante Kubus, den Kurt Viertel, Horst Linde und Erwin Heinle 1959 entwarfen.

Landtag

Das Landtagsgebäude ist eine gelungene, kongeniale Adaption von Mies van der Rohes Pavillonarchitektur. Eingebettet in eine weitläufige Rasenfläche, erhebt sich der Landtag auf einer sanften Anhöhe. Nach zwei Wettbewerbsphasen entschied man sich, den Verwaltungsbau nicht in einer Erweiterung des Neuen Schlosses auszuführen, sondern einen eigenständigen Neubau als Solitär zu realisieren. Das Landtagsgebäude ist ein Stahlskelettbau, der mit einem Flachdach abschließt, 20 Meter Höhe besitzt und sich auf einer annähernd quadratischen Grundfläche von 54 mal 55 Metern erstreckt. Das raumhoch verglaste Erdgeschoss tritt zurück, die beiden Obergeschosse besitzen 18 Fensterachsen, von denen jeweils drei der Spannweite einer Stütze zugeordnet sind.

Die Außenhaut des Gebäudes bildet spiegelndes, graubraun eingefärbtes Glas, was im Gegensatz zur konventionellen Verglasung bei Bürogebäuden ausgesprochen edel und elegant wirkt. Im Erdgeschoss befinden sich das Foyer, die Eingangsschleuse und ein Restaurant. Der Plenarsaal ist zentral im Obergeschoss positioniert. Ein Wandelgang ermöglicht auf einer Seite einen Umlauf, an den verbleibenden drei Seiten sind die Büros aufgereiht. Der Eingang wird nicht durch eine besondere Profilierung hervorgehoben. Die Frage nach zugrunde liegenden Vorbildern beantwortete Horst Linde, der leitende Architekt des staatlichen Hochbauamtes, folgendermaßen: Mies van der Rohe sei der »geistige Vater der Landesarchitektur«. Seit der Ausstellung 1927 am Killesberg hatte Mies unzählige Variationen des Pavillontyps vorgelegt, wobei maßgebende Beispiele

der Barcelona Pavillon, das Farnsworth House, die Gebäude des MIT in Chicago und die Neue Nationalgalerie in Berlin darstellen. Gemeinsames Merkmal ist die Trennung von Wand und Stütze sowie eine Sandwich-Architektur mit Flachdach, die durch ein Glasband horizontal geöffnet wird. Im Erdgeschoss wird dadurch eine Verbindung von Innen- und Außenraum geschaffen.

 Auf dem Kleinen Schlossplatz befinden sich Cafés und Bars.

Tourstart: Österreichischer Platz: U1, U14
Tourende: Stuttgart HBF: div. U-Bahn, S-Bahn, Busse

Dezente Farbtöne wie Taupe und Creme sowie die in eisblauem Samt bezogenen Stühle im Stil der 60er Jahre prägen das großzügige Ambiente mit Blick in den Schlossgarten. Die Designer Markus Hilzinger und Isabella Hamann haben die Geschichte des Hauses, das im Jahr 1962 erbaut wurde, sensibel in ihre Farb- und Formgebung übersetzt. Auf der kulinarischen Bühne verzaubern wir Sie mit unseren Kochkünsten. Ob zum Lunch oder am Abend - genießen Sie die große kulinarische Oper aus unserem Repertoire der Grande Cuisine.

THE FINE DINING DESTINATIONS

Althoff Hotel am Schlossgarten | Schillerstraße 23 | 70173 Stuttgart
Tel. 0 711 / 20 26-0 | www.hotelschlossgarten.com | anfrage@hotelschlossgarten.com

3 Postmoderne an der Kulturmeile

Wie Flasche und Korken – die Rotunde der Staatsgalerie und der Turm der Musikhochschule

Die Neue Staatsgalerie ist der architektonische Höhepunkt der »großen Kulturmeile«, für deren Neubau die Architekten James Stirling und Michael Wilford 1977 den Wettbewerb gewannen. Während sich die »kleine Kulturmeile« mit Kunstmuseum, Landesmuseum, Lapidarium und Institut für Auslandsbeziehungen von der Königstraße bis zur Planie erstreckt, reihen sich das stadthistorische Museum, die Landesbibliothek, das Haus der Geschichte, die Musikhochschule sowie die Theaterbauten an der »großen Kulturmeile«, der stark befahrenen Konrad-Adenauer-Straße.

S-Mitte

1½ Std.

1,2 km

Tipps zur Tour: Die Staatsgalerie besitzt hervorragende Werke des Schwäbischen Klassizismus und der Klassischen Moderne. Im Haus der Geschichte werden Themen der Landesgeschichte auf gestalterisch interessante Weise inszeniert.

Die Neue Staatsgalerie ①
Konrad-Adenauer-Straße 30–32

Hinter einer Baumreihe, die die Staatsgalerie von der Bundesstraße abschirmt, erhebt sich die Museumsarchitektur auf einem breiten Sockelgeschoss. Stirling entwickelte das Gebäude über einem quaderförmigen Plateau, das die Tiefgarage und die technische Anlage aufnimmt. Bereits hier kündigt sich das Programm der Architektur an: Einzelne Quader der Sockelmauer scheinen wie zufällig herausgebrochen und stapeln sich auf der Rasenfläche. An eine Schlossruine erinnert Stirlings Inszenierung mit der aus der Stuttgarter Region stammenden Travertinverkleidung und dem hochherrschaftlichen Portikus aus Stahlträgern, der die Zugänge markiert. Über eine Rampe, deren farbiges Dickrohrbrüstungsgeländer die Blicke auf sich zieht, wird der Besucher auf das Eingangsniveau geführt. Die charakteristische, S-förmig geschwungene Glasfläche des Eingangsbereichs mit ihrer provokativ giftgrün gestrichenen Rahmung, die den Noppenbelag des Foyers aufnimmt, kragt aus

Neue Staatsgalerie

der Gebäudeflucht und hebt das Foyer deutlich hervor. Von dort aus werden die Ausstellungsräume, der Vortragssaal und die ständige Sammlung im ersten Stock erschlossen. Die neue Staatsgalerie ist als Dreiflügelanlage mit Ehrenhof konzipiert. Mit diesem Entwurf griff Stirling das klassizistische Motiv der benachbarten Alten Staatsgalerie von Gottlob Georg Barth aus dem Jahr 1838 auf. Biegen Sie rechts der Glaswand mit den grünen Rahmen auf eine Rampe mit blau-rosafarbenen Brüstungsrohren ab.

Innenhof der Rotunde ②

Wenn Sie dem spiralförmigen Treppenverlauf folgen, können Sie einen Blick in die Rotunde werfen und sehen die Marmorskulpturen des schwäbischen Klassizisten Johann Heinrich Dannecker. Mit dieser zylindrischen Rotunde setzte James Stirling einen deutlichen Kontrapunkt zum klassizistischen Altbau, knüpfte bewusst an ein Motiv des Alten Museums in Berlin von Karl Friedrich

Schinkel an und schuf gleichzeitig einen modernen Stadtbaustein mit Bindeglied-funktion. Durch die breite, gewendelte Treppe wird der an der Konrad-Adenauer-Straße liegende Gebäudesockel mit der hangaufwärts parallel verlaufenden Urbanstraße verbunden. Am oberen Ende der Treppe steht der Ausstellungsbau dem Verwaltungsbau mit der Bibliothek gegenüber. Er überragt ihn um einige Geschosse. Kontrastierend trifft hier die Verblendung aus hellen und dunklen Travertinstreifen auf die dahinterliegen-de beige verputzte Fassade. Zwei Wasser-speier ragen in den schmalen Durchgang, der den Blick auf zwei kleine runde und ein quadratisches Fenster lenkt.

Fassadenansicht ③
Urbanstraße 35
Die Hoheitsformel der Dreiflügelanla-ge wird auch an der Rückseite durch Zitate aus der Architekturgeschichte durchkreuzt: Das Vordach der Bibliothek erinnert an die Projekte sowjetischer Konstruktivisten der 1920er-Jahre; die

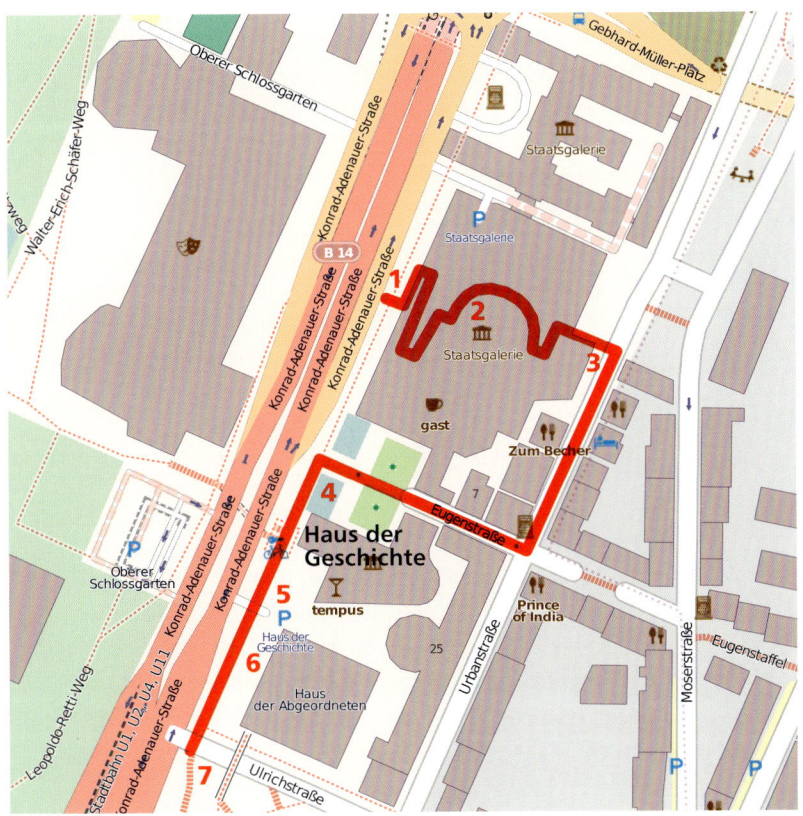

mächtigen bunten Lüftungsrohre sind als Hommage an das Centre Pompidou in Paris zu verstehen. Die Rückfassade nimmt eindeutig auf Le Corbusiers Doppelhaus mit Fensterbändern, frei stehenden Stützen und Flugdach Bezug. Und selbst die Details verweisen auf Stirlings programmatische Freude am Stilmix. Der Balkon, der der Museumsbibliothek zugeordnet ist, zitiert den Balkon von Le Corbusiers Einfamilienhaus mit Betonplatte und Metallgeländer in der Weissenhofsiedlung. Im Gegensatz zur schrillen, postmodernen Fassade mit ihrer provokanten Farbigkeit und bewegten Kontur steht die eher konventionell angelegte Organisa-

Einfamilienhaus von Le Corbusier,
Weissenhofsiedlung

tion und Gestaltung der Ausstellungsräume. Die 15 verschiedenen Säle bilden eine U-Form, die den zentralen Skulpturenhof umschließt. Sie sind in langen Fluchten aneinandergereiht und als Oberlichtsäle ausgeführt.

2002 wurde die alte Staatsgalerie durch einen Anbau des Schweizer Architektenpaars Katharina und Wilfrid Steib erweitert, um weitere Ausstellungsräume und das Grafikkabinett unterzubringen. Dieser Erweiterungsbau überwindet einen beachtlichen Höhenunterschied von elf Metern. Zwei Glasbrücken verbinden ihn mit der Alten Staatsgalerie. Durch die Mischung von Monumentalität und schlichter Eleganz integriert sich das Gebäude in das Umfeld der spätklassizistischen Architektur und hebt sich auch von James Stirlings rhetorisch angereicherter Architektursprache deutlich ab. Folgen Sie der Urbanstraße, dann nehmen Sie die erste Abzweigung rechts in die Eugenstraße.

Das Haus der Geschichte ④
Konrad-Adenauer-Straße 16

Das Haus der Geschichte ist mit der Staatsgalerie und dem angrenzenden Kammertheater durch einen Platz verbunden. Wasserbassins mit Kaskaden und einer Fontänenreihe sind ebenso symmetrisch einander gegenübergestellt wie eine Skulptur von Tony Cragg und eine antikisierende Amphore. Die Achse der Eugenstraße wird durch die Wegführung aufgenommen und verzahnt so den Fußgängerweg an der Konrad-Adenauer-Straße mit den dahinterliegenden Parallelstraßen. Das Haus

Platz vor dem Haus der Geschichte

der Geschichte tritt zunächst als lang gestreckter Kopfbau in Erscheinung, der bis zur Fußgängerpromenade hinunterreicht. Seine Langseite riegelt den Hof nach Westen hin ab. Formal antwortet der Bau auf seine Nachbarschaft, indem er einerseits Bezüge zur Architektur der Galerien und der Musikhochschule aufnimmt, andererseits aber durch die stärkere Öffnung der Fassaden im folgenden Innenhof seine Eigenständigkeit behauptet. Dabei werden erneut Formeln der Schlossarchitektur aufgegriffen und kommen auch beim Raumprogramm im Inneren zum Tragen. Der Souverän ist jedoch hier kein Fürst, vielmehr spielt diese Rolle der Ausstellungsbesucher. Er wird von einer doppelläufigen Treppe mit gemeinsamem Antritt empfangen und bekommt – gekonnt inszeniert – auf den sich teilenden Stufen die jeweils eigenständige Geschichte von Baden und Württemberg erzählt. Das szenografische Konzept und die künstlerische Leitung der Ausstellungsarchitektur lag bei dem Stuttgarter Büro Atelier Brückner. Auf 2.400 Quadratmetern entwarfen die Innenarchitekten 16 Bildräume, die das jeweilige Thema in einen räumlichen Kontext übersetzen. So kommt es etwa, dass im Ausstellungsraum, der die Revolution von 1848 vermittelt, Flugblätter von der Decke flattern und unverfugte Platten die Unsicherheit des gesellschaftlichen Umbruchs spürbar werden lassen. Im Untergeschoss beleuchten Wechselausstellungen immer wieder neue Themen der Landesgeschichte.

Die Postmoderne

In Bezug auf die Architektur wurde der Begriff zum ersten Mal von Charles Jencks in seiner Publikation »Die Sprache der post-modernen Architektur« von 1977 verwendet. Jencks versteht unter Postmoderne eine »Doppelkodierung« der Architektur, »eine Verbindung von Techniken der Moderne mit etwas anderem (meist traditioneller Architektur), damit die Architektur einerseits mit der Öffentlichkeit und andererseits mit einer enga-gierten Minderheit, meist Architekten, kommunizieren kann«. Jencks fordert einen »radikalen Eklektizismus«, der darin besteht, verschiedenste historische Stile und Zitate miteinander zu kombinieren. Die Postmoderne wandte sich damit bewusst vom Funktionalismus ab. Hatte Mies van der Rohe noch formuliert »less is more«, so setzte der postmoderne Architekt Robert Venturi dagegen »less is a bore«.

Das Bauensemble Konrad-Adenauer-Straße (5)
Innenhof zwischen Musikhochschule und Haus der Abgeordneten

Bereits in den 1980er-Jahren wurde neben der Staatsgalerie ein weiteres postmodernes Ensemble von James Sterling und Michael Wilford geplant. Doch erst 1996, nach einer zehnjährigen Planungsphase, realisierte man schließlich die Musikhochschule und 2002 das Haus der Geschichte – posthum, nach Stirlings Tod im Jahr 1992. Damit entstand eine Gebäudegruppe von internationalem Rang, die einen markanten städtebaulichen Akzent setzt und zu einem Wahrzeichen Stuttgarts wurde. Überall finden sich auch hier Elemente der Architekturgeschichte, die jedoch durch das Material, den Stilmix oder die Farbigkeit ironisch gebrochen werden. Einige Gestaltungselemente wie der beigefarbene Putz, die Travertinplatten und Dreiecksüberdachungen aus blauen und roten Stahlträgern wiederho-len sich mehrmals und fassen auf diese Weise die einzelnen Gebäude zu einer gestalterischen Einheit zusammen.

Die Musikhochschule und das Haus der Abgeordneten (6)
Konrad-Adenauer-Straße 3

Die Architektur der staatlichen Hochschule für Musik und Darstellende Kunst wird durch einen wehrhaft anmutenden Turm dominiert, der sich vor einem lang gestreckten Gebäuderiegel erhebt. Formal stellt der »Flaschenstöpsel«, wie ihn Sterling nannte, das Pendant zur Rotunde der Staatsgalerie dar. Die Reihe der Sprossenfenster wird vom Turm aufgenommen. Die Langfenster wechseln sich schließlich im Versatz ab, um auf der oberen Plattform, der Terrasse des Zylinders, zu Durchbrüchen zu werden. Das bekrönende Kranzgesims zeigt sich als nach außen gestülpter Dachring. Neben der Bibliothek beherbergt der Turm einen Konzertsaal mit 500 Besucherplät-

Musikhochschule

zen, was ihn nicht nur zum optischen, sondern auch zum musikalischen Zentrum der Hochschule macht. Der dahinter liegende Block umfasst die Mensa sowie Proben- und Unterrichtsräume. Durch eine großzügige Terrasse wird ein Vorplatz gebildet, der den Blick auf das rechts daneben liegende Haus der Abgeordneten freigibt.

Das Haus der Abgeordneten wurde nach Plänen der Architekten Rainer Zinsmeister und Giselher Scheffler 1984 errichtet. Es ist ein Verwaltungsbau, in dem sich die Büros der Landtagsabgeordneten befinden. Zu diesen Büros gelangt man über vier Flügel, die sich um einen Innenhof gruppieren. Der Gebäudewürfel ist an den Blockrand gesetzt, die Zimmer sind zur Konrad-Adenauer-Straße ausgerichtet. Nicht nur durch die Blickbeziehung,

sondern auch durch die architektonische Form entsteht ein Dialog mit dem Landtag jenseits der Straße: der annähernd quadratische Grundriss und die frei stehende Pfeilerreihe greifen die Gestalt des gegenüberliegenden Landtagspavillons auf. Zudem verbindet ein 130 Meter langer unterirdischer Gang die Büros mit dem Glasbau aus den 1960er-Jahren. Erfolgreich waren letztlich auch die beiden Kunst-am-Bau-Projekte. Der »Stuttgarter Weg« des Künstlers Robert Schad aus dem Jahr 1987 erzeugt mit geschweißten dunklen Stahlprofilen Raumzeichnungen, die den Tunnel mit Bögen, zackigen Formen und Verstrebungen interessant beleben. Neben dem Abgeordnetenhaus befindet sich außerdem eine Plastik des dänischen

Erweiterungsbau der Landesbibliothek

Künstlers Per Kirkeby aus dem Jahr 1986. Der Backsteinturm erinnert zwar durch seine Form und sein Material an die umgebenden Gebäude, ist jedoch nicht begehbar. So thematisiert Kirkeby die Gattungsgrenzen zwischen Architektur und Plastik und verweist auf die Kardinaleigenschaft von Architektur schlechthin: Ein Gebäude besitzt immer ein Innen und ein Außen und bildet einen Raum.

Erweiterungsbau der Württembergischen Landesbibliothek (7)
Konrad-Adenauer-Straße 8

Neben dem Haus der Abgeordneten soll ab 2014 der Erweiterungsbau der Württembergischen Landesbibliothek errichtet werden. Das Stuttgarter Büro Lederer, Ragnarsdóttir und Oei plante den Entwurf des 6.500 Quadratmeter umfassenden Neubaus. Er besteht aus einem mehrgeschossigen Solitär, der bis zum Fußgängerweg reicht und mit einer beigefarbenen Sandsteinfassade sowie großzügigen Öffnungen einen weiteren deutlichen Bezugspunkt innerhalb der Kulturmeile bilden wird. Ein wichtiges Merkmal des Entwurfs ist die Freitreppe, die sich neben dem Bau befindet. Sie kann als Zugang und Sitzgelegenheit genutzt werden und öffnet zudem das Gelände zur neu angelegten Baum-Allee. Damit ist der Bau auch städtebaulich wirksam und trägt bereits dem geplanten Rückbau der Konrad-Adenauer-Straße zum Stadtboulevard Rechnung.

  Die Staatsgalerie und das Haus der Geschichte besitzen ein Café.

  Tourstart: Staatsgalerie: U 1, U2, U4, U9, U11, U14, U15, Bus 40, 42
Tourende: Charlottenplatz: U1, U2, U4, U9, U14, Bus 42, 44

4 Vom Boschareal zum Silberado
Grün-rot-gelbe Fassaden im Innenhof

Die Architektur des Stuttgarter Westens wird durch Bauten des 19. Jahrhunderts bestimmt. Bürgerliche Mietsquartiere mit meist vier bis sechs Geschossen ordnen sich in einem rechtwinkligen Straßenraster. Nur wenige Neubauten aus der Moderne befinden sich auf diesem Rundgang, stattdessen gibt es einige Beispiele interessanter Umnutzung und Erweiterung wie das Boschareal und das Diakonie-Krankenhaus. Mit der Wohnanlage Silberado, Schulbauten und einem Hauptwerk des Büros Behnisch Architekten kann man außerdem eindrucksvolle Bauwerke der jüngsten Vergangenheit entdecken.

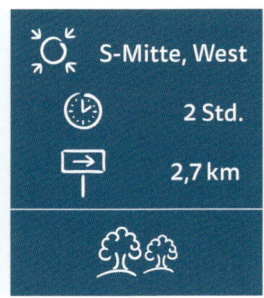

☼	S-Mitte, West
🕑	2 Std.
➡	2,7 km

Tipps zur Tour: Am Anfang der Tour kann man in den überdachten Innenhöfen des Boschareals einen Zwischenstopp einlegen. Die gewölbte Glasmembran schützt auch bei schlechtem Wetter. Gegenüber liegt der Park vor der Liederhalle.

Das Dienstleistungszentrum der Landesbank ①
Fritz-Elsas-Straße 3

Von 1992 bis 1997 realisierte das Stuttgarter Büro Behnisch Architekten das Haus der Dienstleistungen für die Baden-Württembergische Landesbank. Innerhalb der Geschichte der Büroarchitektur ist es ein wichtiger Bau, der sowohl in den Dimensionen wie in den detaillierten Lösungen die Auffassung der Planer transportiert. Die Vierflügelanlage besteht aus einem rhythmisch bewegten fünfstöckigen Komplex, der Arbeitsplätze für 1.000 Beschäftigte auf 48.000 Quadratmetern bereithält. Schon der erste Blick vermittelt, dass einförmige Strukturen durch Mischnutzung und eine dekonstruktivistische Gestaltung vermieden wurden. Stattdessen zeichnet sich das Gebäude durch die Einbeziehung des öffentlichen Raums und ein reiches Formenrepertoir der Büros aus: Die vier Flügel haben unterschiedliche Längen und sind im stumpfen Winkel einander zugeordnet. Der vordere Flügel ist aufgebrochen

und zeigt eine zangenförmige Öffnung zur Straßenseite. Beide Teile rechts und links sind aufgeständert und geben dadurch den Blick auf den Skulpturenhof frei. Grüne und blaue Fensterbrüstungen wechseln sich mit Glasfeldern an der Fassade ab. Ein unvermutet weit auskragender Quader im letzten Geschoss stößt in den Luftraum der Fritz-Elsas-Straße vor und erzeugt eine bewegte Silhouette. Im Untergeschoss sind ein Kino und ein Restaurant untergebracht, um das Gebäude auch außerhalb der üblichen Arbeitszeiten zu einem Teil des städtischen Lebens werden zu lassen. Die Anlage umschließt einen flachen Hof, zu dem man über das erste Untergeschoss gelangt. Er dient als Rückzugsraum vor den Geräuschen der lärmenden Straße und ist den Gemeinschaftsräumen zugeordnet. Links durch-

Dienstleistungszentrum, Innenhof

schneidet eine zweigeschossige schräge Ebene das Erdgeschoss. Sie schiebt sich in den Raum und überdacht die Kantine, die sich an den Patio anschließt. Neben den zahlreichen bürobezogenen Aufenthaltsbereichen haben die Planer vom Büro Luz-Landschaftsarchitektur einen schönen Dachgarten mit kleinteiligen Staudenbeeten einzelnen Flächen für Gehölze und eine holzbeplankte Terrasse geschaffen.

Als Dokument der jüngsten Architekturgeschichte ist der Bezug zu einem früheren Werk von Günter Behnisch aufschlussreich. Das Dienstleistungszentrum führt den Entwurfsgedanken des Hysolar-Forschungsgebäudes aus dem Jahr 1986 in größeren Dimensionen weiter. Vor allem der Dachcontainer erinnert an die Grundfigur dieses Vaihinger Vorbildes. Außer der Vielgliedrigkeit sind es dabei die asymmetrisch angeordneten Einzelteile, Glaselemente, Brechungen und Verschiebungen, die Behnischs Architektur auszeichnen.

Das Boschareal ②
Breitscheidstraße 10

Ab dem Jahr 1900 hatte Robert Bosch die Gebäude seines Werksgeländes durch den Ankauf benachbarter Grundstücke erweitert, sodass letztlich fast das ganze Areal zwischen Hoppenlau-, Forst-, Seiden- und Breitscheidstraße ein Produktionsgelände für elektrische Zündapparate war. 1964 erwarb das Land Baden-Württemberg dieses Gelände; sechs Jahre später, 1970, zog schließlich die Boschzentrale nach Feuerbach.

Das heutige Boschareal ist ein Beispiel für das gelungene Zusammenspiel von besonnener Denkmalpflege, klugen ar-

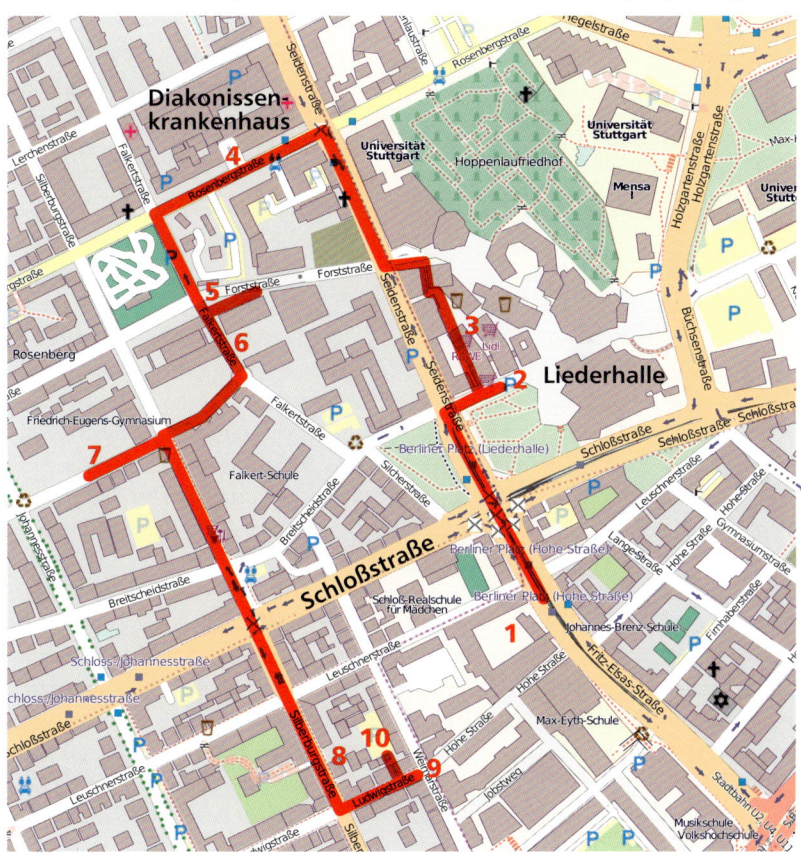

Boschareal

ausgeführt, sondern durch vier großrahmige tragende Mauerpfeiler gegliedert. Steinmetzarbeiten profilierten nach dem Trocknen des Werkstoffs die Fassade mit Art-déco-Elementen. Die Brüstungsfelder liegen vertieft und erhielten Abstufungen und Friese. Folgen Sie nun dem Weg am Boschturm vorbei, bis Sie den Hof erreichen.

Innenhof, Boschareal ③

Das ehemalige Industriequartier, dessen Umnutzung bis zur Fertigstellung im Jahr 2001 vom Büro Roland Ostertag und Johannes Vornholt entwickelt wurde, ist ein Beispiel für den sogenannten Akupunktur-Urbanismus. Der Begriff beschreibt räumlich begrenzte Baumaßnahmen, in denen der Bestand mit neuem Leben erfüllt wird und Stadtquartiere mit veränderter Nutzungszuschreibung entstehen. Das Boschareal greift ein Thema auf, das in unterschiedlichen Variationen in Stuttgart-West vorkommt: die innovative Auseinandersetzung mit historischer Bausubstanz. Die denkmalgeschützten, außen und innen sanierten Alt- und Neubauten gruppieren sich um einen Innenhof, der von einer gekrümmten Glasmembran überdacht wird. Auf knapp 1.500 Quadratmetern entstehen kuppelartige Wölbungen und Gitterschalen, die die Gassen der ehemaligen Fabrikbauten verbinden und das Areal zu einem durchlässigen Ensemble machen. Zugänge von allen vier Seiten schaffen Passagen und erzeugen zugleich eine hohe Aufenthaltsqualität. An der östlichen Flanke des Geländes befindet sich ein Neubau, der ein

chitektonischen Eingriffen und gezielten Neubauten. Nicht nur das Konzept der Umnutzung, das sich besonders gut in den Innenhöfen darstellt, sondern auch der Blick auf die Bestandsgebäude lohnt sich. Von der Breitscheidstraße aus erkennt man links den zehngeschossigen Neubau mit der Eckwölbung und dem Schriftzug »Bosch-Areal«, rechts zwei Verwaltungsgebäude, die aus den Jahren 1910 und 1912 stammen. Ihre unverputzten Sichtbetonfassaden, entworfen von der Architektengemeinschaft Heim & Früh, sind die ersten in Württemberg. Doch im Gegensatz zum Stuttgarter Tagblatt-Turm von 1924 ist die Fassade nicht mit der Radikalität einer materialgerechten Ornamentlosigkeit

Alte Reithalle

Kino beherbergt und behutsam zwischen Alter Reithalle, Liederhalle und Boscharreal vermittelt.

Wenn Sie auf dem Weg zur nächsten Station den Hof geradeaus verlassen, streifen Sie auf der rechten Seite, neben dem Hotel Maritim, die Alte Reithalle. Dieser Backsteinbau von 1890 besitzt eine interessante Eisendachkonstruktion und wird heute als Veranstaltungsort genutzt.

Das Diakonie-Klinikum ④
Rosenbergstraße 38

Das Ensemble besteht aus dem historischen Altbau von 1906 und dem gegenüberliegenden Neubau. Das Sandsteingebäude besitzt einen Eingang, der durch einen Wellengiebel in der Dachzone hervorgehoben wird. Dort steht der Schriftzug »Wilhelmhospital«. Ihm ist der Neubau zugeordnet, der L-förmig das Erscheinungsbild des Diakonie-Klinikums zur Rosenbergstraße prägt und zugleich einen markanten Akzent für das gesamte Stadtquartier bildet. Der Besucher des Klinikums wird von einem sechsgeschossigen Bau auf Betonstützen empfangen. Daneben, akzentuiert durch einen überglasten Gang, befindet sich der Haupteingang. Von 2000 bis 2006 wurde das Diakonie-Klinikum als Zusammenschluss des Diakonissenkrankenhauses mit der orthopädischen Klinik Paulinenhilfe von den Architekten des Büros Arcass zu einem modernen Krankenhauskomplex aus- und umgebaut. Zusammen weisen die Bestands- und die Neubauten eine beachtliche Größe von 36.300 Quadrat-

Diakonie-Klinikum

metern Bruttogrundrissfläche auf. 479 Betten stehen für Patienten bereit, die von rund 1.000 Beschäftigten am Diakonie-Klinikum versorgt werden.

Die planerische Figur des Ensembles bildet ein begrünter Innenhof, der von den unterschiedlichen Abteilungen und Patientenzimmern gesäumt wird. Gleichzeitig fungiert er als Drehkreuz für eine sogenannte Patientenstraße, die als Magistrale alle Bereiche im Alt- und Neubau erreichbar macht. Im Erdgeschoss steht sie Besuchern und gehfähigen Patienten zur Verfügung, im ersten Obergeschoss dem Personal und Klinikpatienten, während sie im Untergeschoss dem Transport von Gütern dient. Die komplette Versorgung des Krankenhauses wird über einen unterirdischen Wirtschaftshof abgewickelt.

Schul- und Vereinsschwimmbad Stuttgart-West ⓢ
Forststraße 17

2005 wurde das Schulschwimmbad des Dillmann-Gymnasiums, das von weiteren innerstädtischen Schulen und Vereinen genutzt wird, nach einem Entwurf des Architekturbüros Reichert und Schulze errichtet. Der kompakte, zweigeschossige Baukörper beherbergt im Sockelgeschoss, auf Höhe der Forststraße, alle Technikräume und einen vorgelagerten gläsernen Eingangskubus. Die eigentliche Schwimmhalle mit Sanitär- und Umkleidebereichen befindet sich im oberen Geschoss auf der Ebene des bestehenden Sportplatzes. Interessant sind die Verkleidung der Gebäudehülle mit Aluminium-

Schul- und Vereinsschwimmbad
Stuttgart-West

schollen und die Nutzung der Dachfläche für eine groß angelegte Begrünung.

Das Dillmann-Gymnasium ⑥
Forststraße

Gegenüber befindet sich das Schulgebäude des Dillmann-Gymnasiums aus dem Jahr 1956. Es wurde von den Architekten Peter Salzbrenner und Karl H. Neumann erbaut und ist ein gutes Beispiel für die Schulhausarchitektur dieser Dekade.

Schülerhaus des Friedrich-Eugens-
Gymnasiums ⑦
Lindenspürstraße

Wenige Meter nach der Ecke Silberburgstraße / Lindenspürstraße sieht man den Schulhof des Gymnasiums, gegenüber von Haus Nr. 21. Dort befindet sich das neu erbaute Schülerhaus, ein würfelför-

miger Bau, der 2007 nach einem Entwurf der Architekten Kai Haag, Sebastian Haffner und Tilman Stroheker aus Stuttgart fertiggestellt wurde. Der Solitär mit seiner Holzfassade und seiner Würfelform setzt einen deutlichen Kontrapunkt zum dahinterliegenden lang gestreckten Hauptbau des Friedrich-Eugens-Gymnasiums. Die Funktionen im Inneren sind auf die drei Geschossebenen aufgeteilt: Das Mittagessen wird im Erdgeschoss ausgegeben, darüber gibt es Aufenthaltsräume im ersten Stock, während das zweite Obergeschoss dem stillen, konzentrierten Arbeiten und den Hausaufgaben vorbehalten ist. Eine offen geführte Treppe und ein Aufzug verbinden die drei Ebenen. Die Fassade wird durch

Schülerhaus, Friedrich-Eugens-Gymnasium

eine horizontale Lattung aus Lärchenholz strukturiert, die dem Kubus zugleich einen wohnlichen Charakter verleiht. Auf der Nord- und Südseite erscheinen die Fassaden geschlossen, obgleich niedrige Fensterbänder und einzelne Lochfenster hinter den Holzlatten versteckt sind und die Arbeitsplätze belichten. An der Ost- und Westseite öffnet sich das Schülerhaus mit geschossübergreifender Verglasung zu den beiden Pausenhöfen. Die Decken sind in Sichtbeton ausgeführt und zum Teil mit Akustikplatten verkleidet. Im Kontrast zu den zurückhaltenden Grautönen wurden die Böden mit rotem Linoleum ausgelegt. Als dunkles Band zieht sich die Treppe durch das Gebäude, deren Läufe aus dunkel eingefärbtem Beton gefertigt und deren Stahlteile anthrazitfarben gestrichen sind. Zurück in

der Silberburgstraße liegt der ältere Teil des Friedrich-Eugens-Gymnasiums, das Hans Brüllmann entwarf. Unverkennbar verweist die typische Fliesenfassade auf die Entstehungszeit des Baus in den 1950er-Jahren.

Das Silberado, Innenhof ⑧
Silberburgstraße 123–127a

2009 wurde die Wohnanlage Silberado fertiggestellt, für deren Konzept die Architekten Sousan Tehrani und Elmar Flassak sowie der private Bauträger Archy Nova mit Sitz in Bietigheim-Bissingen verantwortlich sind. Von außen eher unscheinbar, entfaltet das Ensemble seine Besonderheit vor allem im Innenhof: Die Form der Baukörper mit eingeschnit-

tenen Terrassen, geschossübergreifender Verglasung und unterschiedlichen Werkstoffen orientiert sich am mittlerweile klassischen Programm des subtraktiven Kubus. Die Würfelform ist mehrfach gestaffelt, durchbrochen und besitzt viele Lufträume. Rot, helles Gelb und Grüntöne strukturieren den Verlauf der Fassade; verschiedene Fensterformen, Vorsprünge und Nischen bieten ein abwechslungsreiches Bild. Die Anlage umfasst drei Gebäude aus den 1950er-Jahren und drei Neubauten. 31 Wohnungen und zwei Gewerbeeinheiten fügen sich zu einem attraktiven Quartier mit begrüntem Innenhof, auf den die meisten Wohnungen ausgerichtet sind.

Doch ist weniger die Geometrie der Häuser bemerkenswert als vielmehr die energetische Sanierung und die ökologischen Standards, die bei diesem Wohnareal als beispielhaft zu bezeichnen sind.

So wurden die Gebäude im Silberado mit bis zu vierzig Zentimetern gedämmt und mit Passivhausfenstern ausgestattet. Alle Häuser sind durch ein Nahwärmenetz mit Hocheffizienzpumpen verbunden und in jeder Wohnung gibt es eine Wärmeübergabestation. Von hier aus werden die Heizflächen versorgt und das Brauchwasser im Moment des Bedarfs erhitzt. Auch das Wasserkonzept ist fortschrittlich: Die Niederschläge von über 1.000 Quadratmetern Dachfläche werden in einer 20.000 Liter fassenden Zisterne gesammelt, Grauwasser aus den Bädern wird separat abgeleitet, sodass es im Silberado trotz der dekorativen Wasseroase eine Ersparnis von rund zwei Millionen Litern Trinkwasser pro Jahr gegenüber dem Durchschnittshaushalt gibt.

Wohnanlage Silberado

Wohnblock ⑨
Weimarstraße

Das Gebäude mit seinen 54 Wohneinheiten zeigt ein klares Bekenntnis zur
Moderne: Die Fenster werden in Bän-
dern zusammengefasst, die Loggien an
der Schmalseite sowie der dunkelbrau-
ne Sockel, der sich durch seine bewegte
Struktur und den Glanz seiner Oberfläche vom restlichen Bau abhebt, betonen
die waagrechte Gliederung der Fassade.
Schräg eingeschnittene Zugänge zum
Treppenhaus und die ausgestellten Fenster an der Straßenseite signalisieren im
Gegensatz dazu jedoch, dass es sich bei
dem Gebäude um einen undogmatischen
Verweis auf die Formen des Neuen Bauens handelt.

Wohnanlage, Detail

Innenhof ⑩
Ludwigstraße

So beeindruckt das Architektenduo Bottega und Ehrhardt mit seinem Entwurf
aus dem Jahr 2006 vor allem im Innenhof. Dort finden sich Elemente, die den
regelmäßigen Formen des Baukörpers
ebenfalls entgegenstehen. Mit versetzten
Balkonen und schräg verlaufenden Licht-
pylonen schufen sie mit dem 2011 fertig-
gestellten Neubau einen Park innerhalb
des ansonsten dicht bebauten Stuttgarter
Westens.

Wohnanlage, Innenhof

 Einkehrmöglichkeiten gibt es in den Innenhöfen des Boschareals.

 Tourstart: Berliner Platz (Hohe Straße): U2, U4
Tourende: Berliner Platz (Hohe Straße): U2, U4

Unterwegs im Kessel

5 Von der Vogelsangschule zum White Cube

Wenn der Glockenturm neben der Kirche steht

Im Stuttgarter Westen wurden zwischen 1850 und 1900 die Täler des Vogelsangbachs bebaut und schließlich ab 1920 die Hänge bis zum Kräherwald und dem Botnanger Sattel erschlossen. In diese Bebauungsphase fällt auch die erste Station des Rundgangs an der steilen Paulusstraße. Danach folgt ein typisches gründerzeitliches Wohnensemble. Anschließend geht es in Richtung Hasenberg bergauf, wo es einige interessante Beiträge zur neuen Wohnarchitektur in umgenutzten Höfen gibt.

S-West

2 ½ Std.

2,6 km

Tipp zur Tour: Fotografie, Malerei, Performance – die Galerie Parrotta Contemporary Art ist nicht nur eine Neuinterpretation des White Cube, sondern gibt auch Einblicke in das aktuelle Kunstgeschehen.

Die Vogelsangschule ①
Paulusstraße 30

Die 1959 errichtete Grundschule ist ein Highlight des Architekturrundgangs. Sie gehört zu den frühen Bauten im Werk des Stuttgarter Architekten Günter Behnisch. Die Anlage ist vielfach gegliedert und kleinteilig mit eingeschossigen, pavillonartigen Bauten, die locker auf dem Gelände verteilt sind. Damit rückte Behnisch ab vom Konzept der monumentalen Lehr- und Lernkaserne und schuf stattdessen individuelle Klassenräume. In dieser frühen Werkphase von Günter

Behnisch und Bruno Lambert finden sich die Gestaltungselemente des Städtebaus der 1950er-Jahre in verkleinertem Maßstab wieder: Innen- und Außenraum werden durch eine fließende Bewegung bestimmt, modellierte Landschaften und ein starkes Geländerelief prägen den terrassierten Hof, um den herum die Klassenbauten locker angesiedelt sind. Zwischen den Pavillons liegen große Freiräume. Mit ihren stark differenzierten Baukörpern und den geneigten Pultdächern, die sich viel besser als die zunächst vorgesehenen Flachdächer dem Hangre-

Vogelsangschule, Hauptbau

lief anpassen, sind die Klassenhäuser wie eine Binnenstadt konzipiert. Dabei fügte Behnisch die Anlage in ein breites, dem Höhenverlauf entsprechend gestuftes Gelände ein. Denn die Paulusstraße ist, wie der übrige Westen, durch viele Anhöhen, enge Talwindungen und kleinteilige Gliederungen geprägt.

Die Schule befindet sich auf einem stark nach Nordosten abfallenden Hangrücken. Im oberen Bereich des Grundstücks steht der Hauptbau mit der Verwaltung und der Aula, die als Zentrum und Versammlungsraum, mit weitem Blick über die Stadt, gedacht ist. Die Klassen sind zu je zwei Gruppen in einem Doppelpavillon zusammengefasst. Durch versetzt angeordnete Klassenräume und überspannte Freiflächen entstehen gemeinsame Pau-

senhallen, die es den Schülern ermöglichen, sich in kleinen Gruppen zurückzuziehen.

Vorwiegend handwerkliche Konstruktionen und natürliche Materialien wie Backsteinmauern, Holzfenster und Parkettböden verweisen auf die regionalen Grundlagen Behnischs – hier zeigt sich deutlich seine Herkunft aus der dritten Generation der Stuttgarter Schule. Jedoch ist das Mauerwerk nicht tragend, sondern der Stahlbetonkonstruktion vorgeblendet.

Die Vogelsangschule gilt bis heute als herausragendes Beispiel für das Konzept der neuen Schulen in der Nachkriegszeit, die mit ihrer bewusst kindgerechten Aus-

Pauluskirche

er jeweils mit einem eigenen Satteldach abschloss. Auf diese Weise entstand eine eindrucksvolle Hallenkirche, deren Mittelschiff von den Seiten durch Glasbausteine belichtet wird. Wie bei vielen von Ralls Kirchen ist der Glockenturm neben den Hauptbau gestellt. Aus einem Betonraster mit einem eingehängten Plattenrelief gebildet, weist der Turm schon von Weitem unmissverständlich auf die sakrale Aufgabe des Baus hin.

In der Mitte der Seyfferstraße, neben Nr. 75, befindet sich die Turnhalle der Vogelsangschule. Sie wurde an den unteren Teil des Schulgeländes platziert. Mit dem Wechsel aus orangefarbenem Backstein, Beton und Fensterbändern sowie den hellgrün gestrichenen Holzrahmen setzt sich der Flachdachbau deutlich gegenüber den Wohnbauten ab.

Wohnensemble ③
Vogelsangstraße / Gutbrodstraße 1

Die um 1900 errichtete Gutbrodstraße steht als zusammenhängendes Bauensemble unter Denkmalschutz. Sie zeigt das typische Bild der Wohnbebauung im Westen: Die Mehrfamilienhäuser sind durch Blockrandbebauung nahe an den Gehweg gerückt. Der Sockel besteht meist aus Sandsteinquadern, ab dem ersten Geschoss wird das Gebäude mit unverputztem Backstein weitergeführt. Jedes Haus besitzt massige Erker, die die Beletage, das erste Geschoss, betonen. Die Fensterbrüstungen und -laibungen sind mit Zierelementen aus Sandstein eingefasst. Das Haus Nr. 1 verweist mit einem Relief auf den Namensgeber der Straße:

stattung sowohl auf die Erkenntnisse der Pädagogik wie auch auf Neuerungen in der Architektur reagierten.

Die Pauluskirche ②
Ecke Seyfferstraße / Paulusstraße

46 Meter hoch überragt der Turm der Pauluskirche den Platz zwischen Bismarck- und Seyfferstraße. Die Kirche, gebaut nach Plänen von Heinz Rall und Hans Röper, wurde 1961 eingeweiht. Heinz Rall, der sich zwischen 1959 und 1970 mit über 30 Kirchen einen Namen gemacht hat, orientierte sich nicht am Konzept der Gemeindehalle, wie es im Kirchenbau der Nachkriegszeit üblich war. Vielmehr reihte er sieben Querschiffe aneinander, die

Georg Gottlob Gutbrod war von 1833 bis 1861 Stadtschultheiß. Das Erscheinungsbild dieser geschlossenen Häuserreihe ist den Vorschriften des Ortsbaustatuts von 1897 geschuldet, denn die Gutbrodstraße gehörte zur Innenstadt, zur Bauzone zwei, in der man eine Blockrandbebauung vorsah. Außerdem sieht man zwischen den Häusern noch Auswirkungen einer Bauvorschrift, die 1920 abgeschafft wurde. Der sogenannte Bauwich, ein Abstand von 2,86 Metern, musste demnach zwischen zwei Häusern eingehalten werden. Dabei gehörten von dem Zugang 2,30 Meter zum einen Haus, 0,56 Meter jedoch zum angrenzenden Gebäude. Auch für

Gutbrodstraße, Detail

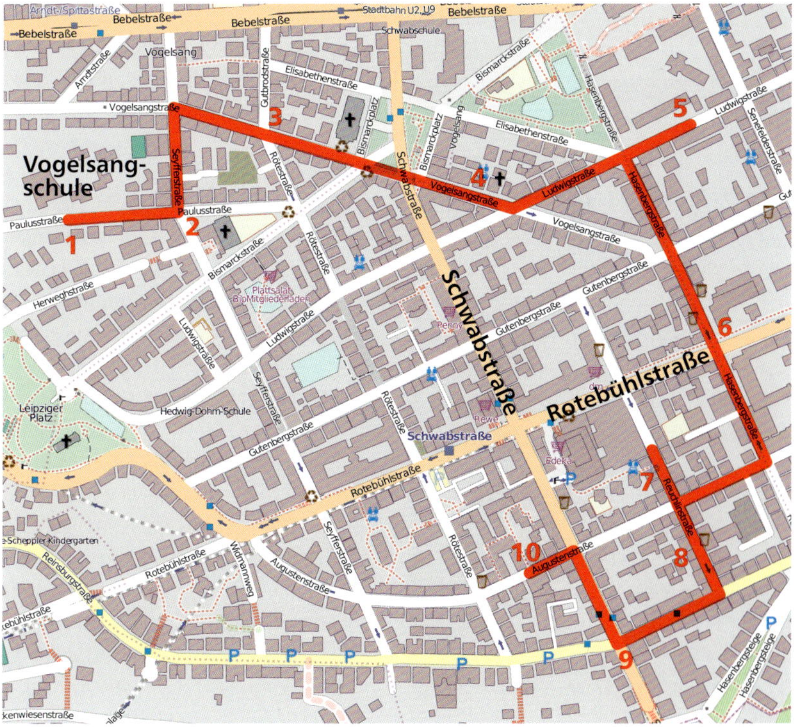

Fabrikanlagen galten diese Vorschriften, sodass diese sich kaum vom Wohnungsbau abhoben, sondern sich in das einheitliche Straßenbild einfügten.

Bella Italia Weine ④
Vogelsangstraße 18

Folgt man der Vogelsangstraße bis zu ihrem Ende, streift man das Restaurant Bella Italia Weine. Hinter einer Gründerzeitfassade versteckt sich ein außergewöhnlich renovierter Gastronomiebereich, der einen Abstecher lohnt. Die Gestalter Peter Ippolito und Gunter Fleitz haben mit Mitarbeitern ihres Büros Fleitz Ippolito Group 2007 in dem (Wein-)Lokal

Restaurant Bella Italia

eine fast wohnzimmerartige Atmosphäre geschaffen: Gerahmte Spiegel an der Decke und an den Zimmerwänden sorgen ebenso wie die dunkle Palette bei den Farben der Innendekoration für Eleganz; Einbauten an den Wandflächen werden als Schaulager für Spirituosen genutzt.

Das Mehrgenerationenhaus West ⑤
Ludwigstraße 43

2001 wurde das Generationenhaus fertiggestellt. Der Grundgedanke der Stuttgarter Architektengemeinschaft Kohlhoff und Kohlhoff dabei war, auf dem Gelände einer ehemaligen Kindertagesstätte ein Nachbarschaftszentrum für Jung und Alt, für Familien- und Alleinstehende, Einheimische und Zugewanderte zu planen. Durch die orangeroten Klinkersteine und die großflächige Verglasung hebt sich das Gebäude im Straßenverlauf deutlich von den Gründerzeithäusern ab. Das Mauerwerk umklammert lediglich rechts und links die mehrgeschossigen Fensterstreifen. Zudem gibt der Glassockel des Erdgeschosses den Blick frei bis in den dahinterliegenden Südgarten, der von allen Aufenthaltsräumen aus zu erreichen ist. Besonders ins Auge fällt die multifunktionale Möblierung, die die Gartengestalter Dieter Pfrommer und Ulf Roeder hier zum Einsatz brachten. Je nach Geschmack kann ein Stangenwald zum Zelt oder Irrgarten werden und große, viereckige Rahmen lassen sich nach Belieben als Sitzfläche, Bühne oder Kaufladen nutzen. Die ganze Anlage stellt mit ihrem auf Mischung zielenden Wohnkonzept und der Ausstattung, die sich an unterschiedliche Lebensabschnitte anpasst, ein äußerst interessantes Projekt dar. Es bietet die Möglichkeit einer alternativen Wohnform, die ganzheitlich alle Altersstufen der Gesellschaft abbildet und zusammenführt. Im Generationenhaus sind auf fünf Etagen und einer Gesamtfläche von 6.000 Quadratmetern eine Tagesstätte für 120 Kinder, zwanzig betreute Altenwohnungen, ein ambulanter Alten- und Krankenpflegeservice, ein Mütter- und Familienzentrum sowie Räume für den Verein Freie Altenarbeit untergebracht. Viele Zugangswege und Sanitärbereiche sind unter dem Stichwort des barrierefreien Bauens auf die Bedürfnisse von Bewohnern mit eingeschränkter Mobilität ausgerichtet: So erfolgt die Erschließung des Gebäudes im Foyer und der Zugang zur Terrasse über Rampen.

Das Mehrgenerationenhaus ist eines von fünf Projekten der Gebrüder-Schmid-Stiftung in Stuttgart. Die Brüder Rudolf und Hermann Schmid hatten 1924 den Familienbetrieb mit Buch- und Zeitschriftenhandel übernommen und diesen zielstrebig zu einem florierenden Unternehmen ausgebaut. Nach ihrem Tod, 1992 und 1994, kam das erwirtschaftete Vermögen in den Besitz der Stadt Stuttgart mit der Auflage, sozialen Zwecken zu dienen. In den letzten Jahren wurden durch Mittel der Stiftung eine Seniorenwohnanlage in Rohr, ein weiteres Generationenwohnhaus im Stuttgarter Zentrum, eine Kindertagesstätte in Sillenbuch und eine Begegnungsstätte in Stammheim realisiert.

Mehrgenerationenhaus

Das Wirtschaftsgymnasium ⑥
Hasenberg-/Rotebühlstraße 72

Auf dem Gartengrundstück, nahe dem wuchtigen Bau der Württembergischen Versicherung, steht die Villa Knosp, die Joseph von Egle 1860 für den Fabrikanten Rudolf Knosp erbaut hatte. Etwas versteckt gelegen, da von der Straße zurückgesetzt, verweist der historistische Backsteinbau auf das ehemals herrschaftliche Anwesen, das sich bis zur gegenüberliegenden, damals privaten Knospstraße erstreckte.

Auf der anderen Straßenseite befindet sich das Wirtschaftsgymnasium West, dessen Entwurf von 1928 auf den

Wirtschaftsgymnasium

Architekten Gerhard Graubner, einen Assistenten und Mitarbeiter von Paul Bonatz, zurückgeht. Hier zeigen sich die typischen Merkmale des Neuen Bauens: Das Wirtschaftsgymnasium ist aus Kuben mit reduzierter Gestaltung zusammengesetzt. Sie treten als lange Zeilenbauten oder aufragende Türme in Erscheinung. Das Flachdach unterstreicht den Eindruck, dass der Bau aus geometrischen Elementen besteht. Deutlich wird das Treppenhaus an der Ecke durch seine Höhe, Breite und Farbigkeit abgesetzt. Charakteristisch für die Architektur der Neuen Sachlichkeit sind auch die Fensterreihen, die die Geschosse begleiten und die waagrechte Linie des Baus hervorheben. Dies betont heute zusätzlich die Farbgebung der Fensterbrüstungen, die in Orange und Ocker akzentuiert sind.

Wohnhäuser und Innenhof ⑦
Reuchlinstraße 14, 17 a, b, c

Das Architekturbüro des Tübinger Architekten Florian Danner entwickelte 2009 den Neubau mit der Hausnummer 14. Die zur Straßenseite ausgerichteten, prägnanten Fensterrahmen bestimmen die Fassade. Sie liegen über einem dunklen Sockel mit horizontalem Glasband in einem sechszeiligen Raster. Die 24 Öffnungen besitzen jeweils einen schwarzen Metallrahmen mit einem hellblauen Brüstungsfeld, das in den Gehwegbereich ausgreift. So entsteht die Anmutung verschiedener Waben, die sowohl an Balkone wie Fenster erinnern und die Straßenansicht rhythmisieren. Das Treppenhaus wird durch vier rechteckige Glasflächen

Wohnanlage, Eingang

belichtet, die übereinander angebracht sind.

Auf der gegenüberliegenden Seite führt ein gepflasterter Fußweg in den Innenhof der Häuser Nr. 17 a bis c. Dort befinden sich auf der linken Seite drei Wohnbauten, an die jeweils ein Garten anschließt. Sie gehören alle zu einem gemeinsamen Typus, haben einen quadratischen Grundriss und einen Balkon, der dem Kubus südlich angesetzt ist. Die Bauten sind weiß verputzt und erhalten ihre eigenwillige Gestaltung durch einen runden Treppenturm aus Glasbausteinen. Im Erdgeschoss des letzten Gebäudes befindet sich ein privater Kindergarten, davor erstreckt sich ein Spielplatz. Rechts sieht man die vorgeblendete Backsteinfassade des Dienstleistungskomplexes, der 1994 gebaut wurde. Im Hintergrund

ragt das Hochhaus der Südwestbank mit Glasfassade und zierlichen Metallprofilen auf.

Das Künstlerhaus ⑧
Reuchlinstraße 4b

Am Ende der Straße befindet sich das Künstlerhaus. Es hat seinen Sitz im Gebäude einer ehemaligen Lederwarenfabrik aus dem Jahr 1909. Der Bau ist mit Backsteinenlisenen verblendet und besitzt vier Geschosse. Acht Pfeiler, die das Tragwerk nach außen abbilden, profilieren die Gebäudeflucht zur Straßenseite. Sie verweisen auf den Eisenbetonbau im Inneren. Die großen Fenster zeugen heute noch von der industriellen Vergangenheit des Gebäudes. Damals sorgten sie

für ausreichend Belichtung in den Fabriketagen. Im Erdgeschoss befindet sich die bei jungen Leuten beliebte Zadu-Bar, darüber beherbergt das Gebäude auf vier Stockwerken heute Werkstätten und Ausstellungsräume mit insgesamt 600 Quadratmetern. Das Künstlerhaus wurde 1978 von Stuttgarter Künstlern gegründet und hat sich seitdem zu einer überregional und international profilierten Institution für Gegenwartskunst entwickelt.

Der Schwabtunnel ⑨
Schwabstraße / Reinsburgstraße

1896 von Karl Kölle erbaut, ist der Schwabtunnel heute noch die wichtigste Verbindung zwischen den Stadtteilen West und Süd. Als erster Straßentunnel, den man Ende der 1890er-Jahre baute, wurde er ein bedeutendes Denkmal der Verkehrspolitik und Industrialisierung Stuttgarts. Mit einem Querschnitt von 10,5 Metern hielt er zugleich den Rekord, der breiteste Tunnel Europas zu sein. Immerhin konnte er von der Straßenbahn und jeweils zwei Fuhrwerken gleichzeitig befahren werden. Dieser Bedeutung wurde bereits während der Bauzeit Rechnung getragen, indem man den Scheitelpunkt des Tunnelmundes mit dem Stadtwappen schmückte. Eine rustizierte Sandsteinfassade betont die Seitenläufe ebenso wie breite Treppen, die zum Hasenberg hinaufführen.

Galerie Sandro Parrotta ⑩
Augustenstraße 89

Alexander Brenner gestaltete 2007 die Innenräume für den Galeristen Sandro Parrotta. Das fünfgeschossige Bürohaus, das noch heute den Firmenschriftzug Koch an der Straßenseite trägt, beherbergte zunächst eine Wäscherei, anschließend dienten die Räume als Fertigungsstätte für Regelungstechnik. Ende der 1990er-Jahre wurde das Gebäude als Bürohaus umgenutzt. Die beiden Schaufenster im Erdgeschoss des Hauses kündigen bereits an, dass sich dahinter ein Showroom befindet, in dem Videokunst, Fotografie und Performances gezeigt werden. Den Wänden der über 400 Quadratmeter großen Produktionsräume wurden flache, weiße Tafeln vorgehängt. So entstand ein homogener, unaufdringlicher Innenraum als passendes Display für die Werke zeitgenössischer Kunst. Unterzüge, Träger und Kabel sind schwarz gestrichen und bilden einen bewussten Kontrast zu den weißen Wandflächen und Pfeilern. Obwohl die Eingriffe zurückhaltend sind, geht der Galerieraum über die klassische Konzeption der weißen Zelle hinaus, die als »White Cube« durch den britischen Kunstkritiker Brian O'Doherty in den 1960er-Jahren Verbreitung fand. Der »White Cube« ist in den meisten Galerien die verbindliche Formel der Präsentation, inszeniert Kunstwerke in einer vermeintlich zeitlosen Hülle und negiert dabei die historische Dimension des Gebäudes. Im Gegensatz dazu hat Brenner Fragmente des Tragwerks und der Ausstattung gestalterisch einbezogen – entweder als Baukörper oder als Silhouette. So entstand ein eigenständiges Wandrelief auf schwarzem Grund, das sich in quadratischen und rechteckigen Formen auf der Wand erstreckt. Es bietet eine angemessene Plattform für Arbeiten zeitgenössischer Kunst, ohne aber die charakteristischen Eigenheiten des Raums zu verleugnen. Über der Galerie befinden sich die Büros der Fleitz Ippolito Group, der Agentur Bruce und Emmy B. und der Architekten MGF.

 Das Café Seyffer's ist eine gemütliche Frühstücks-, Lunch- oder Kaffeelocation (Vogelsangstraße), in der Zadu-Bar (Reuchlinstraße) trifft sich ein bunt gemischtes Publikum.

Tourstart: Kleiststraße: Bus 44; Bismarckplatz: Bus 42
Tourende: Schwab-/Reinsburgstraße: Bus 42; Schwabstraße: S-Bahn

Galerie Sandro Parrotta

6 Heslacher Moderne

Erst zum Schwimmbad mit Ecken und Kanten.
Dann zum Altbau mit futuristischer Glasspitze

Heslach liegt in einer Talmulde, die der Nesenbach durchfließt. Der Bach, der in Vaihingen entspringt, verläuft parallel zur Böblinger Straße und mündet in das Klärwerk in Bad Cannstatt. Ab Mitte des 19. Jahrhunderts wurde er eingedohlt und zeigt sich punktuell oberirdisch nur im Gerberviertel und in einem künstlich renaturierten Bachverlauf, der in einer Wiese vor den Toren Heslachs angelegt wurde. Im Westen wird Heslach vom Hasenberg, im Süden von den ehemaligen Weinbergen begrenzt. Der Bezirk, der sich besonders während des Industriezeitalters um 1900 entwickelte, besitzt mit der Heusteigschule von Theodor Fischer, der Lerchenrainschule von Paul Bonatz und Emil Weiperts Mörike-Gymnasium hervorragende Zeugnisse für die Entwicklung der Bauaufgabe »Schule«. Neben dem Mörike-Gymnasium ist das Heslacher Schwimmbad ein weiteres bedeutendes Beispiel für einen qualitätsvollen Funktionsbau der Moderne. Daran anschließend wird der Marienplatz und dessen benachbarte Investorenarchitektur vorgestellt. Den Abschluss des Rundgangs bildet ein interessanter Dachumbau, der einem Bestandsgebäude aus dem 19. Jahrhundert eine futuristische Anmutung gibt.

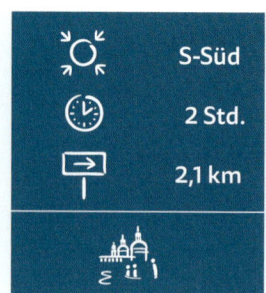

S-Süd

2 Std.

2,1 km

Tipp zur Tour: 2003 wurde der Marienplatz neu gestaltet. Kaum Grün, stattdessen eine überschaubare Platzanlage ohne dunkle Ecken. Cafés und Bistros für die neue bürgerliche Boheme haben sich hier angesiedelt.

Das Generationenhaus Heslach ①
Erwin-Schoettle-Platz / Gebrüder-Schmid-Weg 13

In beengter innerstädtischer Lage, zwischen dem Steilhang und der Hauptverkehrsstraße am Erwin-Schoettle-Platz, wurde unter Einbeziehung eines historischen Brauereigebäudes das Generationenhaus Heslach errichtet. Es entstand 2001 nach dem Entwurf der Architekten

Mehrgenerationenhaus Süd

Kai Haag, Sebastian Haffner und Tilman Stroheker. Ebenso wie sein Pendant im Stadtteil West wird das Generationenhaus von der Gebrüder-Schmid-Stiftung getragen. Die Bewohner und Nutzer sind Pflegebedürftige, Eltern und Kinder im Familienzentrum, Heslacher Bürger aller Kulturen im Initiativenzentrum, Frauen der Wohninitiative WABE e.V. sowie im vorderen Teil des Gebäudes gewerbliche Dienstleister. Der Bau nimmt mit drei Geschossen den Straßenverlauf auf. Mit seiner nach Osten ausgerichteten Glasfassade dominiert er die Straßenachse. Zur Betonung dieser Schmalseite des Baus gestaltete man den Block mit einem Schallschutzelement aus vorgehängten Betonrahmen, in deren Füllungen Glaslamellen für Transparenz sorgen. Insgesamt bestimmen Beton, Stein und Holz das Fassadenbild – Materialien, die sich auch im Innern des Hauses fortsetzen

und so einen Bezug von Innen- und Außenraum herstellen. Das Generationenhaus ist ein mehrteiliger Komplex. Am Hang befindet sich ein heute umgenutzter Bestandsbau aus dem Jahr 1894. Dabei handelt es sich um die ehemalige Gastwirtschaft Frank, die als Sachgesamtheit aus Saalbau und ehemaligem Biergarten unter Denkmalschutz steht. Als aussagekräftiges Beispiel des Historismus mit Fensterlaibungen, Konsolen und profilierten Ornamenten wurde der Bau von Georg Friedrich Bihl und Alfred Woltz geplant. Deutlichen Bezug nimmt darauf der Neubau mit seinen Fensterachsen, den Sockel- und Geschosshöhen sowie den abwechselnd hellen und dunklen Beton- und Holzelementen. Besonders auffallend korrespondiert vor allem der dunkle Torfbrandklinker mit dem dunk-

Stadtbad Heslach

len Sandstein des Bestandsbaus und dessen Backsteinausführung. Eine mehrgeschossige Glasbrücke, die bis unter die Traufe führt, verläuft über die Sackgasse und verbindet beide Gebäudeteile.

Das Stadtbad Heslach ②
Mörikestraße 62

Ein mächtiger Turm neben dem Sportplatz der Schickhardt-Schule verweist auf den Standort des Schwimmbads. Das Stadtbad Heslach erstreckt sich längs des Straßenverlaufs der Mörikestraße. 1929 wurde der Bau aus Ziegelmauerwerk nach den Planungen der Ingenieure Franz Cloos und Friedrich Fischle für das Stuttgarter Hochbauamt errichtet. Die Fassadenansicht von Süden wird in der unteren Zone durch hochrechteckige

Fenster, darüber durch gedoppelte Querfenster und schließlich durch Langfenster bestimmt. Der Abschluss der Stirnwand zeigt sich als gestufter Giebel, der mit einem flachen Walmdach gedeckt ist.

Das Stadtbad Heslach ③
Ecke Adler- / Mörikestraße

Vom Standort Adler- / Mörikestraße ermöglicht die Eckansicht gleichzeitig den Blick auf die Stirn- und Seitenfassade und man erkennt die beiden Baukörper: Im Vordergrund erhebt sich ein dreigeschossiger Kopfbau mit Eingang, Verwaltung und Garderoben. Dahinter schließt sich die eindrucksvolle Schwimmhalle an, die mit ihren 50 Metern Ende der 1920er-Jahre das Stadtbad zum größten Sportbad in Deutschland machte. Das Bauwerk ist ein hochwertiges Zeugnis des Neuen Bauens, bei dem die Architekten die Möglichkeiten der Kubatur mit

unterschiedlichen Geschosshöhen, Vorsprüngen und Fensterformen ausloteten. Hier bewiesen sie, dass es ihnen nicht nur darauf ankam, den Funktionalismus des Gebäudes in den Mittelpunkt zu stellen, sondern auch bei einem Zweckbau ein stimmiges Gestaltungskonzept vorzulegen. Die Wandpfeiler, die hier als schmale Scheiben ausgeführt sind, zeigen an der Längsseite den Verlauf der Stahlbetonbögen, auf denen das Dach aufgesetzt ist. Im Inneren stützen diese parabelförmigen Träger ein Tonnendach, das mit breiten, abgestuften Lichtbändern ausgestattet ist. Der Raumeindruck der Schwimmhalle wird vor allem durch diese sichtbar gemachte Konstruktion bestimmt. Von 1989 bis 1992 wurde das Stadtbad nach den Plänen von Wolfgang Fiedler und Manfred Aichele renoviert. Das Becken wurde in einen Sprung- und in einen Schwimmbereich geteilt. Die Umkleidekabinen,

die sich unter der Schwimmhalle befinden, bestehen jedoch noch teilweise aus den historischen Einzelkabinen mit eingebauten Kleiderspinden. Sie erinnern daran, dass in dem Arbeitervorort Heslach das Bad auch sozial von großer Bedeutung war, indem es ganz wesentlich zur Befriedigung hygienischer Bedürfnisse beitrug.

Auch wenn Sie kein Badegast sind, können Sie durch einen verglasten Wandstreifen vom Eingangsbereich aus die Schwimmhalle sehen. Hinter dem Kassenblock ist über Stufen ein Absatz erreichbar, von dem aus man einen Blick in das Bad werfen kann und auch die imposante Dachanlage sowie den tribünenartig terrassierten Randbereich der Schwimmhalle erkennt.

Schwimmhalle

Evangelisches Mörike-Gymnasium ④
Arminstraße 20

Nach heutigem Empfinden fügt sich das evangelische Mörike-Gymnasium harmonisch in den Straßenverlauf ein. Denn inzwischen haben sich Begriffe des Neuen Bauens wie etwa Materialgerechtigkeit und ein sparsamer Umgang mit Ornamenten im allgemeinen Verständnis moderner Architektur etabliert. Erst auf den zweiten Blick offenbart sich der Stellenwert, den dieses Gebäude verdient. Zwischen 1928 und 1929 nach den Plänen des Stuttgarter Architekten Emil Weippert errichtet, besitzt es als Schulbau Seltenheitswert. Der Baukörper setzt sich aus gestaffelten Elementen zusammen, die sich in den steil ansteigenden Hang zwischen Armin- und Mörikestraße schieben. Erstellt wurde das Haus in Stahlbetonrahmenbau mit -betondecken und, um den Brandschutz zu gewährleis-

Historische Aufnahme des
Mörike-Gymnasiums

ten, mit ebenfalls aus Stahlbeton bestehenden Treppen. Die Fassaden sind mit hellgelben Klinkersteinen verblendet. Sprossierte Holzrahmen füllten ursprünglich die breiten Fensteröffnungen.

Der Eingang liegt an der südlichen Eckseite des Winkelbaus, er wird durch einen hohen Eckturm betont. Im Innern befindet sich das Treppenhaus und im dritten Stock der Zeichensaal mit breiter Nordlichtfront. An der Arminstraße umfasst der Längstrakt zweiundzwanzig Klassenzimmer und jenseits der breiten Mittelflure jeweils einen Chemie- und Physiksaal sowie Besprechungszimmer. Das Lehrerzimmer besitzt einen Zugang zum Balkon, der auf hohen Stelzen im ersten Stock aufragt. Ein Highlight ist der Festsaal, der für 600 Besucher ausgelegt war und sich im ersten Stock des Gebäudes befindet.

Trotz starker Veränderungen lässt sich seine ursprüngliche Gestalt noch erkennen. Besonders markant daran ist das Tragwerk, das Weippert als Gliederungselement offen zur Schau stellte. Profilierte Unterzüge und symmetrisch angelegte Treppen verleihen dem Raum Eleganz, Rhythmik und gestalterische Sicherheit. Vom Standpunkt vor dem Haupteingang aus zeigt sich das Schulhaus als Beispiel des Neuen Bauens mit vielen versteckten Details. Blickt man von der Arminstraße nach oben, erscheint das Dach flach, obwohl es sich in Wirklichkeit um ein stark geneigtes Walmdach handelt. Mit diesem Kunstgriff konnte der Architekt sowohl den Forderungen der modernen Gestaltung Rechnung tragen wie sich in

der Stuttgarter Dachfrage als Anhänger der Weissenhof-Architekten positionieren. Die regelmäßig angeordneten Fallrohre, die den Bau längs gliedern, sind ebenfalls ein Detail, das die Konsequenz dieses Entwurfs verdeutlicht. Dezente Profile schließen die Gebäudekuben an der Traufzone ab.

Wie Gestaltung und Bauaufgabe zusammenhängen, zeigt der Vergleich des Mörike-Gymnasiums mit den Wohnbauten auf der gegenüberliegenden Straßenseite. 1936 errichtete Emil Weippert das Doppelwohnhaus mit Walmdach, orangefarbenem Putz und seitlich angebrachtem Relief in der Arminstraße 23–25 – in diesem Fall jedoch ohne spektakulär moderne Gestaltungslösungen umzusetzen. Zum einen waren im Wohnbau in den 1930er-Jahren weniger Freiheiten als im Zweckbau möglich und zum anderen zeigt sich hier die Verarmung der Baukultur, die einer veränderten Politik ab 1933 geschuldet ist. Maßgebend dabei war, dass ein Haus deutlich als Wohngebäude erkennbar sein sollte und nicht auf Büroarchitektur oder andere Bauaufgaben rekurrieren durfte. Folgt man dem Straßenverlauf, schließt sich der Erweiterungsbau des Mörike-Gymnasiums mit Tiefgaragenzufahrt aus dem Jahr 1978 an. Der Betonbau antwortet mit gelb gestrichenen Fensterrahmen und Geschossverläufen farblich auf den Altbau, gibt sich ansonsten durch die Formgebung des groben Werkstoffs jedoch als ein typischer Vertreter der Architektur der 1970er-Jahre zu erkennen.

Marienplatz; Südtor / Dinkelacker-Areal ⓢ
Marienplatz 8–12

2003 wurde der Marienplatz von der freien Planungsgruppe 7 neu gestaltet. Das Herzstück des Quartiers bildet nun eine große Freifläche, die als schräge Ebene sowohl ebenerdig als auch durch eine breite Treppe erschlossen wird. Markant erhebt sich der Bügel mit den Gleisen der Zahnradbahn an der Nordseite und gibt den Blick auf den Straßenverlauf frei. Der Marienplatz ist ein Verkehrsknotenpunkt mit unterirdischen Straßenbahnhaltestellen und Zahnradbahnhof und spielt zugleich als Quartiersplatz eine bedeutende Rolle für das öffentliche Leben. Die Entwurfsidee sieht eine Kernfläche in Form eines Hufeisens mit einer umlaufenden Kastanienallee vor, die von einem Rad- und Fußweg begleitet wird. Zusätzlich verläuft an diesem Ring eine halbhohe Mauer, die zwischen Straßen- und Platzniveau vermittelt und den Platz ein wenig gegen die stark befahrene Hohenheimer Straße abschirmt. Dort sind Sitzbänke aneinandergereiht und Spielgelegenheiten installiert. Die Situation des Platzes gibt aufschlussreichen Einblick in die Prinzipien des Städtebaus der Nachkriegszeit: Die Bundesstraße 14 führt als Hauptverkehrsachse bis nach Bad Cannstatt und durchschneidet den gewachsenen Stadtteil. Damit macht sie den Platz zu einer Insel inmitten lärmender Fahrzeuggeräusche. Trotz des Heslacher Tunnels, der seit 1991 den Verkehr aus der Innenstadt führt, streifen täglich 50.000 Pkws den Marienplatz.

Wohn-, Büro- und Einkaufsanlage Südtor

Gegenüber entstand 2010, nach achtjähriger Planungszeit, auf dem Gelände der ehemaligen Brauerei Dinkelacker der Wohn- und Geschäftshauskomplex Südtor. Die Architekten des Büros Willwersch entwickelten das Ensemble auf 6.738 Quadratmetern mit Gewerbeflächen und 77 Stadtwohnungen. Der Bau schließt damit die letzte großdimensionierte Raumkante im Stadtbezirk Heslach. Das Südtor wird von der B 14, dem Marienplatz und dem Wohngebiet Lehen eingerahmt. Es besteht aus einem L-förmigen Kubus und einem bogenförmigen Bau, die gemeinsam einen Innenhof umschließen. Von der Straßenseite aus sieht man zwei unterschiedliche Baukörper. Die fünf Geschosse des rechten Baus zeigen sich zum Marienplatz, zwei vollverglaste Geschosse springen zurück. Während dieser Teil von versetzt angeordneten Fensterbän-

dern bestimmt wird, besitzt der untere Bau eine Rasterfassade. Mit jeweils einer breiten und einer schmalen Fensteröffnung im Wechsel wird die senkrechte Linienführung betont. Dieser Gebäudeteil nimmt den Verlauf der Hauptstätterstraße durch eine gekrümmte Linie auf und setzt sich von seinem Pendant durch eine Fassade in warmen Rotbrauntönen ab.

Auf dem Weg zur nächsten Station streift man rechts das Theater Rampe (⑥ Filderbahnstraße 47). Bevor man den Zahnradbahnhof 1937 an den Marienplatz versetzte, wurde dieses Gebäude als Haltestelle und Talbahnhof für die Bahn genutzt, die die Stadtbewohner auf das Hügelplateau nach Degerloch brachte und somit den damaligen Höhenluftkurort leicht erreichbar machte. Der Tal-

bahnhof wurde 1907 von André Lambert und Georg Stahl erbaut. Architektonisch ist die Fassade interessant, da sie in ihrer dynamischen, eleganten Linienführung Elemente des Jugendstils aufnimmt. Durch ein hohes Portal mit geschwungenem Giebel gelangte man in den Bahnhof, über eine zweiläufige Loggientreppe zu den Gleisen.

Die Heusteigschule (7)
Heusteigstraße 97

Mit der Heusteigschule hat Theodor Fischer 1904 einen städtebaulichen Bezugspunkt geschaffen, der in Größe und Gestaltung vom gewachsenen Baubestand abwich. Vom Theodor-Fischer-Platz aus lässt sich die stufenartige Abfolge der Gebäudetrakte gut erkennen, deren Konstruktion auf einer Verbindung von Massivbau und Stahlbetonbauweise beruht. Die Fundamente und das Untergeschoss sind mit Beton gegossen, die Treppenanlagen der Kopfbauten ruhen auf einem Stahlbetongerüst. Von diesen Treppenhäusern aus gelangt man zu den Korridoren und Klassenzimmern im breiten Mitteltrakt. Diese Gestaltung entspricht dem Münchner Schulhaustypus, den Fischer von 1895 bis 1904 mit fünf Großschulen entwickelt hatte. Bis in die 1920er-Jahre ist er das Vorbild für den Schulbau und macht Fischer zum wichtigsten Vertreter für diese Bauaufgabe im Südwesten. Derselbe Typus wird Ihnen bei der Lerchenrainschule von Paul Bonatz beim zweiten Rundgang in Heslach erneut begegnen.

Um 1900 war der Stadtteil um den Fangelsbachfriedhof durch monotone,

konzeptionslose Architektur gekennzeichnet. Anstelle der gleichförmigen Häusermasse bedürfe es, so Fischer, in den einzelnen Stadtteilen dominanter Architekturen, die zu Zentren des öffentlichen Lebens werden sollten. Dabei folgte er dem Leitsatz: Die Gliederung nach »Herrschendem und Beherrschtem ist eines der wichtigsten Kunstmittel im Städtebau«. So ordnet sich die Umgebungsarchitektur dem hoch aufragenden Gebäude unter. Entsprechend sieht man auf Fischers Skizzen frontal die Heusteigschule, die zwar auf die breit angelegte Horizontale des umliegenden Bergrückens Bezug nimmt und sich in die Landschaft einfügt, andererseits aber das Stadtbild eindeutig dominiert. In seinem Vortrag von 1903 mit dem Titel »Stadterweiterungsfragen mit besonderer Rücksicht auf Stuttgart« wandte er sich daher gegen die Anwendung des geltenden städtischen Ortsbaustatuts, das den sogenannten Dreimeterwich, einen Abstand zwischen Wohnhäusern in der Innenstadt, vorsah. Er bevorzugte stattdessen geschlossene Häuserreihen mit Zutrittshöfen. Mit der Heusteigschule ergab sich nun die Möglichkeit, dieses Ortsbaustatut zu umgehen: Was für den Wohnungsbau in diesem Stadtgebiet nicht zulässig war, konnte Fischer mit einem öffentlichen Gebäude verwirklichen. Auf diesem Hintergrund ist es nicht weiter verwunderlich, dass die Heusteigschule an eine geschlossene Wohnzeile mit in sich gegliederten Bauteilen erinnert.

Die Frontansicht wird durch flache, klare Profile gegliedert. Wie aus der Putzfläche ausgestanzte Öffnungen wirken die Fenster, deren Formen im ersten und zweiten Geschoss einfallsreich variieren. Der Zugang erfolgt über einen Brunnenhof, der in eine Wandelhalle mit flachem Kreuzgratgewölbe übergeht. Besonders im Detail liegt der besondere Reiz der Anlage: Das Kreuzgangmotiv und der Brunnen zitieren Elemente einer mittelalterlichen Klosteranlage, auf die Fischer bewusst als einen traditionellen Ort der Bildung anspielen wollte. Mit den Arkaden, die den Wandelgang rahmen, prägt er eine für ihn typische architektonische Formensprache, die auch von seinen Schülern aufgegriffen wird. Sowohl im Kunstgebäude, den Pfullinger Hallen in Reutlingen, der Markthalle von Martin Elsaesser, dem Wagenburggymnasium und der Lerchenrainschule von Paul Bonatz findet sich das Arkadenmotiv im Sockelgeschoss, das die Erschließung des Gebäudes strukturiert.

Ein Blick in das Innere lohnt, da Türen, Geländer und Gitter vollständig erhalten sind. Die farbliche Innenraumgestaltung geht auf Bruno Taut zurück, der am 1. März 1904 in das Büro Fischers eintrat und bis 1908 sein Mitarbeiter bei verschiedenen Großprojekten war. Taut greift auf einen Farbdreiklang von Rotbraun, Grün und Violett bei der halbhohen Wandverschalung zurück, den er für das Bauprojekt der Universität in Jena entwickelt hatte. Wenn man die langen Gänge abschreitet, wird nun auch die Funktion der Fensterform mit nach unten gezogener Sohlbank klar. Die Fenster sind auf den Innenraum bezogen; rechts und links davon befinden sich die Garderoben, die durch den großen Mittelausschnitt gut belichtet werden.

Verwaltungsbau ⑧
Ecke Heusteig- / Immenhofer Straße

Blickt man bergab in Richtung Österreichischer Platz, sieht man den Verwaltungsbau des Stuttgarter Büros von Gabriele D'Inka, Albrecht Schaible und Bärbel Hoffmann aus dem Jahr 2008. Auffällig ist die horizontale Gliederung der Geschosse durch hellgrüne Glasbänder in der Brüstungszone, die sich übereck fortsetzen. Ein Turm betont die Ecke des bis an den Blockrand ausgeführten sechsgeschossigen Baus. Das Gebäude sitzt auf

Heusteigschule, Treppenhaus

Verwaltungsbau

einem weißen, zurückgesetzten Sockel, an den sich die helle Fassade des Treppenhauses anschließt. Der Bau beherbergt das Schulamt, das -verwaltungsamt und das Rechnungsprüfungsamt, die sich um einen Innenhof gruppieren.

Industriebau ⑨
Immenhofer Straße 18

Das Geschäftshaus ist ein Denkmal der frühen Industriearchitektur in Stuttgart. Der Regierungsbaumeister Alfred Storz errichtete die Kunstanstalt Schuler 1912. Bis in die 1980er-Jahre wurden hier Druckplatten, Farblithografien, Stiche und Farbtafeln für die Buchillustration hergestellt. Die großen Fenster, die sich in allen Geschossen befinden, ermögli-

chen das Arbeiten in hellen Räumen – ein wichtiges Kriterium der Industriearchitektur. Die Aufschrift verweist noch heute auf den Firmengründer August Schuler.

Wohnhaus ⑩
Immenhofer Straße 40

Mit Blick von der Alexanderstraße erkennt man den futuristisch wirkenden zweigeschossigen Dachaufbau, der sich seit 2009 auf dem Bestandshaus in der Immenhofer Straße befindet. Aus dem Auftrag, das marode Dach des historischen Gebäudes zu ersetzen, entwickelte der Architekt Florian Danner eine ungewöhnliche Penthouselösung. Die Aufstockung besteht aus zwei 100 Quadratmeter großen Wohneinheiten, die sich auf zwei

Dachaufstockung

Ebenen erstrecken. Von einem Terrassenstreifen umgeben, orientiert sich die helle, organische Form an der Dachkontur. Sie faltet sich um zwei Maisonettewohnungen, die mit raumhohen, schrägen Fensterflächen eine Dachform nachzeichnen. Unkonventionell ist Danners Entwurf, der kaum auf die vorgefundene Situation reagiert und gerade daraus seine erstaunliche Wirkung entfaltet.

 Am Marienplatz gibt es Kleinigkeiten im chicen Café Kaiserbau. Im Galao trifft man auf die junge Stuttgarter Szene. Das Herbertz am Ende der Tour gehört zu den Caféklassikern im Süden.

 Tourstart: Erwin-Schoettle-Platz: U1, U14, Bus 42
Tourende: Markuskirche: Bus 43

7 Der Süden – Backsteinbau trifft auf Betonbrutalismus

Zuerst entstand die Siedlung, dann die Seilbahn

Die Siedlung Südheim steht am Anfang des Rundgangs. Am Rande Heslachs gelegen, ist sie ein Zeugnis für den frühen sozialen Wohnungsbau in Stuttgart. Die stetige Veränderung des Stadtteils, dessen wesentliche Bausubstanz vor allem vom Beginn des 20. Jahrhunderts stammt, kann man im weiteren Verlauf des Rundgangs punktuell an Neubauprojekten der letzten Jahre mitverfolgen. Diese wurden errichtet, um das Viertel aufzuwerten und begegnen uns auf dem Weg zur Lerchenrainschule von Paul Bonatz und zur Josefskirche, die ein Beispiel für den Betonbrutalismus der 1960er-Jahre ist.

S-Süd

2 ½ Std.

1,7 km

Tipp zur Tour: Am Südheimerplatz finden sich noch ehemalige Brückenpfeiler. Sie sind in die Gestaltung des Platzes miteinbezogen. Im Sommer sorgen Feinsprühdüsen und ein Wassernebel für Abkühlung.

Die Siedlung Südheim ①
Südheimer Platz

Südheim gehört zu einer Gruppe von insgesamt sieben Projekten, die der Verein für die arbeitende Klasse unter der Leitung seines Gründers Eduard Pfeiffer errichtete. Die »soziale Frage«, die ab Mitte des 19. Jahrhunderts diskutiert wurde, beantwortete Pfeiffer mit dem von ihm 1866 gegründeten »Verein für das Wohl der arbeitenden Klasse« und den vereinseigenen Siedlungsbauten. Wie bereits in Ostheim, das bis 1903 er-

richtet worden war, standen auch in Südheim ambitionierte Reformziele im Vordergrund: Es ging um die Verbesserung der wirtschaftlichen Lage für Arbeiter und Handwerker, denen finanzierbarer Wohnraum zur Miete angeboten werden sollte. Damit einhergehend strebte man eine Erhöhung des Bildungsstands an sowie die Stabilisierung der gesellschaftlichen Verhältnisse. Außerdem sollte den Bewohnern das Gefühl von Zusammengehörigkeit und Geborgenheit vermittelt werden. Das wird besonders durch den

Südheimer Platz

Zusatz »-heim« deutlich, den man für die Benennung der Siedlungen wählte. Da beim Kauf 1892 der amtliche Stadtbauplan im Randgebiet Heslach noch nicht festgelegt war und damit die Straßenführung, die Gebäudeabstände sowie die Art der Bebauung frei wählbar waren, konnte der Verein dieses Grundstück günstig erwerben.

Der Rundgang beginnt bei einem Ensemble am südwestlichen Rand des Platzes. Karl Hengerer, der Architekt, der ab 1901 in die Planung einbezogen wurde und für den größten Teil Südheims verantwortlich ist, gestaltete die drei Gebäude an der Platzseite als Fassadenlinie mit unterschiedlichen Baukörpern. Nach Norden steigert sich die Bauhöhe, an die Schauseite setzte er plastische Akzente und rhythmisierte die Bebauung nicht nur in der Fläche, sondern auch in

der Höhe und im Umriss: ein Turm an der Straßenseite mit 30 Metern Höhe und Glockendach ragt mächtig empor. Zusammen mit dem Giebel des Hauses, der die Dachfläche vollständig verdeckt und die Firsthöhe des benachbarten Gebäudes erreicht, bildet dieser Bau ein dominantes Gebäudeelement. Er ist der Orientierungspunkt und Blickfang auf der Route vom Zentrum in das Randgebiet. Ebenso wie sein Pendant an der linken Seite ist der Bau hinter die Bauflucht gesetzt. Dadurch öffnet sich der Raum für ein Gartenlokal. In der Mitte befindet sich ein breit gelagertes Gebäude, das unmittelbar an der Baulinie liegt. Auffällig ist der plastische Schmuck des Ensembles, dessen Erdgeschoss aus Sandstein und in den darüberliegenden Etagen aus Back-

stein besteht. In der Art, wie Hengerer Zierfachwerk, gotische und romanische Elemente verwendet, macht sich die Abkehr vom Historismus und die Hinwendung zum Jugendstil bemerkbar. Die tief eingeschnittenen Fenstergewände im Erdgeschoss, die kräftigen Säulen und die markanten Profile an den Hauseingängen demonstrieren zehn Jahre nach Ostheim, dass auch eine Siedlung für Handwerker und Arbeiter, die über ein begrenztes Budget verfügten, von hoher Solidität sein kann.

Wohnhäuser und Altes Schützenhaus
② Burgstallstraße 102

Im Gegensatz zu Ostheim, das von der Addition der Ein- und Zweifamilienhäu-

ser lebt, entwickelte Hengerer ab 1901 Südheim aus dem Konzept der gemischten Blockbebauung. Sie basiert auf einem rechtwinkligen Raster, bei dem die Häuser ein Karree umschließen. In der Burgstallstraße sieht man vier zurückgesetzte Doppelhäuser, die, mit Ausnahme des Betonsockels und der Werksteineinfassung der Eingänge, in der gesamten Höhe mit rotem, im Bereich der Loggien und Treppenhäuser mit weißem Backstein verkleidet wurden. Sie bilden mit der dahinterliegenden Zeile das Zentrum der Siedlung und werden von zwei Blöcken umschlossen, die jeweils bis zum Rand des Trottoirs reichen. Dadurch wird die Siedlungsfigur klar: Die Wohnbauten sind in einer Art Doppel-T-Form mit hervorstehenden Stirnbauten angeordnet. Für Abwechslung sorgen auch in der Burgstallstraße ausgeprägte Dacherker mit Fachwerk, wie dies schon bei den Fassaden des Platzes der Fall war. Einige der Häuser stehen so dicht beieinander, dass nur schmale Stichgänge für die Erschließung zur Verfügung stehen. Trennzäune zwischen den Höfen verstärken zusätzlich den Eindruck von Enge. So ist es nicht weiter verwunderlich, dass die Vermietung schleppend voranging und sich Südheim nicht annähernd so erfolgreich entwickelte wie Ostheim. 1920 schließlich trennte sich der Verein von sämtlichen Häusern. Blickt man zum Ende der Straße, sieht man die Gleise der historischen Seilbahn, die seit 1929 Heslach mit dem Waldfriedhof verbindet.

Wohnhaus

108

Südheimer Platz, Neugestaltung

Die Platzgestaltung ③
Südheimer Platz

An die ehemalige B 14-Brücke, die früher über dem Südheimer Platz verlief, erinnern heute noch vier massige Betonpfeiler, die paarweise angeordnet sind. Sie wurden Teil der Platzgestaltung und bilden heute den Sockel für Lichtzylinder. Zwischen Mai und September erzeugen fünf Feinsprühdüsen zwischen den Pfeilern einen duftigen Wassernebel und sorgen an heißen Sommertagen für Erfrischung. Die Freiraumplaner Kienle Planungsgesellschaft konzipierten und realisierten 2003 einen Rückbau der Straße sowie die Entfernung von Bäumen, die zur Kaschierung der Brückenkonstruktion gepflanzt worden waren. Entstanden sind drei in Längsrichtung des Tales verlaufende Streifen, die auf einen gemeinsamen Platz führen. Er besteht aus Baumreihen mit Linden zur Böblinger Straße, einer offenen Wiese im mittleren Bereich sowie Heckengärten und einem Spielplatz an der Südseite. Dazwischen strukturieren Bänder aus unterschiedlichen Steinen die Fläche.

Haus der Schützengilde

Am gegenüberliegenden Waldrand erhebt sich vor einer kleinen Parkfläche, das Haus der Schützengilde, das 1895 ebenfalls von Karl Hengerer entworfen wurde. Zwei mehrgeschossige Anbauten flankieren einen breiten Mitteltrakt. Wieder ist es ein Turm, durch den das Gebäude den Platz bestimmt. Mit der Breitseite zum Hang definiert die Anlage den Siedlungsrand und bildet einen Bezugspunkt zur Freifläche. Holzverkleidung, sichtbares Fachwerk, Gauben und Dacherker sorgen für ein abwechslungsreiches Bild.

Auf dem Weg zur nächsten Station, entlang der Burgstall- und Hahnstraße, befinden sich historische Bestandsbauten, die überwiegend Backsteinmauerwerk aufweisen. Dazwischen heben sich immer wieder Neubauten ab, die in den letz-

Lerchenrainschule, Hof

ten Jahren entstanden sind und zeigen, wie sich der Stadtteil weiterentwickelt.

Wohnhaus ④
Schnellweg 5
An der Ecke Hahnstraße / Schnellweg sticht ein Neubau aus dem Jahr 2011 ins Auge. Das Haus der privaten Bauherren behauptet sich trutzig mit seiner abgeschlossenen kubischen Form und seinem Pyramidendach. Ganz in Dunkelgrau gehalten, setzt es einen modernen Akzent im Straßenbild.

Die Lerchenrainschule ⑤
Kelterstraße 22
Die Lerchenrainschule, die Paul Bonatz 1908 entwarf, bezieht sich auf das prägende Stuttgarter Vorbild Theodor Fischers in Heslach. Wesentliche gestalterische

sowie städtebauliche Prinzipien der Heusteigschule wurden aufgegriffen, schließlich aber der Handschrift des Architekten untergeordnet. Der dreigeschossige, breit gelagerte Bau befindet sich auf dem Grat des Hügels. Massig ragt die hell verputzte Lehranstalt mit Walmdach und Dachgau-

ben hinter einem großen Pausenhof auf. Dem Mitteltrakt sind jeweils die typisch hervortretenden Kopfbauten zugeordnet. Das Erdgeschoss wird durch einen weit hervorspringenden Balkon betont, der den Haupteingang aufnimmt. Während sich im Erdgeschoss lediglich kleinteilige Sprossenfenster befinden, werden die Klassenräume mit zwölf Fensterachsen großzügig geöffnet.

Die Kirche St. Josef ⑥
Finkenstraße 36

Die Josefskirche kann als Musterbeispiel für einen Trend bei Sakralbauten gelten, wie er sich Anfang der 1970er-Jahre immer stärker abzeichnete: Nicht mehr das von beigeordneten Nebenräumen begleitete, dominierende Kirchenschiff war gefragt, das schon von Weitem auf seine Funktion verweist, sondern ein vielfältiges Raumprogramm mit Veranstaltungsräumen, Kindergärten und gegebenenfalls sogar Wohnungen. Die Bauaufgabe

»Gemeindezentrum« trat an die Stelle der Bauaufgabe »Kirche«, wobei die Gesamtanlage, die Formensprache und die Materialwahl vieler Gebäude dieser Zeit einander zum Verwechseln ähnlich sind. Mit wuchtig eingesetztem grauem Sichtbeton und kantigen Formen ist die katholische Josefskirche von 1973 ein Beispiel für den Betonbrutalismus jener Jahre. Dabei wird die Massigkeit des Baustoffs durch die fensterlosen Blöcke noch betont. Der Bau erinnert eher an ein Felsmassiv mit grobzackigen Ausformungen als an eine Kirche – nicht zuletzt, weil die Stuttgarter Architekten Rainer Zinsmeister und Giselher Scheffler auf einen Kirchturm verzichteten. Die miteinander verbundenen Gebäude sind um einen Hof gruppiert. Ein trichterförmiger Bau verweist auf den Eingang zur Kirche. Blickt man von dort zurück, sieht man sich einer Dachlandschaft gegenüber, die durch ein starkes Relief geprägt wird. Den Vordergrund dominiert eine wirkungsvolle Großfigur

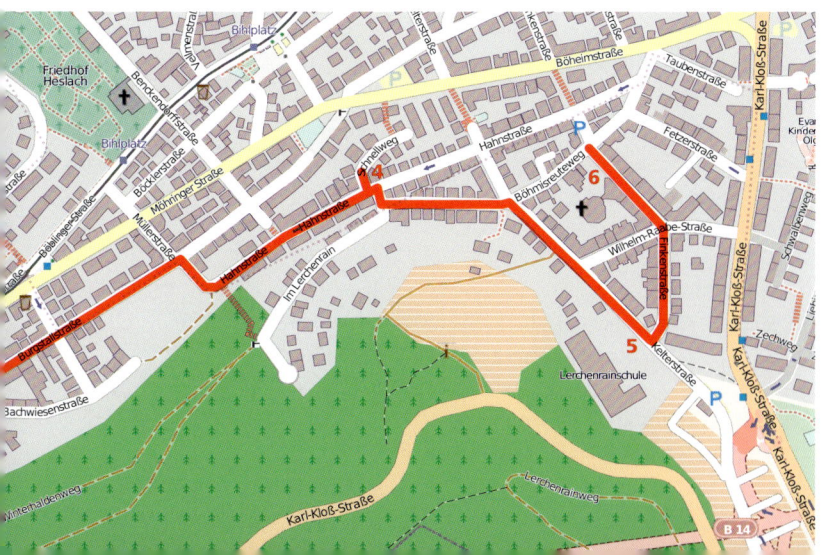

St. Josef, Innenraum

aus Beton, die ein ins Untergeschoss führendes Treppenhaus aufnimmt.

Pate für diesen Betonbrutalismus steht offensichtlich Le Corbusiers Spätwerk, das auch im Inneren nachwirkt: Die Lichtschächte lassen an Le Corbusiers Lösungen für die Kirche von Ronchamp denken. Das sich jeweils verändernde Tageslicht wird durch rechteckige Kanäle in den Raum geleitet. Man kann sie erahnen, auch wenn die Kirche geschlossen ist, indem man durch die schmalen Fensterscheiben an den Eingangstüren sieht.

Auf der gegenüberliegenden Seite befinden sich breit gestaffelte Wohneinheiten der katholischen Sozialstation. Die Blöcke sind mit großen Balkonen und Fenstern in Richtung Hof ausgestattet.

🍴 Ab 18:00 Uhr ist der Club und Gastronomiebetrieb Buddah Lounge im Alten Schützenhaus geöffnet.

 Tourstart: Südheimerplatz: U1 U4; Seilbahn 20
Tourende: Dornhaldenstraße: Bus 41

8 Wohnen in der Villa und Lernen in Rudolf-Steiner-Architektur

In der Villensiedlung starten – am Schluss liegt das Betongebirge

Das Gebiet rund um die Gänsheide ist mit seinen Villen, von denen viele um 1900 entstanden sind, ein Beispiel für das bürgerliche Wohnen. Nachdem Sie im Rundgang auch einige interessante zeitgenössische Einfamilienhäuser kennengelernt haben, wird der Parcours mit einem für Stuttgart einzigartigen Highlight beschlossen: In der Haußmannstraße befindet sich ein Bauensemble anthroposophischer Architektur. Sie ist beispielhafte für eine alternative Moderne, die seit Anfang des 20. Jahrhunderts eine prägende Rolle spielt – nicht nur durch die Lehre Rudolf Steiners, sondern auch durch die Umsetzung als gestalterisches Programm.

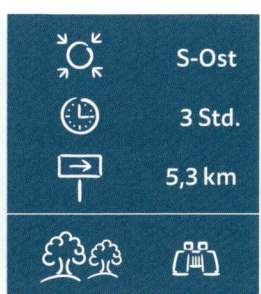

S-Ost	
3 Std.	
5,3 km	

Tipps zur Tour: Stuttgart von oben – am Ende des Rundgangs bietet die Uhlandshöhe einen Blick auf den nördlichen Teil des Talkessels. Im Sommer haben auf der Uhlandshöhe die Minigolfanlage und die Sternwarte geöffnet.

Die Geroksruhe ①

Von der Aussichtsplattform Geroksruhe, die nach dem Prälaten Karl von Gerok (1815–1890) benannt ist, kann man den Blick über den Stuttgarter Osten schweifen lassen. Hier wird deutlich, weshalb die Stuttgarter Halbhöhenlage zu den exklusiven Wohnorten der Stadt gehört. Der Grat und die Anhöhen, die sich um den Talkessel erheben, garantieren Frischluftzufuhr und vor allem ein herrschaftliches Panorama. Von diesem Standort aus sieht man unmittelbar in das Tal mit dem Stadtteil Gablenberg. Ab 1897 wurde Stuttgart in drei Bebauungszonen eingeteilt, sodass in den Hanglagen nur landhausartige Bauten mit zwei bis drei Geschossen, großen Parks und einem Gebäudeabstand von 14 Metern zugelassen waren. Die Stadtplaner zeich-

Geroksruhe

neten damit die Typologie der Häuser und die gesellschaftliche Zugehörigkeit der meist wohlhabenden Bauherren vor. Die Villen Reitzenstein, Koop und Bosch stehen für diese großbürgerlichen Wohnbauten, die ab 1910 auf der Anhöhe rund um die Gänsheide errichtet wurden. Mit einigen verstreuten Zeugnissen des Neuen Bauens, dem futuristischen Bau des chinesischen Architekten Chen Kuen Lee aus den 1950er-Jahren und interessanter zeitgenössischer Architektur kann man verschiedene Spielarten des großbürgerlichen Wohnens in den frei stehenden, mehrgeschossigen Villen auf diesem Rundgang kennenlernen. Aber bereits auf der Gänsheide kündigt sich mit dem Komplex des »Hauses Morgenstern«, der Nummer 100 links an der steilen Gänsheidestraße, eine Architektur-

Wohnhaus

Das Haus Oßwald ③
Gänswaldweg 6

Bei diesem Gebäude übertrug Ernst Otto Oßwald die Entwurfsideen, die er für Bürohochhäuser entwickelt hatte, auf den Wohnungsbau. Er errichtete das Wohnhaus 1926 – zwei Jahre nachdem er den Tagblatt-Turm in der Innenstadt geplant hatte. Das dreigeschossige Gebäude besitzt hochrechteckige Fenster, die versetzt angeordnet sind und auf eine Geschossanordnung als Splitlevel verweisen. Ein übereck angelegtes Fensterband bestimmt den Abschluss unterhalb des Gesimses. Der L-förmige Vorsprung definiert die Fassade zur Straßenseite und tritt an dieser Stelle wie ein Turmabschluss hervor. Jedes Geschoss besitzt einen Zugang zu einer Dachterrasse, die mit einem relingartigen Geländer begrenzt ist. Während die klassische Villenarchitektur einen herrschaftlichen Typus des Wohnhauses weiterführt, lehnt Ernst Otto Oßwald als Vertreter der Moderne diese Verbindung von Stil und Funktion des Gebäudes ab. Die reine Nachahmung von Vorbildern aus der Architekturgeschichte ist für ihn ausgeschlossen, vielmehr gibt die Architektur Anlass, Probleme der Form, der Materialästhetik oder der Rationalität von Baumethodik zu diskutieren. Als reduzierter kubischer Baukörper, dessen Gestalt durch die Geometrie und nicht durch die Bauornamentik definiert wird, steht das Haus stellvertretend für die Architektur des Neuen Bauens und des Internationalen Stils. Nun folgen Sie 500 Meter der Gänsheidestraße und biegen links in die Schönleinstraße.

strömung an, die die gegenüberliegende Kuppe um die Uhlandshöhe bestimmt: Das rosa-orangefarbene Pflegeheim »Haus Morgenstern« ②, das 1975 von den Architekten Billing, Peters, Ruff und Bockmühl errichtet wurde, verweist mit seiner freien Formgebung, zackig heraustretenden, gestaffelten Balkonen und der Vermeidung des rechten Winkels bereits auf die letzte Station dieses Spaziergangs. Denn an der Haußmannstraße befinden sich frühe bedeutende Zeugnisse anthroposophischer Architektur, die die architektonische Avantgarde zu Beginn des 20. Jahrhunderts beeinflussten und die Vorreiterrolle dieser pädagogischen Reformbewegung in Stuttgart aufzeigen.

Erweiterung des Staatsministeriums und Haus Kamm ④
Gröberstraße 20 und 22

Der Bau, den das Staatliche Hochbau- und Vermögensamt 2001 konzipierte, ist in die Linie der Wohnbauten der Gröberstraße bestens integriert. Durch das typische Walmdach fügt er sich in die Umgebung ein und reagiert in Form und Maßstab auf die flankierenden Wohnhäuser. Das ist nicht selbstverständlich, denn das Gebäude stellt eine Erweiterung des benachbarten Staatsministeriums dar, ist also ein Verwaltungsgebäude und kein Wohnhaus. Der viergeschossige kubische Grundkörper besitzt eine aufgesetzte Dachkonstruktion aus Stahlträgern. Rundum ist die Fassade weitgehend transparent. Besonders das Treppenhaus, das als halb öffentlicher Bereich der Straße zugeordnet ist, ist ganz einsehbar. Die dahinterliegenden Büroräume sind zurückgesetzt. Für das Tragwerk ist der von Norden her eingeschobene Betonkubus mit Lochfassade wichtig, denn bis auf die Wände dieses Kubus gibt es im Haus keine weiteren Stützen.

Daneben befindet sich das Haus Kamm, das von Richard Döcker 1932 für einen privaten Bauherren konzipiert wurde. Heute ist es ebenfalls im Besitz des Staatsministeriums und durch einen Verbindungsgang, der hangseitig vollständig erdüberdeckt und talseitig vollflächig verglast ist, mit dem Neubau verbunden. Das ehemalige Wohnhaus stellt eine der letzten Bauaufgaben Döckers in Stuttgart dar, bevor er mit der Machtergreifung der

Staatsministerium

Villa Reitzenstein

Nationalsozialisten bis 1945 keine Aufträge mehr bekam. Ebenfalls mit einem Walmdach bedeckt, entwickelt es sich als lang gestreckter Hauskasten, der sich zur Straßenseite verschließt und dafür eine regelmäßige Fensterreihe zum Garten hin zeigt.

Die Villa Reitzenstein Ⓢ
Sandbergstraße

Die Villa Reitzenstein wurde 1913 von Hugo Schlösser und Hans Weirether für die Freifrau Helene von Reitzenstein entworfen. Als Miteigentümerin der Deutschen Verlagsanstalt hatte sie die finanziellen Mittel für einen neoklassizistischen Großbau, der fürstliche Bauformeln zitiert. Die Villa ist von der Sandbergstraße, dem ehemaligen Hauptzugang, am bes-

ten zu erkennen. Anfang der 1920er-Jahre verkaufte Helene von Reitzenstein das Gebäude an den württembergischen Staat. Heute ist es Sitz des Ministerpräsidenten von Baden-Württemberg. Der Eingangsparcours ist repräsentativ. Nach einem kurvigen Weg durch das Grundstück kommt man in einen von Seitenflügeln gebildeten Innenhof. Von dort aus gelangt man durch eine Säulenvorhalle in die Villa. Die Eingangsfassade wird durch einen gerundeten Balkon und einen Dreiecksgiebel markiert. Im ersten Stock zeigt eine Reihe hochrechteckiger Fenster die Beletage an, dahinter liegen die Gesellschaftsräume. Eine Herrschaftsformel bestimmt die Dreiflügelanlage mit Hof auf der Straßenseite, und auch Elemente wie Pilaster, Säulen und das Mansarddach stellen das Gebäude in eine adlige Bautradition. Im kleineren Maßstab haben die Architekten Schlösser und Weirether die neoklassizistische Villa für das Großbürgertum in der Hackländerstraße nochmals variiert.

Im Innenhof der Villa Reitzenstein befindet sich heute ein Verwaltungsbau des US-amerikanischen Militärs aus den 1960er-Jahren. Folgen Sie nun der verputzten Gartenmauer und gehen den schmalen Fußweg entlang. Die Gartenseite der Villa Reitzenstein ist von der Richard-Wagner-Straße leider nur schwer zu erkennen. Sie ist dem Talkessel zugewandt und besitzt einen Mittelrisalit mit hohem Kuppeldach, den man in den Wintermonaten von der Wieland-Wagner-Höhe aus sehen kann. Die Serpentinen der Straße »Im Schellenkönig« führen weiter zum Haus Stohrer.

Atelierhaus Stohrer ⑥
Im Schellenkönig 56

Das Ateliergebäude des Württembergischen Kunstvereins von 1964 gehört zum Spätwerk des Stuttgarter Architekten Paul Stohrer. Der Zeilenbau beherbergt 17 Wohnräume und Künstlerateliers. Die kleinteiligen Wohnräume und das Treppenhaus sind der Hangseite zugeordnet, talseitig öffnet sich das Gebäude durch helle Ateliers. Jeweils neun Glasflächen in quadratischen Holzrahmen ermöglichen eine großzügige Belichtung. Interessant ist die Geschosseinteilung im Inneren, denn der Bau bietet sowohl zur

Tal- wie zur Straßenseite Wohnräume. Doch während sie auf der einen Seite zweigeschossig sind und über eine kurze Treppe miteinander verbunden werden, besteht die Talseite aus wenigen hohen Räumen auf einem einzigen Niveau mit großer Fensterfront. Von hier aus geht es wieder die Straße bergauf, die Kreuzung überquerend in die Gerok-, dann in die Breitlingstraße bis zur Ecke Planck-/Marquardtstraße.

Haus Wilfried Beck-Erlang ⑦
Planckstraße 60

Das Gebäude liegt auf einem winkelförmigen Gelände zwischen Marquardt- und Planckstraße. Von dieser Grundstücks-

Atelierhaus

Wohnhaus

form leiten sich auch der Grundriss des Hauses und die Geschossentwicklung ab. Die Staffelung des Baus gibt das Gefälle des Hangs wieder. Das Haus aus dem Jahr 1964 ist ein Plädoyer für den in jener Zeit äußerst umstrittenen Werkstoff Sichtbeton – nicht zuletzt, da es sich um das Büro- und Wohnhaus des Architekten handelte und kein weiterer Bauherr auf die Gestaltung Einfluss nahm. Im Untergeschoss war der Arbeitsbereich untergebracht, im Obergeschoss befinden sich die Wohnräume. Aus vielgestaltigen Einzelstücken errichtete Beck-Erlang einen interessanten Baukörper mit abgewinkelten Betonteilen, die mit blauen Kunststoffflächen kontrastiert werden. Um die Oberfläche vor den Witterungseinflüssen zu schützen, wurde sie in betongrauer Farbe gestrichen. Wilfried Beck-Erlang ist

in Stuttgart durch den Bau des Planetariums als gestaffelte Pyramide, durch Bürohäuser und sein Spätwerk, die gläserne Tonnenüberwölbung des Mineralbads Bad Cannstatt, bekannt geworden. Heute befindet sich in Beck-Erlangs ehemaligem Wohnhaus in der linken Gebäudehälfte die Kunstschule P.art.

Einfamilienhaus Alexander Brenner ⑧
Rößlinweg 6

Der Stuttgarter Architekt Alexander Brenner hat in den letzten Jahren einige Villen errichtet, die, ganz dem Neuen Bauen verpflichtet, durch ihre reduzierte Eleganz bestechen. Das Haus im Rößlinweg aus dem Jahr 2006 verschließt sich zur

Einfamilienhaus

Straßenseite. Unterschiedliche Materialien rhythmisieren die Ebenen – Holz trifft auf Beton, Glas und Metall und Naturstein. Wandscheiben sind hintereinander gestaffelt, sodass zum einen die Erschließungszone und der Eingang vor Blicken von der Straßenseite geschützt sind, zum anderen die Funktionen der Flächen, wie beispielsweise der des Garagentors, verborgen bleiben. Hier findet sich das Thema klassisch-moderner Architektur mit Vor- und Rücksprüngen wieder, die aus einer Kubatur entwickelt sind. Zur Gartenseite mit Rasen- und Wasserflächen öffnet sich der Bau schließlich durch Fensterläufe und raumhohe Verglasung. Geometrische Brüstungsstreifen werden frei gestellt und bilden mit kubischen Auskragungen ein eindrucksvolles, schönes Bild.

Auf der gegenüberliegenden Straßenseite befindet sich ein weiterer Neubau mit verglaster Gartenfront. Die Architektin Traute Scheufelen konzipierte diesen Flachdachbau im Jahr 2006.

Das Haus Ketterer ⑨
Hackländerstraße 16

Das Haus Ketterer wurde 1954 von dem chinesischstämmigen Architekten Chen Kuen Lee entworfen. Er hatte bei Hans Poelzig studiert und plante mit Hugo Häring 1941 die Gründung des deutsch-chinesischen Werkbunds. Mit Unterbrechungen war er von 1939 bis 1953 ein Mitarbeiter Hans Scharouns. In seiner Arbeit ist der Einfluss des organischen Bauens deutlich ablesbar: Analog zum

Aufbau von natürlichen Organismen nimmt der Entwurfsprozess im Haus Ketterer seinen Anfang in der inneren Struktur. Das bedeutet, dass die Form das Ergebnis, nicht den Ausgangspunkt der Entwurfsarbeit darstellt.

Ab Anfang der 1950er-Jahre unterhielt Chen Kuen Lee ein Büro in Stuttgart und machte sich rasch einen Namen als Villenarchitekt in Süddeutschland. Das Haus Ketterer gehört zu seinen frühen Werken. Der Kunsthändler Wolfgang Ketterer hatte ihn beauftragt, ein Wohnhaus mit Galerieräumen zu errichten. Die lang gestreckte Gestalt des Wohnhauses ist geknickt und wird an der Straßenseite durch ein großes rechteckiges Fenster, an der Gartenseite durch unregelmäßige fünfeckige Glasflächen belichtet. Die Bepflanzung des Gartens wird bis zur

Haus Ketterer

Glasfassade herangeführt und nahezu übergangslos im Inneren fortgesetzt. Den Plan für diese Gartenanlage lieferte Hermann Mattern, der Gestalter des Killesberg-Parks, im Jahr 1954. Im Innenraum zieht ein weiteres interessantes Gestaltungsdetail die Blicke auf sich: Eine Holztreppe, die an Stahlseilen aufgefädelt ist, verbindet das Erdgeschoss mit einem Galeriegeschoss.

Wendet man den Blick auf die gegenüberliegende Straßenseite, fällt der Kontrast mit der Architektur Chen Kuen Lees sofort ins Auge. Die Häuser der Hackländerstraße 17 und 23 stellen einen Villentypus im Stil des Neoklassizismus dar. Bereits 30 Jahre früher, 1925, hatten die Architekten Hugo Schlösser und Hans

Weirether, denen Sie als Planer der Villa Reitzenstein begegnet sind, diese groß-bürgerlichen Wohnhäuser konzipiert. Das linke Haus beauftragte der Bankier Georg von Doertenbach.

Die Boschstiftung und die Villa Bosch ⑩
Heidehofstraße 31

Der Kölner Architekt Peter Kulka erweiterte 2004 das denkmalgeschützte Ensemble aus Park und Villa Bosch aus dem Jahr 1911 um ein dreigeschossiges Schulungszentrum für die gleichnamige Stiftung. Sie beschäftigt nun auf 3.000 Quadratmetern sechzig Mitarbeiter. Der Neubau schmiegt sich unterhalb der Villa an den Hang, dabei kragt das erste Geschoss weit über einen zurücktretenden Sockel aus. Außerordentlich gelungen ist die Gestaltung zwischen den Bauten, deren Verbindung über zwei Terrassen und eine Freitreppe angelegt ist. Auf ei-

ner Wasserfläche, die in die Architektur eingetieft ist wie ein Atrium, spiegelt sich der neoklassizistische ehemalige Wohnsitz des Firmengründers. An dieser Stelle ergeben sich ein subtiler Dialog und zugleich eine spielerische Inszenierung. Zurückgekehrt auf die Heidehofstraße, lohnt ein Blick auf die Neorenaissance-fassade der Villa Bosch, die der letzte hochherrschaftliche Großbau in Stuttgart war. Umgeben von einem Park mit 13.000 Quadratmetern, erhebt sich die Villa, die Carl Heim und Jakob Früh für Robert Bosch entwarfen, als ein dreigeschossiger Bau mit einem hohen Sockel aus grob behauenem Sandstein und einer Rustikafassade. Eine monumentale zwei-läufige Treppe führt zu einer Kolonnade mit vier Säulen, die einen Balkon tragen. Als zusätzliches Herrschaftszeichen fällt ein aufragender Turm ins Auge, der den Seitenaufriss bestimmt.

Boschstiftung

Wohnhaus ⑪
Heidehofstraße 42

Einfamilienhaus

Gegenüber der Villa Bosch befindet sich ein weiteres Einfamilienhaus von Alexander Brenner. Hier variierte er den zeitgenössisch-modernen Haustyp, den Sie von ihm bereits aus dem Rößlinweg kennen.

Die Villa Koop ⑫
Gellertstraße 6

Die Villa, die heute zur Galerie Valentien gehört, wurde 1911 von Paul Bonatz für die Familie Koop errichtet. Sie ist ein Hauptwerk von Paul Bonatz und zeigt die Weiterentwicklung der Einflüsse von Theodor Fischer, indem das Gebäude durch eine reduzierte Formensprache des Baukörpers bestimmt wird. Ein Walmdach schließt den zweigeschossigen Hauskasten ab. Irritierend ist lediglich das griechi-

sche Ornament, das unterhalb der Traufe angesetzt ist. Der sogenannte laufende Hund betont den Übergang zwischen Baukörper und Dachaufsatz. An der Gartenseite lebt das Gebäude vor allem durch die Fensterrhythmik, die im Erdgeschoss mit elf Achsen mittig das Gebäude akzentuiert. Der Grundriss zeigt bereits Elemente der ersten Hälfte des 20. Jahrhunderts: Nachdem man das Haus betreten hat, erreicht man sofort eine größere Diele, um die sich im Erdgeschoss hufeisenförmig Räume gruppieren.

Biegt man danach in die Fraas- und Libanonstraße ein, streift man auf der linken Seite die neue Turnhalle und die Wagenburgschule von Martin Elsaesser aus dem Jahr 1913.

Villa Koop

Das Wagenburg-Gymnasium ⑬
Wagenburgstraße 30

Unverkennbar ist dies ein Gebäude der Stuttgarter Schule: Die Arkaden, die die Erschließung des Gebäudes strukturieren, finden sich bei der Heusteigschule Theodor Fischers ebenso wie an Elsaessers Markthalle aus dem Jahr 1912. Gehen Sie nun die Wagenburgstraße entlang, bis hinter Bambusgewächsen der flache Bau des Cafés Gant ins Blickfeld rückt.

Das ehemalige Ladengeschäft Gaismaier, heute Café Gant ⑭
Gerokstraße 12

Der ursprüngliche Bauherr, die Firma Gaismaier, ließ Mitte der 1950er-Jahre mehrere Ladenbauten in Stuttgart planen, um sich einem neuen Geschäftskonzept anzuschließen. Der traditionelle Kaufladen, bei dem zwischen Kunden und Personal eine Theke stand, galt als überholt und wurde durch einen »Supermarkt« mit Selbstbedienung, frei angeordneten Regalen, die einer Einkaufsstraße folgen, und Parkplätzen ersetzt. Der Bauherr beauftragte 1955 Eduard W. Hanow und die Firma Ludwig Bauer mit dem Entwurf einer außergewöhnlichen Betonschalenarchitektur. Die Statik berechnete Fritz Leonhardt, der Konstrukteur des Fernsehturms. Auf zwei Reihen von jeweils zwölf Stahlbetonstützen liegt eine nach innen schwingende Dachplatte, ein konkav gewölbtes Flächentragwerk. Die vorderen Stützen sind scheibenförmig verbreitert, schräg gestellt und verjüngen sich nach außen. Trotz der

Umbauten, die dem Gebäude viel von seiner Originalität nahmen, spürt man noch heute das Bemühen um innovative Formgebung: Das Dach erinnert mit seiner elegant verlaufenden Kontur an eine Sprungschanze und basiert auf einer Hängekonstruktion über einem vorgespannten Seilträgernetz. Zusammen mit der Leichtbetonschale war es 1955 die erste Hängedachkonstruktion Württembergs. Während der Rationalismus der Rasterfassade die Stahl-Glas-Kiste in unzähligen Varianten propagierte, bot die Betonschale die Möglichkeit einer architektonischen Geste. Eindrücklich schwingt dieser kleine Bau dem Kunden entgegen, um sein Warenangebot zu präsentieren.

Nun überqueren Sie die Gerokstraße und nehmen die erste Abzweigung rechts. Folgen Sie der Haußmannstraße, nach 20 Metern führt eine Treppe in einen versteckt liegenden Hof, der von Gebäuden der Waldorfschule umgeben ist.

Das anthroposophische Waldorfensemble ⑮
Haußmannstraße 44
Die Faszination, die von Beton als formbarem Werkstoff ausgeht, zeigt sich in

Ehemaliges Ladengeschäft Gaismaier, Modell

126

Festsaal

den zwischen 1924 und 1977 errichteten Waldorfschulgebäuden. Ein schmaler Weg führt auf einen Platz, um den sich die Gebäude gruppieren. Das Architekturensemble von links nach rechts mit Lehrerseminar, Festsaal, Haupthaus und Verwaltungsgebäuden, führt ein weiteres prägendes Thema der Moderne vor Augen. Während die Architektur der Weissenhofsiedlung durch Lufträume, also von der Öffnung des Raums, bestimmt war, steht die Architektur der Waldorfbauten in einer anderen entwicklungsgeschichtlichen Tradition: Hier ging es darum, das Volumen zur ausdrucksvollen Form zu modellieren. So wird der plastisch gestaltete Körper zum Gegenbild einer Architekturauffassung, die die Auflösung durch Leerräume, Subtraktion und Glasflächen anstrebt. Der Entwurf

leitet sich dabei nicht vom Raum ab, sondern von der Masse, und liefert dadurch eine weitere Spielart der organischen Architektur. Beton, der sich gießen lässt, ist dafür bestens geeignet.

Links liegen das Lehrerseminar und der Klassenbau. Beide gehen auf einen Entwurf von Rolf Gutbrod zurück, der in den 1920er-Jahren selbst Schüler dieser Schule war. In zwei Bauabschnitten entstand ab 1967 eine winkelförmige Anordnung. Der innere Winkelbereich nimmt einen Pausenbereich und eine geschützte Zone mit zwei Haupteingängen auf. Die Facettierung der Fassade wird durch die schräg verlaufenden Raumgrenzen in den Grundriss überführt. In den unteren beiden Geschossen liegen Büros

Kinderhort

sophischen Lehre fort und stellt ein hervorragendes Beispiel für die Überführung des Werkstoffs in eine freie Form dar. Die prismatische Großfigur erinnert an ein vorspringendes Felsmassiv, das vielfach geknickt und gefaltet ist. Die Eingangszone empfängt den Besucher mit einem Entree aus Glas, Beton und Holz. Die Architekten vermieden dabei den »unorganischen« rechten Winkel so weit wie möglich. Im Grundriss finden sich vor allem trapezoide Formen, die auf mehreren Ebenen um einen Saal für 800 Zuschauer angeordnet sind.

und Wohnräume. Ein Seminarraum wird durch Glasfenster im Dachgeschoss belichtet. Auffällig sind schräg eingeschnittene Fensteröffnungen, die den Gedanken der vielfachen Flächengliederung auch im kleinen Maßstab vorführen.

Den Mittelpunkt des anthroposophischen Ensembles in der Hausmannstraße bildet der Festsaal, den Johannes Billing, Jens Peters und Nikolaus Ruff zwischen 1975 und 1977 planten. Er setzt die Tradition der plastischen Verwendung des Baustoffs Beton im Sinn der anthropo-

Zahlreiche Einschnitte und Auskragungen bestimmen auch das jüngste Gebäude, das dem Haupthaus gegenüber an der Straßenseite liegt. Der Hort, 2007 nach einem Entwurf des Stuttgarter Architekten Jörg Aldinger fertiggestellt, orientiert sich zum Eingang und Hof des 1924 gebauten Schulhauses. Von dort aus gelangen die Schüler in die Mensa, die den größten Teil des Erdgeschosses im Neubau einnimmt. Durch großflächige Verglasungen bieten sich von hier aus reizvolle Ausblicke in den Hof und über die Stuttgarter Innenstadt.

 Im Café Gant (Gerokstraße) gibt es leckeren Kuchen und Kaffeespezialitäten. Das Café im Werkstatthaus am Fuß der Uhlandshöhe ist etwas versteckt, lockt aber mit fairen Preisen.

 Tourstart: Geroksruhe: U15
Tourende: Urachstraße: Bus 42

9 Neue Siedlungstypen, neue Rundfunkgebäude

Raitelsberg – ein Hochhaus bildet die Mitte

Der Stuttgarter Osten wird durch eine Vielzahl von Kleinsiedlungen bestimmt, die ab Anfang des 20. Jahrhunderts als ein Resultat der sozialen Reformen entstanden. Die Planungen für Ostheim (ab 1891), Ostenau (1911) und Raitelsberg (1926) orientieren sich an Arbeiter- oder Gartenstädten, die außerhalb des Zentrums angelegt wurden und gleichzeitig Arbeiten und Wohnen enger miteinander verknüpfen sollten. Diese Projekte sind zum einen städtebaulich interessant, weil sie widerspiegeln, auf welche Art und Weise man zu jener Zeit auf die Frage der Wohnbedürfnisse einging. Außerdem führten diese Siedlungen einen völlig neuen Typus des Bauherrn ein. Die Bewegung der Sozialreform ging meist nicht von Landesherren und Architekten aus, sondern von engagierten Bürgern oder Industriellen, die Bauvorhaben oft in Zusammenarbeit mit Vereinen und Genossenschaften entwickelten.

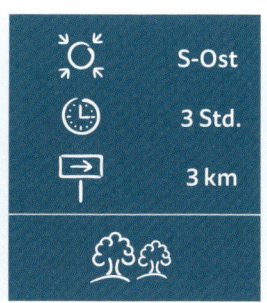

S-Ost

3 Std.

3 km

Tipps zur Tour: Der denkmalgeschütze Landschaftspark rund um die Villa Berg entstand im 19. Jahrhundert. Auf dem Rundgang streift man die Backsteinpergola und das Belvedere, die sich in die Hügellandschaft des 14 Hektar großen Parks im Westteil einfügen.

Im Abstand von jeweils einem Jahrzehnt zeigen alle drei Siedlungen die jeweiligen Veränderungen im Wohnungsbau: In Ostheim geben einzelne Gebäude mit Giebelfronten die entscheidenden Merkmale der Architektur vor, wobei das Zentrum durch einen Platz bestimmt wird. In der Ostenau sind historistische Versatzstücke dann nur noch vereinzelt zu finden, gleichzeitig schließen sich die Häuser in einer bogenförmigen Linie zusammen. Schließlich begegnen uns in Raitelsberg stark reduzierte Fassaden und eine deutliche Betonung horizontaler Elemente. Die Mitte wird durch ein Hochhaus markiert. Alle Siedlungen haben gemeinsam, dass sie Beispiele für städtebauliche Versuche sind, das Wohnen als geschlossene Einheit umzusetzen und dies optisch nach außen zu demonstrieren.

Der Jünglingsbrunnen ① Eduard-Pfeiffer-Platz

Die fortschreitende Industrialisierung bewirkte im mittleren Neckarraum während des 19. Jahrhunderts einen starken Verstädterungseffekt. Darauf reagierte der 1866 gegründete »Verein für das Wohl der arbeitenden Klassen« unter der Leitung des Sozialreformers und Mäzens Eduard Pfeiffer. 1891 lobte er als Vereinsvorsitzender einen Wettbewerb für die Siedlung Ostheim aus, den das Architekturbüro Friedrich Gebhardt und Karl Hengerer mit seinem Entwurf gewann und diesen bis 1903 ausführte. Rechts und links der Neuffenstraße erinnert das Denkmal mit Jünglingsbrunnen und Obelisk an Eduard Pfeiffer, den Gründer der Wohnkolonie. Bis zum Ersten Weltkrieg war Ostheim, das 1914 1.300 Wohnungen zählte, die größte Siedlung in Stuttgart.

Wohnhäuser ② Landhausstraße 161

Die Siedlung wird durch die Straßenachsen Teck-, Landhaus- und Neuffenstraße erschlossen. Daraus ergibt sich ein Platz, der nicht nur den Mittelpunkt, sondern auch einen städtebaulichen Akzent darstellt und von handwerklichen Betrieben gesäumt wird. Da die Eckgebäude um ein Geschoss höher sind, verstärken sie den Eindruck einer geschlossenen Anlage. Die städtebauliche Herausforderung für die Architekten bestand darin, die Wegführung auf den ehemaligen Streuobstwiesen mit einer sinnvollen Ausnutzung des Baugrundes zu verbinden. So wurde die Diagonale der Landhausstraße an der Längsachse gespiegelt, wobei ein zentraler Platz entstand. Das strenge Bauraster

Jünglingsbrunnen

wurde aufgelockert, um im weiteren Verlauf des Geländes rechteckige Flächen für die Wohnbauten zu gewährleisten.

An der straßenseitigen Bebauung dominieren geschlossene Hausfassaden, während die auf der Rückseite sich ergebenden Innenhöfe als Gärten genutzt wurden. Die Backsteinbauten sind meist zweieinhalbgeschossig und variieren vier Grundtypen, die jedoch durch historistische Versatzstücke, Giebel, Erker und Auskragungen kaum zu identifizieren sind. Bis heute hat sich Ostheim seinen einstigen, nahezu malerischen Charakter sowohl im Gesamtbild als auch im Detail großenteils erhalten. Bei einigen

Wohnhaus

Leo-Vetter-Bad

Häusern, wie der Nr. 161, haben die Architekten durch ein Gesims deutlich die beiden Vollgeschosse vom dritten Halbgeschoss optisch unterschieden. Durch asymmetrisch gestaltete Fassaden mit Vorsprüngen werden individuelle Ansichten im Straßenverlauf erzeugt und so der Charakter einer zusammengehörigen Kleinstadt mit variierten Einzelelementen vermittelt. Im Herbst 1897 wurde Ostheim offiziell eröffnet. Die Mieten waren günstig, da sie keine Spekulationsgewinne beinhalteten. So bezahlte man 1899 durchschnittlich 102 Mark jährlich für eine Einzimmerwohnung, was genau der Hälfte der Miete in der Innenstadt Stuttgarts entsprach.

Gehen Sie die Landhausstraße entlang und überqueren Sie die Ostendstraße. Dann folgen Sie der Landhausstraße weiter, bis Sie auf der rechten Seite die Haltestelle Leo-Vetter-Bad sehen. Die verschiedenen Baukörper des Bads sind nach hinten versetzt. Besonders gut kann man sie von der Mitte der Julien-Straße erkennen.

Das Leo-Vetter-Bad ③
Landhausstraße 192

Bereits 1939 hatte Werner Gabriel für die Reichsgartenschau das viel beachtete Freibad Killesberg gestaltet – mit dem Leo-Vetter-Bad, das einen zerstörten Vorgängerbau ersetzte, schuf er 1962 ein weiteres Glanzstück. Das Hallenbad fällt durch konsequente Nutzungstrennung ebenso auf wie durch seine einfallsreich zeittypische Gestaltung. Der asymmet-

Eingang zur Siedlung

rische Baukörper des Bäderkomplexes ist durch die großzügige Belichtung geprägt. Sie wird durch eine Wand aus unterschiedlich großen Fenstern entlang der frei stehenden Fassaden an der Schwimmhalle gewährleistet. Die unverwechselbare Gestalt erhält das Bad durch einen nierenförmigen Oberlichtaufsatz, der direktes Licht bis an die Wasserfläche heranführt und überdies die harmonische Einbindung der Sprungtürme in den Innenraum ermöglicht. Mit dieser ungewöhnlichen Dachlösung scheint der Bau die markante Gestalt des 1958 errichteten Berliner Kongresszentrums aufzugreifen. Drei Schrägstützen zwischen Schwimmer- und Nichtschwimmerbecken tragen die weitgespannte Decke der Halle und behaupten sich als gestalterisches Element. Gabriel ist es gelungen, einen Bau zu kon-

zipieren, der sich zwar einerseits unverkennbar der Architekturentwicklung der späten 1950er- und frühen 1960er-Jahre anschließt, der sich andererseits aber nicht mit dekorativen Gesten begnügt. Vielmehr hat die Funktionalität als Hallenbad eindeutigen Vorrang. Darum ist das Leo-Vetter-Bad, benannt nach dem Mäzen und Gründer der Badeanstalt von 1910, bis heute weitgehend unverändert in seiner Nutzung als Stadtteilbad.

Die Kolonie Ostenau ④
Luisenplatz

Gegenüber dem Schwimmbad erstreckt sich die Wohnkolonie Ostenau. Man erreicht sie über einen Durchgang in der zweiten, zurückgesetzten Häuserreihe,

bei der Hausnummer 12. Die Siedlung erstreckt sich auf einem Areal in Form eines unregelmäßigen Dreiecks mit einer Erschließungsstraße. Diese erweitert sich zentral zu einem Platz, auf den die Bebauung ausgerichtet ist. Bis zum Blockrand stehen die Häuser aus dem Jahr 1911, die auf einen Entwurf von Karl Hengerer, den Architekten Ostheims, zurückgehen. Hengerer revidierte hier seinen früheren Ansatz, eine weiträumige Bebauung mit niedrigen Gebäuden zu schaffen. Stattdessen fasste er in Ostenau die Häuser zu langen Körpern zusammen und verstand sie auch gestalterisch als Einheit. Die Bauweise ist geschlossener. Pate stand dafür nicht das Kleinhaus, an dem Hengerer sich zuvor orientierte, sondern Wohn-

blocks mit vier- bis fünfgeschossigen Großhäusern.

Wohnhäuser ⑤
Luisenstraße Nr. 1–9

In der Luisenstraße der Kolonie Ostenau sieht man durchlaufende, kräftige Gesimse und überwölbende Mansarddächer mit Fassadenlängen von 60 bis 80 Metern. Wie ein mächtiger Bügel folgt der rosafarbene Block dem Straßenverlauf. An der rechten Seite rundet er sich ab, mittig wird er um ein Geschoss erhöht. Die Platzachse war dabei entscheidend, denn wenn man durch das Portal den Hof betritt, orientiert sich die gegenüberliegende Fassade an der Blickrichtung des Besuchers. So entstanden breit gelagerte Dachlandschaften mit ruhigen, lang gezogenen Linien. Im Sommer 1913, nach

Wohnanlage

knapp zwei Jahren Bauzeit, waren insgesamt 261 Wohneinheiten in 50 Häusern realisiert, die in Drei- und Vierzimmerwohnungen aufgeteilt waren. Zudem besaßen die meisten Häuser ein Dachgeschoss, das mit einer weiteren kompletten Wohnung ausgestattet war. Wendet man sich zum Eingang am Luisenplatz um, erkennt man eine tunnelartige Durchfahrt in der Mitte des Doppelgebäudes. Wo sich heute aufgrund von Zerstörungen während des Zweiten Weltkriegs ein beigefarben-gestreifter Bau aus den 1950er-Jahren befindet, war der Siedlungszugang, den Karl Hengerer mit einem symmetrischen Aufbau, Dekor und Säulenreihen als Portal komponiert hatte. Der Portikus inszenierte den Eingang zu den Gebäuden und dem zentralen Platz und erinnerte an ein Stadttor. Heute erahnt man noch die Hufeisenform, die dem Plan zugrunde liegt. Sie umschließt den Park und läuft in Längsarmen aus, die rechts und links der Luisenstraße die Siedlung mit vorspringenden Auszügen abschließen. Diese Art der Bebauung schützte vor direkten Einblicken, wozu außerdem gebogene Straßen, niedrige Durchfahrten und geschickt platzierte Bäume beitrugen. Auf diese Weise entstand eine Kolonie, die es den Bewohnern ermöglichte, unter sich zu bleiben.

Der geschlossene Charakter der Siedlung ist heute verloren gegangen. Im Krieg zerstörte Dächer, Veranden und Grundrisse sind ohne Rücksicht auf den ursprünglichen Zustand und dessen Details ersetzt worden. Gerade am Stadttor stoßen die charakteristischen Merkma-

Gaskessel

le der Architektur der 1950er-Jahre, wie kleine Fenster in langen Reihen, ein einfaches Satteldach, niedrige Deckenhöhen, hart an die Bestandsbauten von 1913.

Biegen Sie in die Abelsbergstraße ein und folgen ihr etwa 500 Meter geradeaus, queren Sie dann die Stadtbahnhaltestelle Raitelsberg.

Der Gaskessel ⑥
Abelsberg- / Hackstraße

Von rechts schiebt sich zwischen den Häuserzeilen mehrmals der monumentale Gaskessel ins Blickfeld. Dieses Industriedenkmal stammt aus dem Jahr 1928. Der »eiserne Dinosaurier« ist 102,5 Meter hoch und fasst mit einem Durchmesser von 69 Metern bis zu 300.000 Kubikme-

Wohnhochhaus

tig sind die Zeilenbauten angeordnet. Sie beherbergen 800 Wohnungen. Der Weg in das Zentrum wird durch symmetrische Zeilen gerahmt, die zu einem Hochbau führen. Der Mittelpunkt der Siedlung ist also nicht mehr wie in Ostheim als eine Art Marktplatz gestaltet, sondern durch ein großstädtisch anmutendes sechsgeschossiges Hochhaus mit doppelt abgetrepptem Flachdach definiert. Insgesamt sind die Häuser eine Addition von Großformen im Gegensatz zur Ostheimer Vielfalt kleinteiliger Elemente. Doch trotz der Bauhöhe von meist drei bis sechs Geschossen findet sich regionale Architektur mit Satteldach und Klappläden ebenso wie deutliche Bekenntnisse zum Neuen Bauen. Regelmäßige Auszüge strukturieren die Dächer, Putz in verschiedenen Farbstreifen betont die Fensterlinie.

Gestaffelte Zeilen

ter Gas. Nach der starken Beschädigung 1944 wurde er 1949, wie schon sein Vorgänger, als Stahlgerüst mit Zwischenelementen aus Blechen erneut errichtet.

Die Siedlung Raitelsberg, Wohnhochhaus ⑦
Ecke Abelsbergstraße / Heidlesäcker

Während Ostheim geprägt ist vom Charakter einer Gemeinschaft mit individuellen Wohnvorstellungen, so herrschen in der Siedlung Raitelsberg viel einheitlichere Großformen vor. Alfred Daiber, später für den Entwurf der Brenzkirche auf dem Killesberg verantwortlich, gewann 1926 den Wettbewerb. Fischgrätar-

Bauensemble

Wohnbauten ⑧
Sickstraße / Abelsbergstraße

Blickt man von der Sickstraße mit dem Wirtschaftsgymnasium Ost zurück, sieht man rechts und links die gestaffelten Zeilen der Siedlung. Auch hier wird der Eingang betont. Zwei hohe Kuben, die den Satteldächern vorgesetzt sind, ragen auf und erinnern an Türme. Zwei Skulpturen an der Fassade, rechts der heilige Georg und links die heilige Barbara, machen deutlich: Hier befindet sich das Stadttor.

Bauensemble ⑨
Sickstraße / Teckstraße

Der Sickstraße folgend, sehen Sie links in der Teckstraße 62–68 ein schönes Backsteinensemble, das sich um einen Park gruppiert. Wo 1901 ein Militärlazarett war, befinden sich heute Restaurants, Ateliers, Studios und die private Hoch-

schule Merz-Akademie. Ein Stückchen weiter erkennt man auf der rechten Seite oberhalb des SWR-Parkhauses die Villa Berg, die Christian Friedrich Leins 1845 im Landhausstil errichtete. Nehmen Sie im Park den Fußweg Richtung Villa Berg und biegen Sie dann an der ersten Möglichkeit links ab. Nach einer Hügelkuppe zeigt sich das gestaffelte Ensemble des SWR.

Das Rundfunkhaus des SWR ⑩
Park der Villa Berg

Am Ende einer zweijährigen Wettbewerbsphase entschloss sich 1969 der Verwaltungsrat des Südwestrundfunks, nach mehrmaliger Überarbeitung den Entwurf von Rolf Gutbrod zu akzeptieren. Mit den drei voneinander getrennten Baukörpern

Studios und Büros des Südwestrundfunks

erfüllte er die Vorgabe, Studiobereich, Redaktionseinheiten und die Verwaltung als separate Funktionen im Erscheinungsbild ablesbar zu machen. Gestaffelt und mit Sichtbezügen zum umgebenden Park, offenbart das Ensemble Gutbrods undogmatische und eigenständige Haltung zur Moderne. Ähnlich dem Hahnhochhaus in der Innenstadt, das Gutbrod 1962 entwarf, treffen rationalistische und rechtwinklige Formen auf freie Gebilde in Sichtbeton, die dem gemeinschaftlichen Arbeiten, der schöpferischen Tätigkeit oder der öffentlichen Kommunikation zugeordnet sind. Wieder zeigt sich Gutbrods Programm, unterschiedliche Raumaufgaben durch den Dialog freier und geometrischer Formen zu differenzieren.

Studios, Technik- und Verwaltungsgebäude ⑪
Wilhelm-Camerer-Str. / Werderstraße

Die komplexe Bauaufgabe und Gutbrods gelungene Antwort darauf lassen sich besonders gut erfahren, wenn man das Gebäude des Südwestrundfunks links umrundet. Drei Rechteckbauten fächern sich in Richtung des Stadtparks auf und ermöglichen Blickbeziehungen. Die fünf-, acht- und zwölfgeschossigen Hochbauten erheben sich über massigen Betonsockeln. Eine vorgehängte Glas-Stahl-Konstruktion mit linearem Gitterwerk belebt die Geschosse. Blaue Alupaneele und eloxierte Metallprofile, die in der Gebäudedecke verklammert sind, erzeugen eine mehrschichtige Oberfläche. Im Nordosten ist dem Komplex eine polygonale Raumform vorgesetzt, im Gegensatz dazu wählte Rolf Gutbrod für den Bereich Programm, Technik und Verwaltung rechtwinklige Formen.

Geht man von der Wilhelm-Camerer-Straße in die Werderstraße, fällt der Studiosaal auf, um den sich ein Kranz von Zellen legt. Nach außen zeigt er sich als zerklüftete, verschachtelte Fassade, die an ein Felsmassiv erinnert. Hier findet sich ein Motiv wieder, das Gutbrod bereits für die Liederhalle von 1956 und den Mozartsaal wählte: Er verwendete ein irreguläres Fünfeck, das eine strenge Axialität unmöglich macht.

Ecke Neckarstraße / Werderstraße ⑫
Die Ansicht von der Neckarstraße wird durch eine bizarr geformte Terrassenlandschaft bestimmt. Ein diagonal verlaufendes Relief belebt die Sichtbetonflächen. Die Terrassen schieben sich durch die Hochbauten und sind dem Kommunikationsbereich aus kleinem Sitzungssaal, Casino und Studiensaal mit polygonalen Raumformen zugeordnet. Die obere Zone ist der Studiosaal, der durch seine Kupferverkleidung hervorsticht.

Ateliers ⑬
Reitzensteinstraße 13–31
Die vorspringenden Ateliers von 1992 zeigen eine Alternative zum Thema des Reihenhauses. Verschiedene Baukörper verketten sich zu einer Zeile. Abwech-

Atelierhäuser

selnd als Tonne aus Wellblech oder als zweigeschossiger Kubus reihen sich elf Künstlerateliers hintereinander. Verbunden werden sie durch einen länglichen Bautrakt, sodass der Eindruck entsteht, der Längsgang fädelt die Elemente zu einer Zeile auf. Bei den tonnenförmigen Teilen handelt es sich um vorgefertigte Stahlhallen, die unter dem Namen »Nissenhütten« bekannt sind. Da die Künstler selbst als Bauherren auftraten, konnte jedes der Ateliers den individuellen Vorstellungen entsprechend entworfen und eingerichtet werden. Ihre Lichtzufuhr erhalten die Kuben über Oberlichter, die Tonnen haben dagegen Nordfenster.

 Zahlreiche Snackmöglichkeiten gibt es am Ostendplatz.

 Tourstart: Schwarenbergstraße: Bus 42; Ostendplatz: U4
Tourende: Metzstraße: U1, U2, U14

10 Die Weissenhofsiedlung

Die internationale Architekturavantgarde der 1920er-Jahre baut in Stuttgart

Die Häuser der Weissenhofsiedlung zeigen die zentralen Ideen des Neuen Bauens: die Durchdringung der Wohnräume, die Öffnung der Architektur nach außen, die radikale Verwendung neuer Werkstoffe und Baumethoden, Typisierung und Standardisierung und die Erprobung neuer Wohntypologien. Dies alles geschah mit dem Ziel, durch Architektur, Design und Kunst das Wohnen umfassend neu zu gestalten.

S-Nord

2 Std.

1 km

Tipp zur Tour: Es lohnt sich, zusätzliche Zeit für das Weissenhofmuseum im Haus Le Corbusier und die Wechselausstellungen der Architekturgalerie im Haus von Peter Behrens einzuplanen.

Die Weissenhofsiedlung entstand im Rahmen der Werkbundausstellung »Die Wohnung« 1927. Dabei sollten 17 eingeladene Architekten aus Europa neue Antworten auf die Frage »Wie wohnen?« finden. Initiator der Ausstellung war der 1907 als Vereinigung von Architekten, Designern und Industriellen gegründete Deutsche Werkbund in Zusammenarbeit mit Vertretern der Stadt Stuttgart. Das Konzept sah vor, die Architektur der Moderne in insgesamt vier Ausstellungsteilen vorzustellen – somit waren die Häuser der Weissenhofsiedlung mit ihren modernen Inneneinrichtungen nur ein Beitrag zu einem viel umfassenderen Programm. Hinzu kam ein Experimentiergelände, auf dem neuartige Baumaterialien und Baumaschinen gezeigt wurden, eine internationale Plan- und Modellausstellung mit über 500 Exponaten sowie eine Messe zur modernen Ausstattung, die Einbauküchen, Badezimmereinrichtungen, Bodenbeläge wie Linoleum oder Geräte zur technischen Hausausstattung einer breiteren Öffentlichkeit näherbrachte.

Der Berliner Architekt Mies van der Rohe wurde zum künstlerischen Leiter bestimmt. Sein Bebauungsplan staffelte die kubischen Häuser in lockerer Gruppierung im Hanggelände. Zudem wies er den beteiligten Architekten jeweils eine Parzelle zu und legte fest, ob ein Einfamilienhaus, ein Doppelhaus, ein Reihen- oder Mehrfamilienhaus gebaut werden sollte. Die einzige fixierte Vorgabe in gestalterischer Hinsicht bestand darin, dass jeder Bau ein Flachdach besitzen sollte.

Mehrfamilienhaus Mies van der Rohe ①
Am Weissenhof 14–20

Der Bau Mies van der Rohes Am Weissenhof 14 bis 20 bildet als lang gestreckter Querriegel eine Art Rückgrat der Weissenhofsiedlung. Für den Wohnblock wählte Mies einen Bautypus, der üblicherweise für Verwaltungsgebäude vorgesehen war. Als geschlossener Baukörper, der völlig auf eine repräsentative Hervorhebung von Vorder- und Rückfront verzichtet, dominiert der dreigeschossige Gebäuderiegel den Straßenverlauf. 24 Wohneinheiten mit Wohnflächen von 44 bis 88 Quadratmetern sind darin untergebracht.

»Wir kennen keine Form-, sondern nur Bauprobleme. (…) Form als Ziel ist Formalismus und das lehnen wir ab«, schrieb Mies van der Rohe. Der Bau sollte aus den Prinzipien der Konstruktion abgeleitet werden – ein Stahlskelettbau mit Ziegelmauerwerk, das anschließend verputzt

Mehrfamilienhaus von Mies van der Rohe

wurde. Dabei übernimmt das Skelett die Tragfunktion.

Für die Unterteilung der Wohnungen entwickelte Mies Trennwände aus Holz, die flexibel angebracht wurden. Damit nimmt er in den Wohnungen der Weissenhofsiedlung die Wandscheiben vorweg, wie sie auch in Mies' Barcelona-Pavillon von 1929 zum Einsatz kommen.

Mies van der Rohe hatte mit seinen wandlungsfähigen Grundrissen von Anfang an Wert darauf gelegt, Wohnungen für Menschen in verschiedenen Lebenssituationen zu planen: für den Junggesellen, die alleinstehende berufstätige Frau, für Paare oder Familien mit Kindern. Im Erdgeschoss befand sich das einzige Ladengeschäft in der Weissenhofsiedlung. Durchgängig galt die Maxime, dass Wohnen und Arbeiten streng getrennt bleiben sollten.

Reihenhaus Mart Stam und Mehrfamilienhaus Peter Behrens ②
Am Weissenhof 24–30

Die lavendelblauen Reihenhäuser Am Weissenhof 24–28 wurden von dem holländischen Architekten Mart Stam gebaut. Daran schließt sich am Ende der Straße das Terrassenhaus von Peter Behrens (Am Weissenhof 30–32) an. Mart Stam, der Anfang der 1920er-Jahre

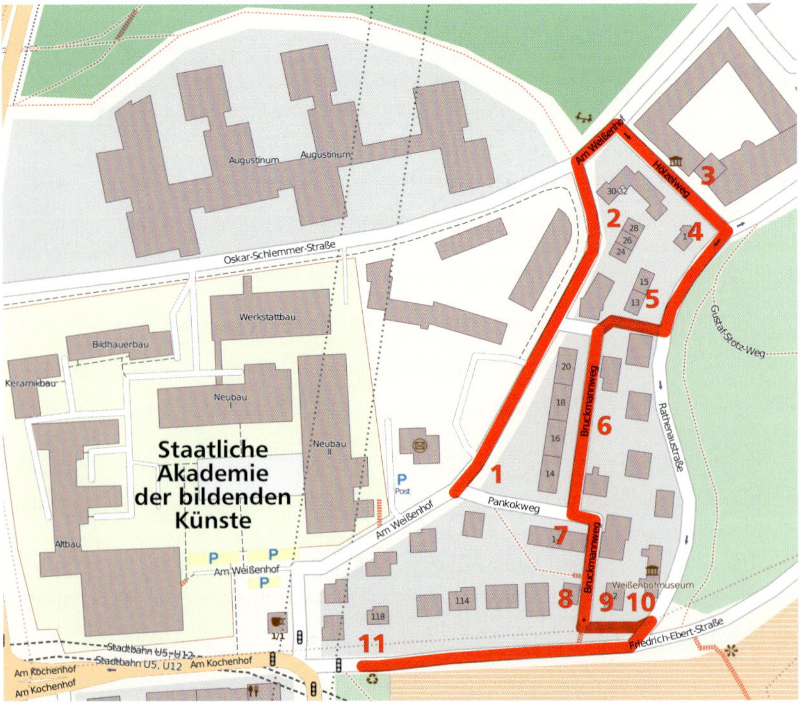

Reihenhäuser von Mart Stam

im Büro von Max Taut und Hans Poelzig gearbeitet hatte, war mit 27 Jahren der jüngste Teilnehmer der Werkbundausstellung. Demgegenüber gehörte Peter Behrens 1927 bereits zur Vatergeneration des Neuen Bauens, der auf eine erfolgreiche Karriere als Industriedesigner bei der AEG und als Architekt zurückblicken konnte.

Das Mehrfamilienhaus von Peter Behrens setzt sich aus einem lang gestreckten Querbau und zwei angesetzten Kuben zusammen. Der Mauerwerksbau umfasst zwölf Wohneinheiten mit Wohnflächen von 50 bis 70 Quadratmetern. Die Fassade des Hauses staffelt sich auf vier Ebenen, die sich in abgetreppter Folge anordnen. Behrens verschachtelte die Baukörper so ineinander, dass das untere Geschoss für das jeweils darüberliegende als Terrasse genutzt werden konnte. Der Zugang zu

Licht und Sonne war so für alle Bewohner des Hauses gewährleistet.

Auffällig ist das umlaufende Kranzgesims unterhalb der Traufe, das sich als schmales Profil um die Blöcke legt. Es stellt ebenso wie die Vordächer und die Sprossenfenster eine Reminiszenz an etablierte Gliederungselemente dar. Vergleicht man die Fensterlösungen beider Architekten, fallen Unterschiede auf: Während Behrens mit einzelnen hochrechteckigen Fenstern eine klassische Lochfassade schafft, wählt Mart Stam ein Fensterband, das die Reihenhäuser horizontal miteinander verbindet. Er führt die Fensterreihe über die Brüstung der Dachterrasse als Windschutz weiter und durchschneidet den Baukörper, während Behrens jeweils ein Zimmer mit ein bis

Mehrfamilienhaus von Peter Behrens

zwei Fenstern markiert. Behrens' Fenster sind aus Holz, Stams Rahmen bestehen aus Metall.

Stams zweigeschossige Reihenhäuser nehmen die Richtung der Straße auf und verlaufen entlang einer Achse. Die Häuser mit 104 und 111 Quadratmetern Wohnfläche sind als Mischbauweise zwischen Stahlskelett- und Massivbau ausgeführt. Sie waren für den Mittelstand vorgesehen und sollten von einer Familie mit Kindern und einer Haushaltshilfe bezogen werden, für die im Obergeschoss ein Mädchenzimmer mit sechs Quadratmetern zur Verfügung stand.

Mart Stam zeigte in seiner Musterwohnung außerdem ein Möbelstück, das inzwischen zu einer Ikone moderner Gestaltung wurde: den legendären Kragstuhl,

der ohne Hinterbeine auskommt. Dieser Stuhl besitzt zwei miteinander verbundene Kufen, die als U-Form und Stahlrohrrahmen das Gerüst des Möbels bilden.

Friedrich-Ebert-Wohnanlage ③
Hölzelweg

Der Wohnblock von Peter Behrens und der Friedrich-Ebert-Wohnhof stehen sich am Hölzelweg gegenüber. Zwar wurde der Wohnhof gleichzeitig mit der Werkbundausstellung 1927 fertiggestellt, gehörte aber nicht unmittelbar dazu. Die Übereinstimmungen mit den Zielen des modernen Bauens scheinen im ersten Moment offensichtlich: das flache Dach des Turms, sein schmaler, senkrechter

144

Einfamilienhaus von Hans Scharoun

Fensterstreifen und die Betonung der Blockhaftigkeit. Doch die Details zeigen, dass der Architekt der Anlage, Karl Beer, eine verhaltenere Position innerhalb des Neuen Bauens einnimmt. Der Eingang erinnert durch die symmetrische Pfeilerstellung an ein Portal, rechts und links flankieren Fenster den Durchgang und betonen das Tormotiv. Beer bedient sich althergebrachter »Bauformeln«, die eine hierarchische Zuordnung der Bauteile hervorrufen. Die Pfeiler besitzen Kapitelle, Gesimse rhythmisieren die Fassade und Klappläden verweisen auf die klassische Wohnfunktion der Anlage. In diesem Kontext wird nun deutlich, dass Behrens zwar noch auf traditionelle Bauformen zurückgreift, in deren Reduktion jedoch konsequent modern ist.

Einfamilienhaus Hans Scharoun ④
Hölzelweg 1

An der Ecke Rathenaustraße steht das Einfamilienhaus von Hans Scharoun. Der Berliner Architekt brach die rechtwinklige Strenge auf, die die Bauten seiner Weissenhof-Kollegen kennzeichnete. Das auffallend plastische geformte, zweigeschossige Wohnhaus mit 110 Quadratmetern Wohnfläche ist als Stahlskelett ausgeführt und wird jeweils an den Stirnseiten mit einer gerundeten Fassade abgeschlossen. Eine einläufige Treppe an der Eingangsseite umfängt als gerundetes Fassadenelement die Gebäudehülle. Die Fassade wird also als Haut um die innere Struktur gelegt. Während Mies

Doppelhaus von Josef Frank

van der Rohe zuerst den »Wohnkasten« errichtete und anschließend die Binnenstruktur festlegte, zeichnet sich bei Scharouns Gebäude die Innenorganisation bereits beim Entwurf außen ab. Zudem verbindet ein durchgängiges Farbkonzept Außen- und Innenraum miteinander. So ist die untere Seite des Vordaches englischrot gestrichen. Diese Farbfläche setzt sich nahtlos an der Wohnzimmerdecke fort, weitere rote, graue und weiße Rechtecke treten hinzu und bilden eine abstrakte Deckengrafik. Scharoun betont dadurch die Verschränkung von Innen- und Außenraum.

Das Balkongeländer erinnert an die Reling eines Schiffes und das seitliche Terrassenfenster besitzt die Form eines Bullauges. Die Schiffsmotive sind typische Mobilitätsmetaphern in der Architektur der 1920er-Jahre: Wohnen wie auf einem Dampfer oder, wie es später bei Le Corbusier heißt, wie in einem Zugabteil.

Doppelhaus Josef Frank (S)
Rathenaustraße 13–15

Das Ensemble der Häuser von Frank, Scharoun, Stam und Behrens präsentiert annähernd die bauzeitliche Ansicht der Rathenaustraße von 1927. Im Kontrast dazu stehen die Ersatzbauten, die nach der Teilzerstörung von 1944 im weiteren Verlauf der Rathenaustraße errichtet wurden. Diese Häuser besitzen Satteldächer und sind zusammenhanglos an die Stelle ihrer Vorgängerbauten platziert. Das Doppelhaus des Österreichers Josef Frank hat die Adresse Rathenaustraße 13–15. Im rechten Trakt des Hauses hatte Frank eine Gasheizung, eine Gaswaschmaschine und einen Gasherd vorgesehen. In der linken Hälfte wurde alles elektrisch beheizt. Frank arbeitete mit Raumausbuchtungen und kleinen Niveausprüngen. Bei den Massivbauten mit jeweils 122 Quadratmetern fällt jedoch ein Unterschied zu den anderen Weissenhofhäusern direkt ins Auge: Jede Hausfassade besitzt sowohl querformatige wie auch hochformatige Öffnungen, bei einigen sind die Felder durch Sprossen unterteilt, andere haben durchgängige Glasflächen. Die Oberkanten der schmalen Türen schließen nicht mit den Stürzen der Fenster ab.

Hinter der kalkulierten Irregularität seiner Fassaden steht eine Überzeugung, die letztlich Franks Zerwürfnis mit dem Werkbund begründete. Eine radikale Moderne, die neben dem äußeren Erscheinungsbild den Innenraum gestaltete, lehnte er ab.

Die zerstörten Häuser ⑥
Bruckmannweg 10

Zehn Einfamilienhäuser im Mittelfeld der Weissenhofsiedlung sind durch Kriegszerstörungen und Abbrüche in der Nachkriegszeit verloren gegangen. An ihrer Stelle stehen heute Giebelhäuser aus den späten 1940er-Jahren und Flachdachbauten aus den 1950er-Jahren. Sie sind vielfach größer als die zerstörten Originale

und nehmen mehrere Mietwohnungen auf. Erst 1958 gebot man der weiteren Zerstörung Einhalt und stellte die verbliebenen Häuser unter Denkmalschutz. An dem nicht mehr überbauten Gelände des Hauses von Richard Döcker befindet sich eine Tafel, die einen Überblick über die Veränderungen gibt.

Mit dem Einfamilienhaus von Adolf Rading ging ein abgestufter Baukörper mit schiffsdeckähnlichen Terrassen verloren. Von den beiden Häusern Max Tauts fiel das eine durch eine farbige Zementplattenverkleidung, das andere durch einen vielfältig gegliederten Außenbau mit rundem Baukörper auf. Die beiden Einfamilienhäuser des Stuttgarter Architekten Richard Döcker waren besonders auf die Hanglage zugeschnitten und entwickelten sich auf unterschiedlichen Niveaus. Als Stuttgarter hatte Döcker auch

Luftbild der Weissenhofsiedlung im Jahr 1928

die Bauleitung der gesamten Siedlung übernommen, was bei einer Bauzeit von nur knapp vier Monaten eine überaus aufreibende Aufgabe gewesen war. Das Haus von Bruno Taut stach aus dem Gesamtensemble durch eine außergewöhnlich starke Farbigkeit heraus: In Rot, Blau, Gelb, Grün oder Schwarz waren die Fassaden und auch die Wände, Decken und Fußböden im Inneren gestrichen. Die Häuser von Ludwig Hilberseimer und Hans Poelzig waren dagegen großzügige, elegante Einfamilienhäuser ohne spektakuläre Neuerungen. Besonders schwer wiegt der Verlust der beiden Häuser von Walter Gropius, dem Leiter des Dessauer Bauhauses. Gropius hatte sie als Versuchsbauten betrachtet, um neue Lösungen für den Montagebau zu finden. Sein Ziel war es, schneller, billiger und witterungsunabhängig bauen zu können.

Beide Gropius-Bauten basierten auf einem Grundraster von 1,06 auf 1,06 Me-

tern und der Verwendung von genormten Türen und Fenstern. Wie in einem Baukastensystem konnten so mit den vorproduzierten Teilen vielfältige Raumgefüge entworfen werden. Eingerichtet waren diese Häuser mit den Stahlrohrmöbeln Marcel Breuers.

Reihenhäuser J. J. P. Oud ⑦
Pankokweg 1–9

Die fünf Reihenhäuser von Jacobus Johannes Pieter Oud besitzen zum Pankokweg hin Querriegel mit dazwischenliegenden Höfen. Dadurch entsteht ein beeindruckendes Licht- und Schattenspiel auf den weißen Kuben. Die gegenüberliegende Gartenseite ist dagegen ganz flach gestaltet. Fenster und Türen sitzen dort außen bündig in der Wand. Der Kontrast beider Seiten hätte für eine Wohnsiedlung aus mehreren parallelen Zeilen ein abwechs-

Reihenhäuser von J. J. P. Oud

lungsreiches Bild ergeben, ein wichtiges Anliegen Ouds, der damals Stadtbaudirektor von Rotterdam war. Die Zielgruppe seiner Stuttgarter Häuser waren Arbeiter und einfache Angestellte. Mit nur 70 Quadratmetern für eine Familie sind sie entsprechend knapp bemessen. Um Platz zu sparen, reduzierte Oud die Flurfläche auf ein Minimum und schuf im Gegenzug zwei Hauseingänge: Der Zugang für Bewohner und ihre Gäste führt durch den Garten über einen kleinen Windfang mit Garderobe direkt in das Wohnzimmer; die Hausfrau oder Lieferanten benutzten den Wirtschaftseingang vom Pankokweg aus, der durch den Hof und die Waschküche in die Küche führte. Das tägliche Leben und vor allem das Wirtschaften im Haus organisierte Oud möglichst optimal: Einbauschränke und -regale nutzen jeden Winkel, sodass die Bewohner auf sperrige Möbel verzichten konnten. Der Arbeitstisch in der Küche steht am Fenster, die an der innenliegenden Querwand angeordnete Herd- und Spülenzeile erhält durch eine verschiebbare Lampe gutes Arbeitslicht. Der Abfalleimer liegt so, dass er durch eine Klappe in der Außenwand vom Hof aus geleert werden kann. Ein Wäscheaufzug von der Waschküche zum Trockenboden erspart der Hausfrau das Tragen der schweren, nassen Wäsche. Ein Bügelbrett im Trockenraum ist fest an der Wand montiert. Mit ein paar Schritten erreicht man von dort aus einen begehbaren Kleiderschrank. Oud nahm in seinen Häusern Vorschläge der Stuttgarter Hausfrauenverbände auf und berücksichtigte Richtlinien Dr. Erna Meyers, die

Einfamilienhaus von Adolf Gustav Schneck

als Verfasserin des Buches »Der neue Haushalt« zugleich Beraterin der Weissenhof-Architekten in Küchenfragen war. Für diese funktionale Organisation seiner Häuser erhielt er viel Lob.

Einfamilienhaus Adolf G. Schneck ⑧
Bruckmannweg 1

Den Oudhäusern gegenüber steht am Ende des Bruckmannwegs ein von Adolf Gustav Schneck errichtetes Einfamilienhaus. Der Stuttgarter Architekt Schneck zählte unter den Weissenhof-Architekten zu den Vertretern einer gemäßigteren Moderne. Sein Thema war die Suche nach gut organisierten, flexiblen und kostengünstigen Typengrundrissen nach Vorbild englischer Garten- und Arbeiterstädte. Sein Haus ist mit einer tragenden Mittellängswand konstruiert, die im Planungsstadium unterschiedliche Grundrissvarianten ermöglicht. Das Haus kann dadurch als Einzelhaus, als Doppelhaus oder als Reihenhaus errichtet werden. Schneck war Professor für Innenarchitektur und Möbelbau an der Stuttgar-

Stuttgart. Weißenhof-Siedlung Haus Le Corbusier

ter Kunstgewerbeschule, der heutigen Kunstakademie. Im Einfamilienhaus und in einer Wohnung des Mies-van-der-Rohe-Blocks waren seine schlichten Holzmöbel zu sehen, unter anderem auch die Möbel für die »Billige Wohnung«, die er für die Dresdner Werkstätten in Hellerau entworfen hatte. Neben dem Haus am Bruckmannweg errichtete Schneck einige Meter oberhalb weitere Einfamilienhäuser, darunter auch sein privates Wohnhaus an der Friedrich-Ebert-Straße 114. Dieses Haus war im Rahmen der Werkbundausstellung ebenfalls zu besichtigen.

Einfamilienhaus Le Corbusier ⑨
Bruckmannweg 2

Auf der gegenüberliegenden Seite des Bruckmannwegs stehen das Einfamilienhaus und das Doppelwohnhaus von

Einfamilienhaus und Doppelwohnhaus von Le Corbusier im Jahr 1928

Le Corbusier und Pierre Jeanneret. Von allen Bauten der Weissenhofsiedlung zogen sie die meiste Aufmerksamkeit auf sich, denn Le Corbusier hatte als radikaler Neuerer die ungewöhnlichsten Vorschläge für neue Wohn- und Lebensformen realisiert.

Das Einfamilienhaus ist vom Bruckmannweg aus zugänglich. Le Corbusier setzte hier erstmals seinen Wohntyp »Citrohan« konsequent um: Er besteht aus einem über zwei Etagen durchgehenden hohen Wohnraum im vorderen Hausteil, einer offenen Galerie im mittleren und kleinen Räumen auf beiden Etagen im hinteren Hausteil. Den Namen »Citrohan« wählte er in Anlehnung an die französische Automarke »Citroën«, um

Assoziationen an das schnelle, moderne Fortbewegungsmittel und eine technisch konstruierte Maschine wachzurufen. Die Idee für diese Raumanordnung hatte Le Corbusier laut seinen eigenen Aussagen beim Besuch einer Pariser Kutscherkneipe entdeckt.

Das große Fenster an der Stirnseite markiert die Höhe des Wohnzimmers. Nach hinten folgt ein Essplatz mit offenem Kamin und von der Decke abgehängten Betonmöbeln. Auf die minimale Fläche reduziert, liegen dahinter die Küche und ein Hausmädchenzimmer. Auf der Galerieebene befindet sich ein Arbeitsraum mit einem pointiert in die Brüstung einbetonierten Arbeitstisch. Nur durch dreiviertelhohe Wandelemente werden das angrenzende Badezimmer und das Elternschlafzimmer von der Galerie abgeteilt. Die Haupträume der Wohnung bilden dadurch ein offenes, fließendes Raumkontinuum, das ein großzügiges Wohnen ermöglicht. Dies setzt sich auf der großen Dachterrasse im dritten Obergeschoss fort. Ein Kranz aus Flugdächern schließt den Kubus nach oben ab. Mit abgetönten Farben unterstützt Le Corbusier die Formen seines Baukörpers: Das zurückversetzt liegende, gerundete Erdgeschoss erhält einen dunklen, rotbraunen Anstrich und ist gegenüber dem weiß und rosa gefassten Hauptbaukörper zurückgenommen. An den Unterseiten

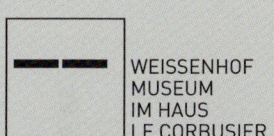

WEISSENHOF MUSEUM IM HAUS LE CORBUSIER

Rathenaustraße 1
70191 Stuttgart
Fon +49(0)711.25 79 187
www.weissenhofmuseum.de

Öffnungszeiten
Di – Fr   11 – 18 Uhr
Sa - So   10 – 18 Uhr

Offene Führungen
Di – Sa   15 Uhr
So, feiertags   11, 15 Uhr

der Dachterrassenrahmung unterstützt ein Himmelblau die Öffnung des Hauses nach oben. Die ursprünglichen Farben wurden nach restauratorischen Untersuchungen in den 1980er-Jahren wiederhergestellt. Auch im Inneren war das Haus ursprünglich farbig.

Das Doppelhaus Le Corbusier ⑩ Rathenaustraße 1–3

Das in der Rathenaustraße gelegene Doppelhaus von Le Corbusier und Pierre Jeanneret erreicht man über die Treppe am Ende des Bruckmannwegs. Es ist ein gebautes Postulat der Moderne und ein Modell für Le Corbusiers »5 Punkte für die Neue Architektur«, die er im Ausstellungskatalog »Bau und Wohnung« programmatisch formuliert hatte: »Theorie verlangt knappe Formulierung«, so Le Corbusier. Man nehme 1. die Pfosten, 2. die Dachgärten, 3. die freie Grundrissgestaltung, 4. das Langfenster, 5. die freie Fassadengestaltung und erhält dadurch »eine fundamental neue Ästhetik«. Ermöglicht wird diese neuartige Gestaltung durch die Konstruktion des Hauses als Skelettbau. Pfosten und Träger übernehmen die Lastabtragung, die Wände selbst sind nicht tragend. Im Erdgeschoss wird die Pfostenreihe an der Straßenseite eindrucksvoll vorgeführt. Der Hauptbaukörper schwebt über dem Hang. Der Garten, die Landschaft kann unter dem Haus durchgehen. Die Wohnung im ersten Obergeschoss ist der Erdfeuchte enthoben. Das flache Dach kann als Dachterrasse und als Garten zu Wohnzwecken genutzt werden und gibt die verbaute Flä-

che als Grünfläche zurück. Der Skelettbau ermöglicht im Inneren große, offene Räume und Fensteröffnungen jeden Formats, die für eine optimale Belichtung sorgen.

Die größte Neuerung schlägt Le Corbusier jedoch mit seinem transformablen Wohnraum vor. Er nimmt den größten Teil des ersten Obergeschosses ein. Am Tag ist er Wohnzimmer. Für die Nacht kann er durch Schiebewände in Schlafkabinen unterteilt werden. Hinzu kommen Stahlrohrbetten auf gerundeten Kufen, die tagsüber in Einbauschränken verschwinden und für die Nacht leicht herausgezogen werden können. Die Idee des transformablen Hauses übernahm Le Corbusier aus dem Reisezug: Um auf kleiner Fläche komfortabel reisen zu können, waren die Salonwagen für die Nacht in Schlafkabinen verwandelbar.

Mit einem nur 60 Zentimeter breiten und 2,05 Metern hohen Flur an der Rückseite des Hauses nimmt Le Corbusier direkt die Maße eines Zugkorridors auf. Ebenso wie beim Einfamilienhaus verknüpft er also auch sein Doppelhaus mit dem schnellen, fortschrittlichen Verkehrsmittel, der Eisenbahn, also wiederum mit einer Maschine.

Seit 2006 ist das Doppelhaus von Le Corbusier als Museum zugänglich. In der rechten Haushälfte ist der rekonstruierte Zustand des Jahres 1927 in seiner außergewöhnlichen Farbigkeit und mit seiner sparsamen Möblierung zu sehen. In der linken Haushälfte wird eine Ausstellung über die Weissenhofsiedlung gezeigt. Die Dachterrasse schließlich bietet eine der schönsten Aussichten Stuttgarts.

Einfamilienhaus von Victor Bourgeois

Einfamilienhaus Victor Bourgeois
⑪ Friedrich-Ebert-Straße 118

Auch das Haus Friedrich-Ebert-Straße 118 gehörte zur Werkbundausstellung. Wie das Wohnhaus Schneck wurde es privat finanziert. Bauherr war der Kunsthistoriker Dr. Boll, Architekt der Belgier Victor Bourgeois. Bourgeois rückte auf Empfehlung Henry van de Veldes nach, nachdem sich der Plan Bolls zerschlagen hatte, Adolf Loos aus Wien mit der Planung seines Hauses zu beauftragen. Wer die Fäden zog und eine Beteiligung Loos' verhinderte, ist heute nicht mehr genau festzustellen. Bekannt ist jedoch, dass es schon im Rahmen der Werkbundausstellung 1924 in Stuttgart Streit zwischen Loos und den Vertretern des Werkbundes gegeben hatte.

Das Haus von Victor Bourgeois zeigt eine zurückhaltende Moderne. Der Kubus ist durch einzelne gekurvte Formen akzentuiert, sichtbar an den abgerundeten Treppenbrüstungen und dem kleinen Balkon. Im Inneren wird die Badewanne von einer geschwungenen Wand umfangen. Dem Rosé des Außenbaus entsprachen im Inneren farbige Räume, die Bourgeois zusammen mit dem Maler Willi Baumeister entwickelte.

 Cafébar 1/1 direkt bei der Kunstakademie, weitere Cafés und Restaurants am Eingang zum Höhenpark Killesberg und im Park selbst.

 Tourstart und -ende: Killesberg: U-Bahn 5; Bus 44, 50, 57; Kunstakademie: Bus 44

11 Vom Kochenhof bis zum Killesbergpark

»Goethes Gartenhaus« am Kochenhof steht beim Turm aus Seilen und Netzen

Die Kochenhofsiedlung ist eine unmittelbare, kritische Reaktion auf die Architektur der Weissenhofsiedlung. Ihre Entstehungsgeschichte offenbart die tiefe Spaltung innerhalb der Architektur der Klassischen Moderne und zeigt letztlich die politische Einflussnahme auf den Siedlungsbau und dessen Instrumentalisierung.

S-Nord

3 Std.

4,3 km

Tipp zur Tour: Der frei zugängliche Aussichtsturm lässt weit über den Talkessel blicken. Am Ende des Rundgangs bietet sich die Möglichkeit, das Höhenfreibad zu besuchen. Abgeschirmt, in einer Landschaft aus Mulden und Senken, liegt die Anlage, die Werner Gabriel 1938 gestaltete.

Die Kochenhofsiedlung

Zur Kochenhofsiedlung gelangen Sie von der Stadtbahnhaltestelle Killesberg, indem Sie sich kurz vor der Fußgängerbrücke rechts halten. Folgen Sie hinter einer Böschung der Beschilderung »Zur Hermann-Pleuer-Straße«, bis Sie an der Ecke Carlos-Grethe-Weg angelangt sind.

Das Projekt ist nicht ohne die Diskussion, die vor der Entstehungszeit liegt, zu verstehen: Die Repräsentanten der »Stuttgarter Schule«, Paul Bonatz, Paul Schmitthenner, Wilhelm Tiedje und Heinz Wetzel, prägten die Lehre an der Technischen

Hochschule. Ihre Büros arbeiteten bereits erfolgreich an Großbauten. Sie orientierten sich an der Stadtplanung und Reformarchitektur Theodor Fischers und wurden dennoch nicht in die Konzeption der Werkbundausstellung 1927 auf dem Weissenhof integriert. Der Grund dafür war, dass Mies van der Rohe seine Auswahl für den Weissenhof auf international tätige Architekten konzentriert hatte. So kritisierten Schmitthenner und Bonatz bereits im Entstehungsjahr den Weissenhof als Verfehlung der Bauaufgabe und forderten eine Gegenausstellung auf dem gegenüberliegenden Kochenhofgelände.

Zunächst projektierte jedoch der Deutsche Werkbund 1932 einen Bebauungsvorschlag, mit der Zielsetzung, Experimente zum Thema »Deutsches Holz« zu präsentieren. Die Bauleitung übertrug man dem Weissenhof-Architekten

Richard Döcker, doch konnte dieser seine Planung für den Kochenhof nach 1933 nicht mehr verwirklichen. Im März 1933 legte Paul Schmitthenner ein vernichtendes Gutachten vor und kritisierte Döckers fortschrittlichen Formalismus. Zudem änderte sich rapide der politische Kurs, nachdem der NS-nahe Karl Strölin

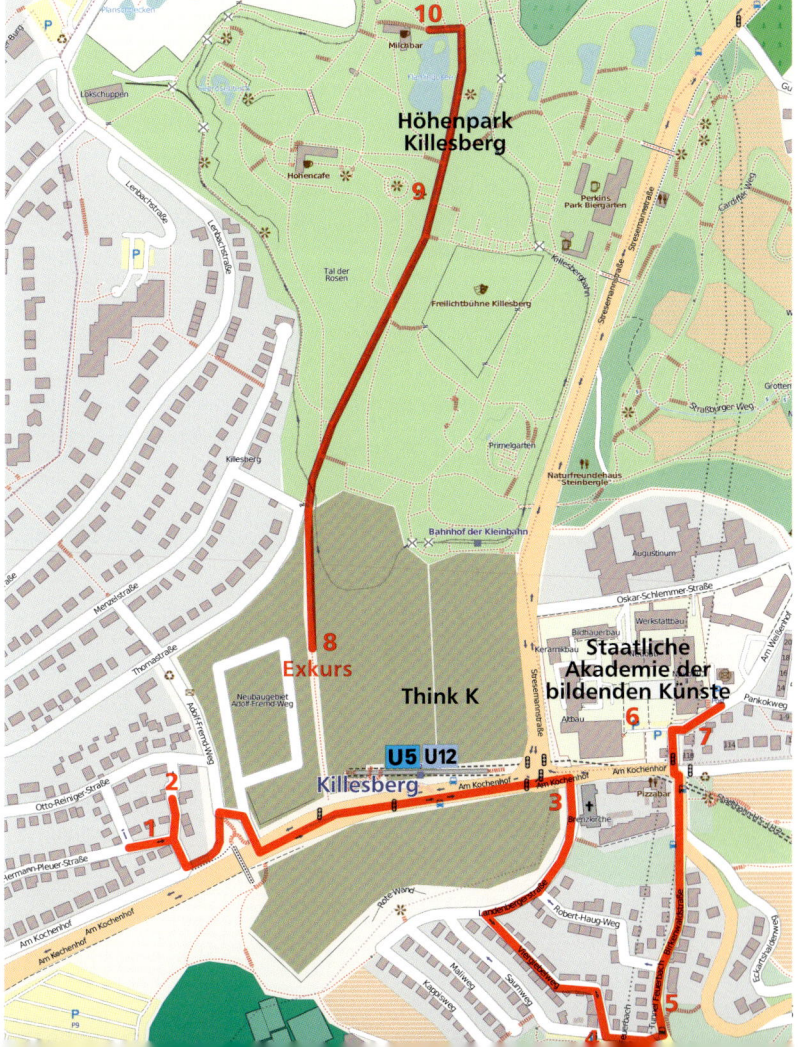

Stuttgarts Oberbürgermeister Karl Lautenschlager ersetzt hatte. Döcker wurde kurzerhand die Leitung entzogen und Schmitthenner entwickelte im Mai 1933 stattdessen einen neuen Bebauungsplan für die 25 Gebäude der Kochenhofsiedlung. Bauen durften nun 27 regional bekannte Architekten – darunter Paul Bonatz, Wilhelm Tiedje, Walter Körte und deren Studenten. Im Gegensatz zur Weissenhofsiedlung wurden die Häuser als individuelle Wohnungen für Stuttgarter Bauherren geplant. Dabei galt als eine besonders wichtige Bauvorgabe strikte Satteldachpflicht – selbst für Nebengebäude wie Schuppen und Garagen. Dachneigungen unter 35 Grad waren ausgeschlossen.

Ausführlich beschreibt Paul Schmitthenner seine Ziele als künstlerischer Leiter in der Schrift »Die 25 Einfamilienhäuser der Holzsiedlung am Kochenhof« aus dem Jahr 1933. Dabei nimmt er eindeutig auf Le Corbusiers Wohnmetapher Bezug: »Diese Bauten sollen das Stadthaus aus Holz zeigen. Es sollen also weder Bauernhäuser noch Schweizer Häuser in die Stadt verpflanzt werden (...) Umgekehrt soll auch keiner Experimentalarchitektur für Wohnmaschinen Vorschub geleistet werden.«

Wohnhäuser ①
Hermann-Pleuer-Straße / Carlos-Grethe-Weg

Von dieser Straßenecke aus kann man den bauzeitlichen Straßenverlauf verfolgen. Auf der linken Seite sind zwei erhaltene Häuser zu sehen, die auf Entwürfe von Paul Schmitthenner zurück-

Modellansicht

Goethes Gartenhaus in Weimar

gehen (Hermann-Pleuer-Straße Nr. 9 und Nr. 11). Für die Anlage des kubisch reduzierten Baukörpers stand die schlichte Grundform von Goethes Gartenhaus in Weimar Pate. Während seiner gesamten Laufbahn arbeitete Schmitthenner an diesem Haustyp und suchte seine Architektur mit hohem Dach unter Einbeziehung regionaler und topografischer Gegebenheiten daran anzupassen. Die Häuser sind in Schmitthenners Planung jeweils an den Rand der Parzelle gesetzt, sodass sich ein größtmöglicher Zugang zum Garten ergibt.

Das dritte Haus in der Hermann-Pleuer-Straße, die Nummer 13, zeigt einen gestaffelten Bau, der sich aus zwei lang gestreckten Hauskuben zusammensetzt. Der Entwurf dazu stammt von Paul Bonatz. Mit dem absichtlich höher gezogenen Riegel flankiert das Gebäude die Siedlung an der Südwestecke. Er ist dreigeschossig und beherbergt je zwei

Wohnungen zu drei bis vier Zimmern. Bonatz plante den unteren Bau als Wirtschaftsraum für eine Bäckerei, deren Vorplatz bereits 1933 für die Bewirtung genutzt wurde. Heute befindet sich dort ein Restaurant. Auffällig sind die Rippen an der Fassade des Holzständerbaus. Sie werden durch Deckleisten erzeugt, die auf eine Holzschalung gesetzt sind und anschließend weiß in Ölfarbe gestrichen wurden. Dieses Scheinfachwerk stammt jedoch aus der Nachkriegszeit.

Varianten und Einfallsreichtum zeigen sich in der Siedlung nur sehr verhalten am Baukörper. Denn nicht die extravagante Neuinterpretation der architektonischen Hülle war das Ziel, sondern die Weiterentwicklung der konstruktiven Möglichkeiten innerhalb der Holzbauweise. So sind Block-, Tafel-, und Skelettbauten realisiert worden sowie Beispiele für unterschiedliche Ausfachungen und Dämmungen der Wand.

Wohnhäuser ⓩ
Hermann-Pleuer-Straße / Kalckreuthweg

An der Ecke Hermann-Pleuer-Straße und Kalckreuthweg steht das gut erhaltene Einfamilienhaus der Architekten Erhard Rommel und Erich Wiemken. Wie sein linker Nachbar, entworfen von Hans Mayer, besitzt es eine Holzverkleidung und große Fenstertüren zum Garten, Holzsprossenfenster und Klappläden. Es wirkt schlicht und gemütlich. Unterhalb des Hauses von Erhard Rommel steht im Kalckreuthweg Nr. 5 eines der interessantesten Häuser der Kochenhofsiedlung. Es

Wohnhaus

wurde von Walter Körte entworfen, einem Architekten, der zwischen Traditionalismus und Moderne einzuordnen ist. Sein Wohnraum ist auffallend groß, offen mit dem Esszimmer verbunden und durch eine raumhohe, zusammenhängende Fensterfront zum Garten geöffnet. Das Haus wurde bereits bei seiner Entstehung mit Einbauschränken und Zentralheizung ausgestattet. An der Rückseite gruppieren sich Einzelfenster zu Fensterbändern. Auffallend ist auch, dass sich die Dachschräge bis über die Nebenräume und die Garage hinunterzieht. Körte scheute sich also nicht, Errungenschaften der Weissenhofsiedlung in die demonstrative Gegenausstellung zu übernehmen.

Im Spiegel der Zeit

Im Schwäbischen Merkur 09/1933: »Die Siedlung atmet deutschen Geist und ist ein demonstratives Gegenstück zur benachbarten Weißenhofsiedlung. Hier deutsche Architekten und deutsches Material, dort eine radikale Baugesinnung, die nie bodenständig werden konnte, Eisen, Beton und Stein.«

Die Brenzkirche ③
Am Kochenhof 7

Das heutige Aussehen der Brenzkirche ist durch viele Umbauten unscheinbar, ja uninteressant. Das gilt jedoch nicht für ihre Geschichte: 1932 bis 1933 war die Kirche im Stil des Neuen Bauens durch Architekt Alfred Daiber errichtet worden. Auch ihr Name sollte den modernen Formen Rechnung tragen und die Verwandtschaft zur benachbarten Siedlung verdeutlichen: Weissenhofkirche hätte sie ursprünglich heißen sollen, wurde allerdings in Anlehnung an den Theologen und Reformator schließlich Brenzkirche genannt. Vielleicht bedeutete dies schon den ersten Schritt einer Distanzierung von den Zielen der Moderne. Daibers Kirche war ein lang gestreckter Flachdachbau mit dynamisch gerundeter Ecke. Verputzt und weiß gestrichen, prägten ihn vor allem die Fensterflächen und ein offener Glockenturm, der auf schlanken, hohen Betonstützen fast zu schweben schien. An der Giebelseite dominierte eine große Fensterfläche, die unten, zur Gebäudeecke hin abgeschrägt war. Hier führte im Inneren die Treppe vom Gemeindesaal in den darüberliegenden Kirchenraum. Fensterbänder und kubisch vorspringende Baukörper vervollständigten das Vokabular der Moderne.

Doch das Baujahr 1933 war ungünstig für einen der wenigen modernen Kirchenneubauten in Stuttgart. Schon fünf Jahre später, als die Nationalsozialisten die Reichsgartenschau auf dem Killesberg planten, störte die Brenzkirche im Bereich des Hauptzugangs. Die Stadt Stuttgart forderte daher die Kirchengemeinde zu Umbauten auf:

»Die Brenzkirche liegt (…) im Hauptblickfeld der Ausstellung. Ihre architektonische Gestaltung lässt leider in auffallendem Masse liberalistische Baugesinnung der verflossenen Systemzeit erkennen. (…) Das kommende Jahr wird viele Hunderttausende von Besuchern aus aller Welt nach Stuttgart bringen. (…) ich möchte daher der Evang. Kirche die Anregung geben, einen Zustand zu beseitigen, der mit den heutigen Anschauungen nicht mehr vereinbar ist.«

Brenzkirche im Zustand von 1932

Der Architekt Rudolf Lempp wurde damit beauftragt, den Kirchenbau anzupassen. Zur Eröffnung der Reichsgartenschau 1939 waren das schräge Fenster und die abgerundete Ecke verschwunden, die Metallrahmenfester durch Sprossenfenster ersetzt und der ganze Bau unter einem Satteldach zusammengefasst. Auch den Glockenturm schloss man bis unten zum Boden, auf sein Giebeldach setzte man einen Wetterhahn.

Die Siedlung Viergiebelweg

Wohnhäuser ④
Viergiebelweg / Saumweg

Von diesem Standpunkt aus erkennt man auf der rechten Seite die Häuser, die für die Siedlung namensgebend waren. Mit einer zackigen Giebelreihe markieren sie den Straßenverlauf. Als gemeinsames deutliches Merkmal der Bauten fällt ihre Farbgebung ins Auge: Jede der Fassadenseiten an den vier Giebelhäusern ist in einer anderen Farbe gestrichen. Deutlich erkennt man den Verlauf bei den Häusern im Viergiebelweg Nr. 2 und Nr. 4. Neben der Frage der Serialität im Hausbau ist gerade die farbliche Gestaltung der Fassade ein Leitthema der Siedlung. Sie besteht insgesamt aus sechzehn Einzel- und fünf Doppelhäusern, für deren Außenwände die Planer Richard Döcker und Hugo Keuerleber 1922 jeweils ein Farbkonzept entwickelten. Einander zugeordnete Häuser erhielten dasselbe Farbmuster, wobei die warmen Farbtöne jeweils der

Südseite, die kalten der Schattenseite des Hauses zugeordnet sind.

Richard Döcker schrieb: »Ein Haus hat auf jeder Seite einen anderen Farbton (...) Diese vier Farbtöne nehmen ihre Bewegung über die ganze Straßenreihe, so dass beispielsweise die Giebelseiten gegen Süden eine Farbreihe von einem hellen Orange über ein mittleres bis zum wärmsten Rot zeigen, während die gegenüberliegenden nördlichen Giebelseiten vom dunklen kalten Blaugrau sich zum Hellen entwickeln.«

Benachbarte, in eine Himmelsrichtung weisende Hausseiten werden mit derselben Farbe, jedoch mit unterschiedlicher Tönung zusammengefasst. Das einzelne Haus soll zugunsten einer kontinuierlichen Reihe zurücktreten. Dabei wird jeder Baukörper jedoch durch scharfkantig verlaufende Fassadenflächen akzentuiert.

Richard Döcker plante, unter Mitwirkung des städtischen Baurats Hugo Keuerleber, die Siedlung Viergiebelweg Anfang der 1920er-Jahre. Mit einer markanten Giebelreihe ordnete er die Häuser talseits entlang der Birkenwaldstraße. Insgesamt erzeugt die grundsätzlich standardisierte Planung an keiner Stelle den Eindruck eines monotonen Schematismus. Wenn sich auch Dächer, Schlagläden und die Putzgiebelseiten gleichen, so variierte Döcker doch die gleichförmig gereihten Häuser durch die Zufügung oder Modifikation eines Erkers. Städtebaulich steht die Anlage, als aufgelockerte Siedlung, in der Tradition der Gartenstadtbewegung: Der Bezug zur Topografie, die dörflich anmutenden Straßen mit

Mehrfarbige Fassade

unterschiedlichen Blickpunkten und einem abwechslungsreichen Verlauf erinnern an Camillo Sittes Plädoyer für einen »Städtebau nach seinen künstlerischen Grundsätzen«.

Die Siedlungsbauten beziehen sich aufeinander und stellen Varianten eines regionalen Bautyps dar, den Döcker während seines Studiums an der Technischen Hochschule in Stuttgart bei Theodor Fischer kennengelernt und weiterentwickelt hatte: Der »Normaltyp II« war die standardisierte Basis seiner Häuser. Er entwarf daraus drei Grundrissvarianten, aus denen sich eine Vielzahl von Kombinationen ableiten ließ. Drei Schlafräume und Bad befanden sich im ersten Stock, das Dachgeschoss nahm eine Kammer auf, konnte aber auch weiter ausgebaut

werden. Das Erdgeschoss bestand aus zwei Wohnzimmern, Eingangsflur, Küche und WC, was Anfang der 1920er-Jahre noch längst keine Selbstverständlichkeit bedeutete. Während in den Arbeitersiedlungen, beispielsweise in Walter Gropius' Siedlung Dessau-Törten, die Sanitärbereiche außerhalb der Wohnung lagen, offenbart diese Ausstattung die Typologie des Hauses und den sozialen Status seiner späteren Bewohner: Die Siedlung Viergiebelweg besteht aus Kleinhäusern und wurde für Beamte konzipiert. Bauträger war der Heimstätten-Bauverein, der ein genossenschaftliches Bauen förderte.

Die reduzierten, kubischen Hauskörper sind durch ihre Gestaltung und

Wohnhäuser

Programmatik Vorläufer der fünf Jahre später errichteten Weissenhofsiedlung. In den Worten Richard Döckers: »Die so ausgeführten Bauten sollen einfach Häuser zum Wohnen sein, ohne Geste, ohne Pathos, – bescheiden und anspruchslos – sachlich und zweckmäßig.«

Wohnhaus ⑤
Birkenwaldstraße 191

Das mittlere Haus der fünf giebelständigen Gebäude wird durch die Rekonstruktion aus dem Jahr 2003 in seiner ursprünglichen Farbigkeit erlebbar. Auch hier widmete man jeder Fassadenseite einen Farbwert. Die Ostseite ist blau, die Südseite ist hellgrau, die Westseite gelb und die Nordseite rot gestrichen. Neben der Farbrekonstruktion wurden auch die Sprossenfenster, die Schlagläden und die Biberschwanzdeckung nach originalen Befunden ersetzt. Die Analyse erbrachte zudem, dass auch die Innenräume in Blau, Rot, Gelbtönen und Schwarz gestrichen waren.

An einem Detail zeigt sich das unterschiedliche Verständnis im Farbeinsatz an der Fassade. Im Gegensatz zu Bruno Tauts Haus in der Weissenhofsiedlung akzentuierte Döcker die Fensterlaibungen nicht in Weiß. Er betonte in seiner Farbarchitektur also nicht das Herausschneiden der Öffnungen aus dem Baukörper, sondern die Flächigkeit der Wand.

Das Bauensemble Kunstakademie ⑥
Am Weißenhof 1

Das Ensemble der Staatlichen Akademie der Bildenden Künste besteht aus drei Gebäuden, die sich um einen Hof gruppieren. Der monumentale älteste Bau von 1912 ist eine Betonständerkonstruktion, die auf den Produktgestalter, Architekten und Maler Bernhard Pankok zurückgeht. Der Wiederaufbau zeigt eine schlichte Fassade. Lediglich die Halbsäulen und das Kranzgesims zeigen historische Reminiszenzen. Der benachbarte Neubau I,

Altbau der Kunstakademie

in der Mitte der Gebäudegruppe, stammt aus dem Jahr 1964 und stellt ein typisches Beispiel der Sichtbetonbauweise dar. Der Neubau II von 1994 schließt den Campus nach Osten ab. Die Außenhaut des lang gestreckten Baukörpers ist eine Metall-Glas-Fassade. Interessant löste man

AATLICHE KADEMIE LDENDEN KÜNSTE UTTGART DER KÜNSTE

ARCHITEKTUR STUDIEREN AN DER KUNSTAKADEMIE STUTTGART

B.A. Architektur, Bachelor of Arts
M.A. Architektur, Master of Arts

Informationen unter:
www.abk-stuttgart.de

die Belichtung des Untergeschosses: Das Erdreich ist an der Nord- und Südfassade so weit freigelegt, dass eine raumhohe Fensterzone das untere Stockwerk mit Tageslicht versorgt.

Die Typenhäuser von Adolf G. Schneck ⑦
Am Weissenhof 8, Am Weissenhof 2

Gegenüber der Kunstakademie befinden sich einige sehenswerte Häuser, die das Neue Bauen in Stuttgart mitbegründeten. Auf dem Geländestreifen zwischen der Straße »Am Weissenhof« und der »Friedrich-Ebert-Straße« realisierten 1928 zwei private Bauherren ihre Wohnhäuser. Adolf Gustav Schneck, Professor an der Kunstakademie und mit seinem Wohn- und Musterhaus an der Werkbundausstellung 1927 beteiligt, war für den Entwurf dieser Gebäude verantwortlich. Ab 1923 war die Nutzung des Geländes für Wohnzwecke von der Stadt Stuttgart thematisiert worden. Schneck hatte den Bebauungsplan und einige Typenhäuser für dieses Areal vorgelegt. Doch die Pläne einer Beamtensiedlung für Hochschulprofessoren wurden letztlich aufgegeben. Auch wenn Schneck seine Typenhäuser also nicht als modulare Reproduktion im Masterplan erproben konnte, so wurden zumindest einzelne, aus privaten Mitteln finanzierte Bauten umgesetzt.

Zwei Einfamilienhäuser aus der Entwurfsserie der Beamtensiedlung sind auf dem Bauplatz realisiert worden: Schräg gegenüber der eigenen Parzelle, die er für die Weissenhofsiedlung realisiert hatte, entstand zuerst das Haus für den Stuttgarter Schulprofessor Dr. Wilhelm Pfleiderer (Am Weissenhof 8). Außerdem weist an der vorderen Geländespitze, direkt an der Kreuzung, das »Haus Jung« auch heute noch den Eingang zur Weissenhofsiedlung (Am Weissenhof 2). Beide sind leicht modifizierte Varianten eines Wohnhauses aus der Typenfamilie. Ziel Adolf Gustav Schnecks waren einheitliche Serienhäuser, die als rechteckige Hauskästen in Massivbauweise ausgeführt wurden. Sie überzeugten durch ein geschicktes Detail: Dank einer tragenden Mittelwand ließen sich große Wohnräume und ein flexibler Grundriss realisieren. Augenfällig wird die Verwandtschaft der Häuser durch den identischen Aufriss der Eingangsseite, die Fensterreihen und das Flachdach.

Für die Neuerungen im Bereich der Gestaltung sind Adolf Gustav Schnecks Möbelentwürfe ebenfalls von Bedeutung. 1925 übernahm er die Abteilung Möbelbau an der Staatlich Württembergischen Kunstgewerbeschule, einem Vorläufer der heutigen Kunstakademie Stuttgart. Seine Reformstühle, Sessel, Tische und Schränke waren besonders erfolgreich und erzielten durch zahlreiche Veröffentlichungen große Popularität. Ab 1923 arbeitete er als künstlerischer Berater für die Werkstätten in Hellerau, die sein Programm »Die billige Wohnung« produzierten. Die Serie bestand aus Tischen, Kleinschränken, Sesseln und Stühlen – maschinell gesägt, in hoher Stückzahl gefertigt, einfach furniert, günstig zu erwerben und aus einer sachorientierten Entwurfshaltung entwickelt. Auch der

Typenhaus

Titel der Publikationen des Spätwerks verweist auf seine gestalterische Überzeugung: 1951 erschien »Das Möbel als Gebrauchsgegenstand«.

Exkurs: Der Killesbergpark

Höhenpark Killesberg ⑧
Thomastraße

Vorbei an den Rasenkissen und den Geschäfts- und Wohnhäusern des Think-K-Geländes aus dem Jahr 2012 gelangt man in die 44 Hektar große Parkanlage, deren heutige Gestalt auf den Berliner Landschaftsarchitekten Hermann Mattern und seinen Entwurf für die Bundesgartenschau 1950 zurückgeht. Bereits bei der Reichsgartenschau 1936 gewann er den ersten Preis im Wettbewerb für die Freiraumgestaltung dieses Areals. Einige der Ausstellungsbauten aus rotem Sandstein, die 1939 von dem Bonatz-Schüler Gerhard Graubner mit Skulpturen versehen wurden, findet man noch an der

Ostseite des Gartens entlang der Stresemannstraße. Der Gartenentwurf aus den 1930er-Jahren wurde jedoch größtenteils während des Zweiten Weltkriegs zerstört, sodass Hermann Mattern in der Nachkriegszeit mit einer »Landschaftssanierung«, wie er es in eigenen Texten nannte, beauftragt wurde. Das Markenzeichen seiner Entwürfe hat er an vielen Stellen des Killesbergparks umgesetzt: Die Gestaltung wird durch Bodenmodellierungen und Aufschüttungen bestimmt. Bereits vorhandene Landschaftselemente werden aufgegriffen. Als Hügel-Hermann, so sein Spitzname, zeichnete er die natürlichen Elemente nach und schuf so eine leicht bewegte Kontur der Gartensilhouette. Durch Wegebau, Mauern, rahmende Hecken und einzelne Blumenflächen ist der Park eine Abfolge von abwechslungsreichen Bildern. Dabei sind die Motive der Landschaft selbst Gestal-

tungselement. Auf kleine Wäldchen folgen Blumenrabatten, an Seen schließen sich Wiesen, Rasenflächen und Bachläufe an. Mattern schuf eine Parklandschaft mit Stauden, Sommerblumen und Gehölzen, die in einem fließenden Übergang Beete und Naturstücke anordnete. Auch die Relikte der industriellen Nutzung des Killesbergs integrierte der Gartenarchitekt: Der Steinbruch, von Mattern als Landschaftsruine bezeichnet, bietet die Kulisse für ein Tal mit kleinem Teich, Blumenterrasse und Hausgarten. Dabei platzierte er sanfte Eingriffe mit punktuell gesetzten Blumeninseln. In den Beeten inszenierte er oftmals einen Farbverlauf von Blau bis Feuerrot und thematisierte den jahreszeitlichen Wandel durch verschiedene Blühstadien.

Der Aussichtsturm ⑨
Thomasstraße

Folgt man dem Grat des Hügelrückens, so gelangt man zum spektakulären Wahrzeichen des Killesbergs, dem 31 Meter hohen Aussichtsturm, der 2001 von dem Stuttgarter Büro SBP entwickelt wurde. Das Büro Schlaich, Bergermann und Partner ist weltweit für anspruchsvolle Seil- und Netzkonstruktionen bekannt – auch das Dach der Mercedes-Benz-Arena, eine filigrane Speichenkonstruktion, wurde von den Ingenieuren konstruiert. Jörg Schlaich, Rudolf Bergermann und seine Mitarbeiter entwerfen, berechnen, prüfen und überwachen Hochbauten, Brücken, Türme, weitgespannte Dächer, Sportstätten und Industrieanlagen. Allen gemein

Steinbruch

sind meist Seilnetzstrukturen, also weniger gebaute Architekturen als vielmehr hängende Zug- und Lastverknüpfungen.

Die Tragwerkselemente des Aussichtsturms balancieren sich durch ein vorgespanntes Seilnetz aus. Es gibt vier Plattformen in Höhen von 8, 16, 24 und 31 Metern, die durch zwei um 180 Grad gegeneinander versetzt angeordnete Stahltreppen erschlossen werden. Sie ermöglichen einen Ausblick über einen großen Teil der Stuttgarter Umgebung. Der Turm besteht aus einem zentralen Mast und einem aus 48 Spiralseilen »gewebten« Netz. Es ist mit dem Betonfundament verankert und wird an einem in 33,5 Meter Höhe angeordneten Druckring zum Mast hin umgelenkt. Durch diese Vorspannung ist das Seilnetz in der Lage, die Plattformen und die stählernen Treppenläufe zu tragen. Die Plattformen bestehen aus radial angeordneten Trägerrosten und einem Belag aus Tränenblech. Sie werden zusätzlich zu der Befestigung am Seilnetz am Mast aufgelagert und steifen diesen damit aus. Die Verankerung der Zugkräfte geschieht über ein ringförmiges Schwergewichtsfundament unter den Verankerungspunkten der Seile. Die Druckkraft des Mastes wird über ein zentrales Fundament bis in die tragfähigen Schichten des Baugrunds geleitet.

Die Milchbar ⑩
Thomastraße

Folgt man dem Weg, so gelangt man nach einer sanften Linkskurve zur Milchbar. Der Stuttgarter Architekt Rolf Gutbrod entwarf 1950 diesen Gartenpavillon an-

Aussichtsturm

lässlich der Eröffnung der Bundesgartenschau. Das kleine Gebäude verweist auf Entwurfselemente der 1950er-Jahre und ist zugleich ein Beispiel für organische Architektur im Kleinen. In leichter Krümmung führt eine Sandsteintreppe auf die Terrasse, die durch ein schräges Vordach geschützt ist. Im Inneren wird die Raumgliederung durch verschiedene Ebenen erreicht, die von der ansteigenden Topografie abgeleitet sind. Verbindungselement sind Stufen, die die Raumzonen erschließbar machen. Die Bezugnahme auf das Neue Bauen zeigt sich auch in diesem Werk. Gutbrod schlägt die Verkehrswege dem Nutzraum zu und gestaltet einzelne Räume als durchlässige Zonen.

Milchbar

Die Hauptfassade besteht aus einer Glas-Stahl-Konstruktion. Das Mauerwerk mit Sandstein aus der Stuttgarter Region schafft Bezüge zu den Ausstellungsbauten von 1939. Den oberen Abschluss bilden versetzte Pultdächer aus Welleternit. Bewusst werden Handwerk mit industrieller Vorfertigung, Massiv- und Leichtbau, Geschlossenheit und freie Blickführung kontrastiert. Bezeichnend für Gutbrods Werke in den 1950er-Jahren ist die Ausformulierung eines freien Gestaltungsprogramms, in dem sich die Funktion des Raums durch eine spezifische Formgebung ablesen lässt. Während Verwaltungs- und Wirtschaftsräume geometrisch angelegt sind, findet sich bei Konferenzräumen und Konzerthallen, also Räumen, die dem Aufenthalt dienen, eine freie Formgebung. Auch bei der Milchbar wird dies deutlich: Ein Architekturelement wird aus der Gebäudeflucht gerückt und springt als einzelner Baukörper vor, der durch unregelmäßige Winkel bestimmt wird. Ähnlich arbeitete Gutbrod in der Liederhalle, dem Hahn-Hochhaus in der Friedrichstraße und später bei den Universitätsgebäuden in Köln.

 2013 wurde auf dem ehemaligen Messegelände das Think K fertiggestellt. Chice Cafés und Einkaufsmöglichkeiten finden sich hier. Darunter die Eisdiele Schloz.

 Tourstart: Killesberg: U5, U12, Bus 43, Bus 57
Tourende: Höhenfreibad: Bus 57

12 Villen und Wohnhäuser am Killesberg

Bonatz und Schmitthenner treffen auf die Gegenwart

Seit Beginn des 20. Jahrhunderts zählt der Killesberg zu den beliebtesten Wohngegenden Stuttgarts. Es ist also kein Wunder, dass hier die namhaftesten Architekten der Stadt für ihre meist wohlhabenden Auftraggeber bauten. Die Lage am Hang war sehr begehrt und auch für das eigene Wohnhaus wurde sie von den Architekten bevorzugt. Das schwierige Terrain forderte sie, individuelle Lösungen zu suchen, und belohnte mit beeindruckenden, unverbaubaren Aussichten. Ein Schwerpunkt des Rundgangs liegt bei den traditionellen Bauten der Stuttgarter Schule von Paul Bonatz und Paul Schmitthenner, zu denen Häuser der Klassischen Moderne und der 1950er-Jahre einen Kontrapunkt bilden. Auch drei Neubauten der jüngsten Zeit sind mit dabei. So schlendert man auf diesem Rundgang entlang der Baugeschichte des Stuttgarter Wohnhauses im 20. und frühen 21. Jahrhundert.

☼	S-Nord
🕐	4 Std.
→	3,7 km

Tipps zur Tour: Der Weg bietet an mehreren Punkten weite Aussicht in den Stuttgarter Kessel, aber auch ins Feuerbacher Tal. An der Feuerbacher Heide und am Bismarckturm gibt es viele Gelegenheiten für eine Pause im Grünen. Im Theodor-Heuss-Haus sind die Wohnräume des ehemaligen Bundespräsidenten und eine umfassende Ausstellung zu sehen.

Villa Kahn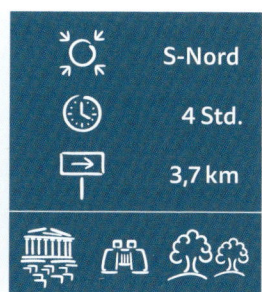
Feuerbacher Heide 56

Wie ein kleines Landschlösschen wirkt das dreiflügelige Wohnhaus, das Paul Schmitthenner 1922/23 für den Bankier Richard Kahn erbaute. Architekt und Bauherr kannten sich aus dem Stuttgarter Rotary-Club, in dem beide Mitglied waren. Die geschlossen erscheinenden Flügelbauten rahmen einen Cour d'honneur, der den Weg von der Straße zum mittigen Eingang repräsentativ in Szene setzt. Ursprünglich war das Backsteinmauerwerk des Hauses weiß geschlämmt, sodass die Mauerwerksstruktur – wie hier an der Hofmauer – sichtbar blieb. Diesem für Schmitthenners Bauten typischen Merkmal werden wir bei seinen anderen Wohnhäusern auf dem Rundgang wieder

begegnen. Die Villa Kahn unterscheidet sich von diesen durch die reichere Verwendung von Dekorationen, wie man sie etwa in Gestalt des Spitzbogenfensters am Eingang oder der Rustikaecken zur Gartenseite hin findet. Auch die verzierten Fenstergitter und Stuckdecken im Inneren, die an spätgotische Sterngewölbe erinnern, gehören zum ornamentalen Programm. Später distanzierte sich Schmitthenner ausdrücklich von jeder Art von »Formalismus«.

Wohnhaus Zerweck ②
Feuerbacher Heide 67

Das 1925/26 errichtete Haus an der Feuerbacher Heide 67 stellte Architekt Schmitthenner in seinem Lehrbuch »Das deutsche Wohnhaus« als »unzeitgemäßes Haus« vor. Diese Benennung wählte er, weil er das Haus für zwei unverheira-

tete Fabrikanten baute und dies als außergewöhnliche Bauaufgabe empfand. Für den einen Auftraggeber diente das neue Haus als Hauptwohnsitz im Grünen mit zugehörigen Kontor- und Büroräumen, für den anderen, dessen Fabriken in der Region lagen, war es der städtische Nebenwohnsitz. Es sollte also »Kein Familienhaus, kein Lusthäuschen, kein Bürohaus« sein, wie Schmitthenner es beschreibt, sondern all das unter einem Dach. Das große Garagenhaus erinnert daran, dass die Fabrikantenvilla vor den Toren der Stadt erst durch Auto und Telefon möglich wurde. Damit das Haus bei späterem Bedarf in ein Einfamilienhaus umgewandelt werden konnte, konstruierte Schmitthenner das Treppenhaus mit Pfeilern und nichttragenden Wänden, die sich nachträglich würden entfernen las-

Villa Kahn

Wohnhaus Zerweck

sen. Die Wirkung des Hauses beschreibt Schmitthenner als »sehr zurückhaltend und kühl. Steingrau und Lindengrün geben die Melodie, die das weiße Haus umspielt.« Mit zum Ensemble gehören die durchbrochenen Hofmauern, die ebenso wie das Wohnhaus von Beginn an weiß geschlämmt waren.

Haus Bonatz in den 1920er-Jahren

Haus Bonatz ③
Am Bismarckturm 45

Leider ist das 1921/22 erbaute eigene Wohnhaus des Architekten Paul Bonatz so stark eingewachsen, dass es nur im Winter oder von der Aussichtsplattform des Bismarckturms aus sichtbar ist. Im Vergleich zu den umliegenden Villen ist es etwas kleiner. Charakteristisch ist vor allem sein asymmetrisches Dach. Auf der Südseite, die zum Garten hin orientiert ist, knickt es über dem ersten Dachgeschoss ab, sodass das Haus auf dieser Seite zwei Vollgeschosse erhält. Auf der Nordseite ist das Dach hingegen bis zum Erdgeschoss heruntergeführt und scheint damit das Gefälle des Nordhangs fortzusetzen. Diese Einbindung der Architektur in die Landschaft war den Architekten der Stuttgarter Schule ein äußerst wichtiges Anliegen. Das Haus wird noch heute von den Nachfahren Paul Bonatz' bewohnt.

Wohnhaus Hahn ④
Am Bismarckturm 47

Nach Errichtung des eigenen Wohnhauses bebaute Paul Bonatz zusammen mit seinem Büropartner Friedrich Eugen Scholer 1925 bis 1927 das Nachbargrundstück für Theodor Hahn. Auch dieses Haus erhielt ein asymmetrisches Dach, das sich an der Hangseite bis zum Erdgeschoss hinunterzieht, auf der Gartenseite aber über dem ersten Obergeschoss als Flachdach abknickt. Dieses Flachdach entstand auf ausdrücklichen Wunsch Hahns, um auch in den Schlafzimmern des Obergeschosses flache Decken zu erhalten.

Die Südseite des Hauses ist zugleich

Wohnhaus Hahn

Gartenseite und repräsentative Eingangsseite. Das stichbogige Portal mit zweiflügeligem Tor und geschweiftem Profil samt Schlussstein greift barocke Formen auf. Es führt in eine Eingangshalle mit Stuckdecke. Rechts des Eingangs liegt ein Arbeitszimmer, links das Wohnzimmer, das im Außenbau gut an der engen Folge von sechs Sprossenfenstern ablesbar ist. Nur die stichbogigen Fenster der Schlafzimmer im Obergeschoss erhielten Klappläden für die Verdunklung.

Villa Fritz Roser ⑤
Am Bismarckturm 58 und 66

Schon 1914 bis 1922 baute Bonatz diese herrschaftliche Villa für den Lederfabrikanten Fritz Roser. »Der erste, der nach dem Krieg Mut hatte, war Fritz Roser, am Bismarckturm. Seinen großen schönen Garten hatten wir schon zu Anfang des

Krieges planiert, terrassiert und angepflanzt. Man brauchte nur das Haus in den vorbereiteten Rahmen stellen. Es ist ein Haus, das mir noch heute nahe dem Herzen steht. Wir durften lang gestreckt bauen, achtundzwanzig Meter, eingeschossig, schönster Traum des Architekten ...«, so beschreibt Bonatz 1950 den Entwurf in seinem Buch »Leben und Bauen« im Rückblick.

Die Villa mit großem Walmdach liegt von der Straße zurückversetzt und wird von zwei Flügelbauten gerahmt: Links steht das Haus für den Gärtner und rechts die ehemalige Garage. Sie besitzen eigene, niedrigere Walmdächer und erscheinen wie vorgelagerte Pavillons. Dadurch erhält der Vorhof zwischen den Flügelbauten einen offenen und lichten Charakter,

Villa Fritz Roser

ganz anders, als das bei der Villa Kahn von Schmitthenner zu Beginn des Spaziergangs zu sehen war. Das Walmdach des Hauptbaus ist mit Dachhäuschen aufgelockert. Am großen mittigen Ziergiebel verwendet Bonatz neobarock-expressive Formen, die in abgewandelter Gestalt auch an der Gartenseite wiederkehren. Der großzügige Garten erstreckte sich bis über die heutige Hausnummer Am Bismarckturm 66 hinaus. Bei dem niedrigen Bau mit dem auffallenden Kamin direkt

hinter der Gartenmauer handelt es sich um das ehemalige Sommerhaus, einen Holzblockbau aus Fichtenstämmen. 1958 wurde er um 50 Meter nach Westen versetzt, um für Neubauten im ehemaligen Garten Platz zu machen.

Haus Tazzelwurm ⑥
Am Tazzelwurm 17

»Was schwarz nicht gut ist, kann auch durch die Farbe nicht gut sein«, mit diesem Zitat von Anton Stankowski überschrieben die Architekten Arne Fentzloff und Marc Arnold vom Büro Architektur 109 ihren Entwurf für das Doppelwohnhaus Am Tazzelwurm. 2010 wurde es fertiggestellt. Die versetzt angeordneten und in der Höhe gestaffelten Kuben sind mit einem schwarzen, ölhaltigen Schiefer verkleidet. Im Sonnenlicht entwickelt er ein ganz eigenes Farbspiel von Silbergrau bis zu dunklem Anthrazit. Schwarz gerahmte Fenster sind als schmale Schlitze oder große, übereck geführte Fenster-

Haus Tazzelwurm

Vista House

gruppen flächig in die Kuben eingefügt. Einzelne helle Gegenakzente setzen die hölzernen Eingangstüren, die Brüstungsfelder und Betonelemente, die mit zarten Linien die Fassaden gliedern. Neben den Vordächern fällt hier vor allem der betonierte Rahmen um eine Fensteröffnung mit Loggia an der Südfassade auf. Die Schieferplatten sind in unterschiedlich hohen, horizontalen Streifen angeordnet, die sich auf die Gliederung der Öffnungen beziehen. So zeigt jede Fassade eine eigene abstrakte Grafik.

Im Gegensatz zum Äußeren sind die Innenräume weiß, glatt und ruhig gehalten. Niveausprünge ermöglichen unterschiedliche Raumhöhen: ein hohes Wohnzimmer, an das sich eine niedrige Küche mit darüberliegender Galerie anschließt, und ein wenige Stufen höher gelegenes Arbeitszimmer, das zum Wohnzimmer hin geöffnet werden kann.

Der Kontrast zwischen der ruppig schwarzen »Black Box« und dem inneren »White Space« wiederholt sich, wenn man auf das linke Nachbargrundstück hinüberblickt, auf dem einer der luxuriösen, hellen Wohnkuben von Alexander Brenner steht (Nr. 7).

Vista House ⑦
Frauenbergweg 11

Das 2008 bis 2011 erbaute Vista House ist eines der jüngsten Projekte von Alexander Brenner, der sich mit seinem Stuttgarter Büro weit über die Landesgrenzen hinaus einen Namen durch den Bau exklusiver Villen und Wohnhäuser gemacht hat. Brenner gestaltet seine Häuser grundsätzlich als Gesamtwerke und plant nicht nur die Architektur, sondern auch den Innenraum, die Möblierung und die

Doppelhaus Woernle

Gartenanlage. In der Außenerscheinung dominieren weiße Wandscheiben und Kuben mit großen Fensteröffnungen und weit vorkragende Flachdachscheiben, die an die Klassische Moderne der 1920er-Jahre, etwa an Bauten von Richard Neutra, von Frank Lloyd Wright oder die holländischen De-Stijl-Architekten denken lassen. Das Vista House ist ein winkelförmiger Baukörper, der nach Norden und Osten weitgehend geschlossen ist. Die großen Fenster nach Süden und Südwesten werden durch die vorkragenden Dachscheiben vor allzu viel Sonnenlicht geschützt. Sie rahmen den großartigen Blick in den Stuttgarter Talkessel, der namensgebend für die Villa wurde. Garten und Swimmingpool liegen geschützt im Winkel.

Die horizontalen Linien der Flachdächer werden durch dunkle Stahlprofile betont. Zwischen den Wand- und Dachscheiben, den Balkonen, Galerien und Treppen scheint sich das Haus als dreidimensionales Kunstwerk selbst zu bilden. Die großen Fensterscheiben lassen den Außen- und Innenraum fließend ineinander übergehen. Mit dem großen Lochfenster in der Hausmitte, das durch eine einzelne Sprosse senkrecht geteilt ist, antwortet Alexander Brenner auf das links benachbarte Wohnhaus von Paul Bonatz (Nr. 8) und erweist ihm seine Reverenz.

Doppelhaus Woernle ⑧
Frauenbergweg 7 und 9

Im Frauenbergweg 7 und 9 errichteten Paul Bonatz und Friedrich Eugen Scholer 1928/29 ein Doppelwohnhaus für die Hofdekorationsmaler Eugen und Paul Woernle. Die Haushälften sind mittig vertikal getrennt. Auf der Südseite liegen im untersten Geschoss die beiden Hauseingänge. Ursprünglich führte eine gemeinsame Treppe zu den Eingängen hinauf.

Theodor-Heuss-Haus

Am Gittertor der heutigen Nr. 7 sind noch die Briefkästen beider Wohneinheiten vorhanden. Später erhielt die Nr. 9 einen eigenen, ähnlich gestalteten Aufgang. Um das Haus besser in die Landschaft einzufügen, drehte Bonatz es aus der vorgeschriebenen Baulinie heraus. Dies brachte dem Bauherren damals einen Bußgeldbescheid ein.

Theodor-Heuss-Haus ⑨
Feuerbacher Weg 46

Nach Ende seiner zweiten Amtszeit als Bundespräsident zog Theodor Heuss 1959, im Alter von 75 Jahren, nach Stuttgart. Mit der Errichtung seines Altersruhesitzes im Feuerbacher Weg 46 beauftragte er den recht unbekannten Architekten Theo W. Karbiener. Das Haus ist schlicht und unauffällig, seine Einrichtung gediegen, dem Stil der Zeit entsprechend. Allerdings verraten einige Ausstattungsgegenstände, dass Heuss zeitlebens Kontakte zu modernen Architekten und

Künstlern pflegte. Neben dem Lounge Chair von Charles & Ray Eames besaß er moderne Gemälde von Ernst Ludwig Kirchner oder Reinhold Nägele. Auch zur Weissenhofsiedlung hatte Heuss als Mitglied der Geschäftsleitung des Deutschen Werkbundes bereits 1927 Verbindung.

Nach Sanierung, Umbau und Erweiterung des Heuss-Hauses durch das Architekturbüro Behnisch & Partner ist es seit 2002 als Museum geöffnet. Hier ergibt sich die lohnende Gelegenheit, die wiederhergestellten Wohnräume zu besichtigen.

Villa Ferdinand Porsche ⑩
Feuerbacher Weg 48

Als Ferdinand Porsche im April 1923 von der Firma Austro-Daimler Wien nach Stuttgart wechselte, um Leiter des Konstruktionsbüros und Vorstandsmitglied der Daimler-Motoren-Gesellschaft zu werden,

beauftragte er noch im gleichen Jahr Paul Bonatz und Friedrich Eugen Scholer mit dem Bau seiner Villa am Feuerbacher Weg 48. Im darauffolgenden Jahr war die Villa bezugsfertig. Das Haupthaus zeigt sich zur Straße hin eingeschossig, auf der Gartenseite knickt das Satteldach flach ab, sodass dort ein zusätzliches Obergeschoss entsteht. Auch an der Villa Porsche verwendete Bonatz also das für ihn typische asymmetrische Satteldach. An das Haupthaus schließen im Winkel von 40 Grad eine Garage und ein Nebenhaus an. Diese Anordnung der Gebäude geht auf Ferdinand Porsche zurück, der die von Bonatz vorgeschlagene L-förmige Anlage ablehnte, da er sich einen gut besonnten, vielleicht aber auch einen in eleganter Kurve zu befahrenden Hof wünschte.

Im Winkel zwischen Wohnhaus und Garage liegt, zum Garten geöffnet, die Werkstatt. 1934 wurde sie von Bonatz nochmals erweitert. In den beiden folgenden Jahren entstanden hier die Prototypen des VW-Käfers, mit dessen Entwicklung der Reichsverband der Automobilindustrie den mittlerweile selbstständigen Ferdinand Porsche beauftragt hatte. Die Wohnräume sind zum Garten hin orientiert. Sie besitzen höher liegende Balkendecken als die Räume auf der Hofseite. Der Eingang, der ursprünglich durch den kleinen Vorbau rechts in die Halle führte, wurde nach dem Zweiten Weltkrieg durch den Architekten Rolf Gutbrod an die jetzige Stelle verlegt. Das Gebäude wird heute von der Porsche AG als Gästehaus genutzt.

Villa Ferdinand Porsche

Villa Wilhelm Roser ⑪
Feuerbacher Weg 51

Insgesamt vier Wohnhäuser der Fabri-
kantenfamilie Roser stehen am Killesberg.
Zwei davon errichtete Paul Bonatz, zwei
davon Paul Schmitthenner. Das Haus am
Feuerbacher Weg 51 baute Paul Schmitthenner 1925/26 für Wilhelm Roser und
seine Familie. Auf dem benachbarten
Grundstück stand damals bereits das
zwei Jahre zuvor entstandene, heute ganz
hinter Bewuchs versteckte Haus »Hans
Roser« von Paul Bonatz (Am Bismarckturm 57). »Großes Wohnhaus in freier
Höhenlage« nannte Schmitthenner den
Bau für Wilhelm Roser in seinem Lehrbuch zum deutschen Wohnhaus. Es ist in
das weite Grundstück so hineingestellt,
»dass von der öffentlichen Grünanlage
im Süden, vom Nachbarn im Westen und
von der Straße im Osten der Abstand ge-
wahrt bleibt und das Haus nun so recht
mitten im Garten liegt«. Vom Wagenhaus
und Eingangstor führen ein Mauerzug
und Treppen hinauf zum Haus. Es besitzt
einen einfachen, rechteckigen Unterbau
und ein nur wenig vorkragendes, hohes
Walmdach. Durch die betont einfach gestalteten Fassaden und die bewusst klein
gehaltenen Dachgaupen wirkt es mächtig, streng, ruhig und klar. Es erinnert in
seiner Form an Goethes Gartenhaus in
Weimar, das Schmitthenner in seinem
Lehrbuch als Idealtyp eines Wohnhauses
vorstellte.

Auch bei diesem Haus verwendete
Schmitthenner den Schlämmputz, um
das Ziegelmauerwerk der Wände durch-
scheinen zu lassen. Das Haus »Wilhelm

Villa Wilhelm Roser

Roser« wurde häufig in der Bauliteratur
publiziert und entwickelte sich dadurch
zu einem Prototyp für das gehoben-kon-
servative Wohnhaus der Stuttgarter
Schule.

Haus Gabriel ⑫
Im Falkenrain 1a

Nähert man sich »Haus Gabriel« über
den kleinen Weg, der von der Straße am
Falkenrain den Westhang hinunterführt,
erschließt sich einem sofort die besondere Lage dieses Gebäudes. Es bietet einen
weiten Blick in das fast unbebaute Landschaftsschutzgebiet des Feuerbacher Tales. Der Architekt Werner Gabriel wusste
diese Lage zu nutzen, als er 1954/55 hier
sein eigenes Wohnhaus baute. Während
die Eingangsseite geschützt zum Hang
hin liegt, öffnet sich das Haus mit großen Fensterflächen zweigeschossig zum
Tal. Dabei verstärkte Gabriel die Wirkung
durch konzentrierte Ausrichtung nach
vorn: Die Seitenwände sind weitgehend

Haus Gabriel

geschlossen, das gekurvte Flachdach steigt leicht nach oben an und kragt nach vorn aus, die Obergeschossfront besteht aus einem nicht weiter unterteilten, großen Panoramafenster, dem ein zierlicher Balkon vorgelagert ist. Zeittypisch ist der Einsatz von Naturstein, farbigen Putzflächen, Glasbausteinen und Beton, mit dem einzelne Bauteile wie der Sockel, eine Wandscheibe oder der Balkon als klare Einheit definiert werden. Ohne Kompromisse eingehen zu müssen, schuf Gabriel mit seinem eigenen Wohnhaus einen richtungsweisenden Bau für die elegante Architektur der 1950er-Jahre.

Haus Fahlbusch ⑬
Holbeinweg 53

Zwischen 1980 und 1982 errichtete Werner Gabriel im Anschluss an den eingeschossigen Wirtschaftstrakt seines Wohnhauses im Alter von über 70 Jahren

ein Haus für die Familie seiner Tochter. Deutlich drückt sich der zeitliche Abstand beider Bauten in der Formensprache aus, auch wenn Gabriel auf die gleichen Entwurfsprinzipien zurückgreift. So liegen alle Öffnungen zum Tal hin orientiert, das Flachdach steigt nach vorn an und die Höhe des Gebäudes wird durch die Gliederung in Geschosseinheiten gemildert. Die Leichtigkeit ist jedoch verschwunden. Die rauen Betonkuben des Hauses Fahlbusch wirken durch die Schrägstellung der Fensterflächen wie gekippte, gestapelte und untereinander leicht verdrehte Container. Die Fensterflächen sind mit dunkelgrün gestrichenen Sprossen und außen vorgesetzten Jalousien stark gegliedert. Dabei kamen nicht nur ästhetische Belange zum Tragen, denn die geneigten Fensterflächen dienen auch dazu, das Sonnenlicht bis in die Hausmitte einzulassen. Auf diese Weise konnte Gabriel ein Niedrigenergiehaus realisieren.

Wohnhaus Roser ⑭
Im Falkenrain 15

Im Falkenrain 15 baute Paul Schmitthenner 1949–53 ein weiteres Wohnhaus für die Familie Roser. Von seinen Vorkriegsbauten unterscheidet es sich nur wenig. Mit Gartenmauern, Torbögen und Walmdachgarage gestaltete Schmitthenner den Weg zum Haus. Den rundbogigen Eingang betont eine auffallend hohe Fachwerkgaupe. Welch ein Unterschied zum Haus Gabriel, das nur wenige Jahre später entstanden ist! Noch deutlicher treten die verschiedenen Auffassungen zutage, wenn man sich die Entwicklungsschritte zwischen den frühen und späteren Bauten beider Architekten vor Augen führt.

Haus Fahlbusch

Diplomatensiedlung ⑮
Albrecht-Dürer-Weg 15–21

Die erste Bungalowsiedlung der Stadt entstand 1954 bis 1956 für Mitarbeiter des Stuttgarter US-Konsulats. Zunächst hatte die Oberfinanzdirektion zweigeschossige Zeilenbauten vorgesehen. Der Lage im Landschaftsschutzgebiet wurde jedoch erst Werner Gabriels realisierte Planung

Wohnhaus Roser

Diplomatensiedlung

gerecht. Seine zwölf Häuser fügen sich fast unauffällig in das parkartig gestaltete Gelände ein. Die kleinen, eingeschossigen Flachdachbauten sind versetzt zueinander als lockere Zweier-, Dreier- und Vierergruppen in zwei offenen Reihen organisiert. Nur schmale Fußwege erschließen die Häuser. Die Parkplätze und die Wäschetrockenplätze sind an den Rand der Siedlung verbannt. Für seine Lösung erhielt Gabriel 1959 den Paul-Bo-

natz-Preis. Heute steht die Siedlung als Sachgesamtheit unter Denkmalschutz.

Haus SCH ⑯
Parlerstraße 67

In einer Kurve der Parlerstraße entstand 2009 bis 2011 das Mehrfamilienhaus SCH nach den Plänen des renommierten Stuttgarter Büros Bottega + Ehrhardt. Brav steht es in einer Reihe mit den Nachbarbauten und fällt doch sofort durch geknickte Fensterbänder und spiegelnde Flächen aus schwarz eloxierten Aluminiumplatten auf. Die schwarze Verkleidung überzieht das gesamte Haus bis zum Dach und fasst es zu einer homogenen, jedoch gestaffelten und geknickten Skulptur zusammen. Auch die beiden Doppelgaragen empfangen den Ankommenden mit schwarz spiegelnden Garagentorscheiben und rahmen einen fünfeckigen Eingangshof.

Zur Straße und zum Garten hin öffnet sich das Haus mit raumhohen Fensterscheiben und Fenstertüren. Die Brüstungen der Öffnungen bestehen aus fast

Haus SCH

Haus Winslow-Reichert

unsichtbaren Glasplatten, ebenso wie die Terrassenbrüstung des obersten Geschosses. Im ersten und zweiten Obergeschoss folgt der Fassadenknick dem Straßenverlauf, das dritte Obergeschoss ist dagegen nach hinten versetzt und nach innen gefaltet, sodass eine große Terrasse möglich wurde. Außerdem ist die linke Seitenwand auf Höhe dieses Geschosses um 70 Grad geneigt. Das Dach selbst ist als Schmetterlingsdach nach innen gefaltet. Damit reagierten die Architekten auf Vorgaben des Baurechts, das ein erkennbares Dachgeschoss forderte.

Das Erdgeschoss ist weitgehend in den Hang eingegraben und nimmt neben dem Eingang ein kleines Atelier, Technik- und Abstellräume auf. Eine Wohnung mit rund 150 Quadratmetern liegt im ersten Obergeschoss, das zweite und dritte Obergeschoss sind zu einer Maisonettewohnung zusammengefasst. Durch eine Isolierung und technische Ausstattung erfüllt das Haus Passivhausstandards.

Haus Winslow-Reichert ⑰
Parlerstraße 76

1921 entwarf der Architekt William Reichert das für seine Bauzeit überraschend moderne Wohnhaus für seine Frau Blanche Winslow-Reichert. Er orientierte sich dabei an der Formensprache des amerikanischen Architekten Frank Lloyd Wright, eines der wichtigsten Wegbereiter der Moderne. So erinnern der vielfach abgestufte Baukörper, die flachen und weit vorkragenden Walmdächer und die um die Gebäudeecken greifenden Fensterbänder an die Bauten Wrights aus dem ersten Jahrzehnt des 20. Jahrhunderts. Das Obergeschoss sitzt als kleinere T-Form über dem Erdgeschoss.

Haus Döcker

Durch die Rücksprünge, die betonten Walmdachkanten und die Gesimse wird die horizontale Lagerung des Gebäudes betont. 1921 besaß das Haus noch zwei Eingänge. Der heutige Zugang entspricht dem ursprünglichen Wirtschaftseingang zu Küche und Kellerabgang. Der originale Haupteingang lag an der Straßenecke, dort wo die Mauer ausgeflickt wurde. Von hier führte eine Treppe mit Zwischenpodesten zur damals überdachten, ansonsten jedoch offenen Veranda im vorspringenden Gebäudeteil.

Haus Döcker ⑱
Hermann-Kurz-Straße 44

1931 errichtete Richard Döcker, der konsequenteste Vertreter des Neuen Bauens in Stuttgart, auf dem schmalen Hanggrundstück an der Hermann-Kurz-Straße sein eigenes Wohnhaus. Er schloss damit direkt an das unterhalb liegende Grundstück des nur drei Jahre zuvor ebenfalls von ihm erbauten Hauses Vetter an. Wegen der Lage im Steilhang können wir vom Haus Döcker nur die Rückansicht sehen. Dafür wird uns jedoch die zum Tal gerichtete Hauptansicht des Hauses Vetter an der nächsten Station entschädigen. Das Haus Döcker bestand aus einem zweigeschossigen Kubus, in den ein eingeschossiger Block eingeschoben war. Beim Wiederaufbau des durch Bomben stark beschädigten Hauses in den Jahren 1945 bis 1947 und im Zuge einer Erweiterung im Jahr 1953 nahm Döcker jedoch Änderungen vor. Statt der Durchdringung der Baukörper betonte er nun die Addition der Bauteile. Dieses Prinzip ist gut von der Einfahrt aus zu sehen. Den Anfang macht der niedrige und schmale Anbau eines Zeichenbüros mit gerundeter Ecke von 1953. Auf ihn folgt, etwas höher und breiter, der in den 1940er-Jahren hinzugekommene Trakt mit Garage, Architekturbüro, Speicher und kleiner Dachterrasse.

Dahinter schließt sich der Hauptbau an. Den obersten Abschluss bildet schließlich der Austritt für die Dachterrasse. So lässt sich am Außenbau ein Teil der inneren Raumfolge ablesen.

Haus Vetter (17)
Birkenwaldstraße 169

Das 1927/28 von Richard Döcker erbaute Haus Vetter an der Birkenwaldstraße 169 besitzt durch die Staffelung der Gebäudekuben und die Akzentuierung mit Rundungen, Vor- und Rücksprüngen eine markante, unverwechselbare Gestalt. Geschickt nutzte Döcker den Steilhang, um zahlreiche Terrassen zu schaffen. So dient bereits das Flachdach der Garage als unterste Terrasse. Von hier aus sind alle Geschosse zu erreichen: Eine Tür führt ins Untergeschoss, eine Treppe hinauf zur nächsthöheren Ebene vor den Wohnräumen und eine zweite Treppe links am Haus entlang bis zum obersten Geschoss, in dem die Schlaf- und Arbeitsräume liegen. Auffallende Elemente sind das vorkragende Dach mit seinen Glasbausteinen und der gerundete Bauteil. Im Hauptgeschoss nimmt er das Esszimmer auf, im Obergeschoss eine ehemals offene Loggia. Durch die Abstufung des Baukörpers gewinnt Döcker in jedem Geschoss

Haus Vetter

Aussichtsterrassen zum Tal. Zugleich erweiterte er den Grundriss nach hinten in den Hang hinein. Angeregt durch die Topografie Stuttgarts wurde Döcker zu einem der wichtigsten Vertreter des Terrassenhauses. 1929 veröffentlichte er ein Buch zu diesem Thema. Noch 1934 schlug er den städtischen Behörden vor, den gesamten Hang zwischen der Birkenwaldstraße und der Hermann-Kurz-Straße mit Flachdachhäusern zu bebauen. Für ihn stellten sie die ideale Lösung für die Hanglage dar.

 Der Weg führt durch reine Wohngebiete. Nur am Tennisclub Weissenhof e. V. (Parlerstraße 102–110) gibt es eine Einkehrmöglichkeit.

 Tourstart: Am Bismarckturm: Bus 43, 50; Viktor-Köchl-Weg: Bus 43
Tourende: Obere Mönchhalde: Bus 44

13 Wohnhäuser rund um den Kriegsbergturm

Wohnen in der Eisenskulptur, im Kubus oder im »Chinesenhaus«

Der Spaziergang setzt das Thema des vorigen Rundgangs fort. Nochmals sind Wohnhäuser in Hanglage das zentrale Thema. Neben Bauten von Paul Schmitthenner ist mit dem Wohn- und Bürohaus der Architekten Heinle und Wischer eines der bekanntesten Stuttgarter Büros der 1960er-Jahre vertreten. Aus der gleichen Zeit zeigt das Mehrfamilienhaus von Chen Kuen Lee eine organischere Herangehensweise an Architektur und Wohnen. Ein Haus aus den 1990er-Jahren und drei Bauten des 21. Jahrhunderts runden den zeitlichen Querschnitt der Tour ab.

☼	S-Nord S-Mitte
🕐	2 Std.
➡	3 km
🔭	

Tipp zur Tour: Der Weg lässt sich ohne größere Anstrengungen bewältigen, da er nur bergabwärts führt.

Haus FeO ①
Birkenwaldstraße 100

Die rechte Doppelhaushälfte in der Birkenwaldstraße 100 wurde zwischen 2008 und 2010 vom Büro Scholl-Architekten umgebaut und energetisch saniert. Dabei wurde das 1908 errichtete und von den 1940er- bis zu den 1960er-Jahren mehrfach umgebaute Haus wortwörtlich eingepackt, vom Giebel bis zum Sockel. Anstelle fantasieloser Dämmplatten ver-

wendete man hierfür wetterfesten Baustahl, der eine vom Rost patinierte Oberfläche entwickelt. Diese Patina schützt den Stahl vor weiterer Korrosion. Die Verkleidung erstreckt sich flächig vom Dach über die Wände bis zum Boden und betont so die Gesamtgeometrie des Hauskörpers. Am Unterbau sind die Platten perforiert, um eine Hinterlüftung der Fassade zu ermöglichen. Sie betonen den rauen Charakter der Hausskulptur. Die glatten

Dachflächen erscheinen im Gegensatz dazu wie scharf abgeschnitten. Auch die Fenster sitzen flach in der Außenhaut. Im Inneren entstehen dadurch tiefe Fensterlaibungen. Am Eingang jedoch wird diese Situation umgekehrt. Hier rahmen Platten die alte Haustür und bilden eine Nische als Windfang. Der auf seine Grundform zurückgeführte Hauskörper und die auf Rostrot und Schwarz reduzierte Farbigkeit bestimmen die Wirkung des Hauses. Statt vormals drei, umfasst die Doppelhaushälfte nun vier zum Tal hin orientierte Wohnungen. Die unkonventionelle Fassadendämmung, eine kaum sichtbare Solaranlage und ein Lüftungssystem halten den Energieverbrauch des Hauses äußerst niedrig.

Haus FeO

Villa Rassbach

Villa Rassbach ②
Schottstraße 98

1925 errichtete Paul Schmitthenner die Villa Rassbach in der Schottstraße 98 für den Fabrikdirektor Erich Rassbach. In seinem Lehrbuch zum deutschen Wohnhaus stellt er es als »Haus am Steilhang« vor. Wie wir beim vorigen Spaziergang sehen konnten, war für Richard Döcker, den Vertreter der Moderne, das Terrassenhaus aus abgestuften Flachdachkuben ideal geeignet für die Hanglage. Ganz anders sieht nun die Lösung des Traditionalisten Paul Schmitthenner aus. Er stellt sein Haus, einen einfachen Quader mit einem großen Walmdach, an die obere Hangkante. Die Garage integriert er mit einer rundbogigen Toreinfahrt in das Erdgeschoss, damit keine Anbauten die Wirkung des geschlossenen Bau-

körpers stören. Das Wohnzimmer im Erdgeschoss erhält einen großen, herrschaftlich wirkenden Balkon zum Tal, im Untergeschoss wird außerdem ein Gartenzimmer untergebracht. »Dieses Haus möchte ich als gutes Beispiel bezeichnen für die richtige Einfügung eines großen Baukörpers am Steilhang. Entscheidend ist der geschlossene Baukörper, der das Gegenspiel zu dem bewegten Grund bildet, dessen Eigentümlichkeit nicht aufhebt, sondern betont«, so lautet Schmitthenners Auffassung über die Bebauung der Stuttgarter Hänge.

Wohnhäuser und Architekturbüro
Heinle und Wischer

Wohnhäuser und Architekturbüro
Heinle und Wischer ③
Schottstraße 110–112

Vier Jahre nach der Gründung des gemeinsamen Architekturbüros errichteten Erwin Heinle und Robert Wischer 1966/67 ihre Wohnhäuser und ihr Büro als Gebäudeensemble. Die beiden Wohnhäuser stehen getrennt voneinander als Flachdachkuben im Südhang. Ein gangartiger Bürotrakt verbindet sie auf der untersten Ebene und grenzt zugleich einen zum Hang liegenden Innenhof für das Büro ab. Die Wohnhauskuben sind durch Rasterfassaden geprägt: Ein weiß lackiertes Stahlrahmenskelett mit äußerst filigranen Fensterstützen umgrenzt quadratische Felder. Sie sind entweder vollständig verglast oder durch dunkle Nut-und-Feder-Bretter geschlossen. Die

Seitenwände des Bürotraktes bestehen dagegen ganz aus Glas.

Die Hanglage wird für ein geschicktes Spiel mit den Ebenen ausgenutzt. Haus Heinle wird auf Höhe der Schottstraße vom Parkplatz aus über eine Betontreppe im obersten Geschoss betreten, während Haus Wischer seinen Eingang auf der mittleren Ebene besitzt. Man erreicht ihn über eine befahrbare Betonrampe. Auch der Bürotrakt auf der untersten Ebene erhielt eine separate Erschließung über eine Außentreppe. Im Inneren ermöglicht die Skelettkonstruktion offene, ineinander übergehende Wohnbereiche und eine große Flexibilität. Nicht nur Falt- und Schiebewände erlauben Veränderungen. Die Grundrisse wurden von Beginn an so

189

angelegt, dass eine spätere Trennung der Geschosse in einzelne Wohnungen möglich ist. Deutlich fußt das Konzept auf den Ideen, die in der Klassischen Moderne der 1920er-Jahre erstmals zum Einsatz kamen. Mit der klaren Formensprache und der reduzierten Verwendung einfacher Materialien erreichen Heinle und Wischer eine hohe ästhetische Qualität, die bis heute nichts von ihrer Ausstrahlung verloren hat. Locker sind ihre Häuser in die Gartenlandschaft eingefügt. Vervollständigt wird das stimmige Ensemble durch Max Bills Plastik aus verschobenen Kugelausschnitten, die im Hof zwischen den Häusern steht.

Wohnhaus Eduard-Pfeiffer-Straße 99 und 101

Wohnhaus ④
Eduard-Pfeiffer-Straße 99 und 101

Paul Schmitthenner baute 1950 zusammen mit Hans Krell das kleine Einfamilienhaus in der Eduard-Pfeiffer-Straße 101. Wie bei zwei seiner Häuser in der Kochenhofsiedlung weist der Giebel zur Straße, der Garten liegt hinter einer Mauer geschützt. In den Details zeigt sich hier die Kontinuität der schmitthennerschen Formensprache: Sprossenfenster mit Klappläden, ein Lünettenfenster in der Giebelspitze und Gesimse am Ansatz des Giebeldreiecks sind Rückgriffe auf Formen der Baugeschichte. 2002/03 wurde dem denkmalgeschützten Haus ein modernes Pendant zur Seite gestellt. Der neue Erweiterungsbau des Büros »bau-werk-statt möckel+schäfer« nimmt die einfache Gliederung des Altbaus ge-

Wohnhaus Köster

Wohnhaus Köster ⑤
Eduard-Pfeiffer-Straße 79

schickt auf. Er erscheint als selbstständiger, maßstäblicher Flachdachkubus auf der Nachbarparzelle. Der Verbindungsbau ist zurückhaltend niedrig und wirkt wie die Wiederholung der älteren Gartenmauer. Zum Garten hin ist er durch großflächige Verglasungen vollständig zu öffnen. Der weiße Hauptkubus besitzt Fensterbänder und übereck eingeschnittene Öffnungen. An der Seite durchdringen ihn zwei weitere Quader, die durch unterschiedliche Materialien ihre Eigenständigkeit betonen. In der Formensprache orientiert sich der Neubau an der Klassischen Moderne. Als Stellvertreter für die Kochenhofsiedlung und die Weissenhofsiedlung stehen sich mit dem Alt- und Neubau hier nun Traditionalismus und Moderne quasi versöhnt gegenüber.

1936 hatte Paul Schmitthenner für Werner Köster ein Einfamilienhaus in der Eduard-Pfeiffer-Straße 79 errichtet. Es war ein Fachwerkbau mit sichtbarem Balkenwerk und weiß gestrichenen Ziegelsteinausmauerungen. Wie der Bauherr berichtete, harmonierten nach dem Einzug die eigenen Möbel nicht mit dem Haus. Man telefonierte mit Schmitthenner, der direkt oberhalb auf dem Kriegsberg wohnte: »Sofort stieg er, eine Laterne in der Hand, die Weinbergstufen zu uns hinab und sagte, nun zeigt mir mal was ihr an Möbeln sonst noch habt.« Ein Ohrenstuhl und ein Biedermeier-Schachtisch wurden auf dem Dachboden entdeckt. »Bei Kösters«, so meinte Schmitthenner, »stehen die schönsten Dinge auf dem Boden«. Während des Zweiten Weltkriegs wurde das Haus Köster ebenso stark beschädigt

Haus Alber

wie Schmitthenners eigenes Wohnhaus, das nur ein Stück oberhalb stand. Während Schmitthenner sich gegen einen Wiederaufbau entschied und nach Kilchberg zog, ließ Werner Köster 1950 auf den alten Sockelmauern ein neues Zweifamilienhaus als Mauerwerksbau errichten. Der Baukörper mit dem Walmdach, die Anordnung von Einfahrt und Garage entsprechen jedoch noch heute dem ursprünglichen Bau der 1930er-Jahre.

Haus Alber ⑥
Eduard-Pfeiffer-Straße 30

Erst beim genauen Hinsehen fällt auf, dass der Unterbau und das tonnenförmige Dach des Wohnhauses in der Eduard-Pfeiffer-Straße 30 aus unterschiedlichen Zeiten stammen. Der Klinkerbau entstand 1967 als zweigeschossiges Flachdachhaus mit aufgesetztem Penthouse.

Die Sichtbetonwand, der hoch gebrannte, dunkle Klinker und die Glasbausteine verraten diese Bauzeit. 1989 bis 2000 wurde umgebaut. Das Stuttgarter Büro 4 a Architekten von Alexander von Salmuth, Ernst Ulrich Tillmanns und Matthias Burkart ersetzte das Penthouse durch ein zweigeschossiges Tonnendach mit einer Verkleidung aus Aluminiumrohren. Geschickt wird dabei auf den Unterbau Bezug genommen, etwa durch die Dachgaupe oder den vorkragenden Balkon. Die collagenartige Verwendung von Glas, Metall und orangeroten Fensterflügeln am neuen Dach lassen die Bauteile der 1960er-Jahre wie ein bewusstes Revival erscheinen. So wirkt das Haus wie aus einem Guss, obwohl der Unterbau beim Umbau kaum verändert wurde. Im Ton-

Mehrfamilienhaus von Chen Kuen Lee

nendach entstand eine neue Wohnung mit offenen Räumen, einer Galerie und einem kleinen Freisitz, der einen weiten Blick über Stuttgart bietet.

Mehrfamilienhaus ⑦
Eduard-Pfeiffer-Straße 29

Das Wohnhaus für fünf Familien von Chen Kuen Lee steht mitten im Hang. 1960/61 gebaut, machte das »Chinesenhaus« durch seine außergewöhnliche Gestalt mit den spitzwinklig versetzten, vorkragenden Balkonen und dem gewölbten Dach von sich reden. Lee war der Landschaftsbezug seiner Architektur eines der wichtigsten Anliegen. So führt ein gewundener Gartenweg zum Haus hinauf, im Grundstück dahinter besitzt jede Wohnung ihren Gartenwohnplatz. Die bis zu 4,80 Meter auskragenden Balkone stellen zusätzliche Freiflächen zur Verfügung.

Seine Häuser beschrieb Lee, ein Schüler von Hans Scharoun, als Organe, die dem Menschen dienen. Er entwickelte sie nicht abstrakt, geometrisch, sondern auf Grundlage der Lebensvorgänge. Wie viele seiner Einfamilienhäuser entstand auch das Terrassenhaus in der Eduard-Pfeiffer-Straße für Bauherren, die Lee bereits vor dem Auftrag kannte. So konnten die Grundrisse der Wohnungen individuell auf Lebensumstände der Bewohner Bezug nehmen und unterscheiden sich in jedem Geschoss. Durch Faltwände und Vorhänge können die offenen Räume unterschiedlichen Bedürfnissen angepasst werden. Rechte Winkel sind dabei kaum vorhanden. Vielmehr sind die Räume radial um einen Flur gruppiert. Im Erdgeschoss, ersten und zweiten Obergeschoss

Quant-Mehrfamilienhaus

flügel und in einem turmartigen Kopfbau 23 Nobelwohnungen von 92 bis 221 Quadratmetern unter. Um das strenge Raster des 1950er-Jahre-Baus aufzulockern, wurden einzelne Fassadenteile stumpfwinklig nach außen vorgezogen. In den schrägen Einschnitten liegen nun die Balkone. Sie bringen Dynamik in den weißen Kubus mit seinen streng anthrazitfarbenen Fenstern. Die Anleihen an die Klassische Moderne sind unverkennbar. Spielerisch wurde dieses Thema auch an den drei Eingängen aufgenommen, wo jeweils ein farbiges Vordach zu einer Reliefwand führt, die einem Künstler der Stuttgart Moderne gewidmet ist: Das rote Vordach des Gartenflügels führt zu Adolf Hölzel, das blaue des Hauptflügels zu Willi Baumeister, das gelbe am Turm zu Oskar Schlemmer. Damit jedoch nicht genug. Die fast schwebenden, locharting durchbrochenen Vordächer zitieren die Ästhetik der 1950er-Jahre und verbinden sich mit hochpolierten Natursteinwänden im Duktus eines Ludwig Mies van der Rohe. Es scheint, als sei im Quant-Haus neben dem weitverbreiteten Revival der streng weißen Kuben der 1920er-Jahre auch ein Rest gemilderte Postmoderne formbestimmend gewesen. Einige der Wohnungen wurden von den bekannten Innenarchitekten Danilo Silvestrin aus München sowie Peter Ippolito und Gunter Fleitz aus Stuttgart ausgestattet.

liegt jeweils eine Wohnung. Das dritte und vierte Obergeschoss nehmen eine kleine Atelierwohnung und eine große Maisonettewohnung auf.

Quant-Mehrfamilienhaus ⑧
Seestraße 92

Es ist kaum mehr zu erahnen, dass der Kern des luxuriösen Mehrfamilienhauses an der Seestraße 92 ein Laborgebäude des Max-Planck-Instituts aus den 1950er-Jahren ist. Deshalb auch der Name Quant, mit dem die Investoren an die Geschichte des Hauses und Max Planck als Begründer der Quantenphysik anknüpfen. Mit dem Umbau 2008 brachte das Büro Wilford Schupp Architekten im Hauptbau an der Seestraße, im Garten-

---

 Auf der Tour gibt es leider kein gastronomisches Angebot.

 Touranstart: Helfferichstraße: Bus 44
Tourende: Hölderlinstraße: Bus 43

14　Vom Pragsattel zum Pragfriedhof

Verkehrsumtoste Industriebauten, Hängebrücken und grüne Wohnoasen

Auf diesem Spaziergang sind fast alle Baugattungen vertreten. Einen Schwerpunkt bildet der Wohnbau, der mit dem Ausstellungsprojekt Expo Wohnen 2000 und einem Architektenwohnhaus vertreten ist. Zwei Kirchen und die Erweiterung des Krematoriums auf dem Pragfriedhof stehen für sakrale und rituelle Bauaufgaben. Ein Museum und eine Gedenkstätte für die Deportierten des Naziregimes sind ebenso dabei wie ein Krankenhausbau und zwei Fußgängerbrücken. Hinzu kommen Industrie- und Verwaltungsbauten entlang der großen Stuttgarter Straßenachse vom Pragsattel bis hinunter in das Stadtzentrum. Der Architektur der 1920er-Jahre begegnet man mit dem ehemaligen Rheinstahl-Werk, der Georgskirche und der beeindruckenden, jedoch fast unbekannten ehemaligen Großbäckerei des Konsumvereins.

S-Nord
S-Mitte

4 ½ Std.

6 km

Tipps zur Tour: Die lange Tour erfordert Ausdauer, bietet im Pragfriedhof aber auch Ruhe und viel Grün für eine erholsame Pause. Die Gedenkstätte »Zeichen der Erinnerung« ist nicht immer geöffnet. Wer die Ausstellung sicher sehen möchte, sollte sich zuvor erkundigen: www.zeichen-der-erinnerung.org.

Ehemaliges Rheinstahl-Werk, heute Theaterhaus ①
Siemensstraße 11

Das ehemalige Rheinstahl-Werk, von Emil Fahrenkamp 1923 erbaut, ist einer der prägnantesten Industriebauten Stuttgarts und ein herausragendes Werk der Moderne. Stilistisch ist es vom Expressionismus und vom Neuen Bauen beeinflusst. Der Gebäudekomplex besteht aus der Fabrikhalle, an die sich zur Siemensstraße hin ein Büro- und Wohnbau anschließen. Die Fassaden aller drei Bauten sind mit Backstein verblendet. Eindrucksvoll wirkt vor allem die Stirnwand der Halle. Sie besitzt einen breit gelagerten Treppengiebel, der durch ein großes Mittelfenster mit mächtigen Pfei-

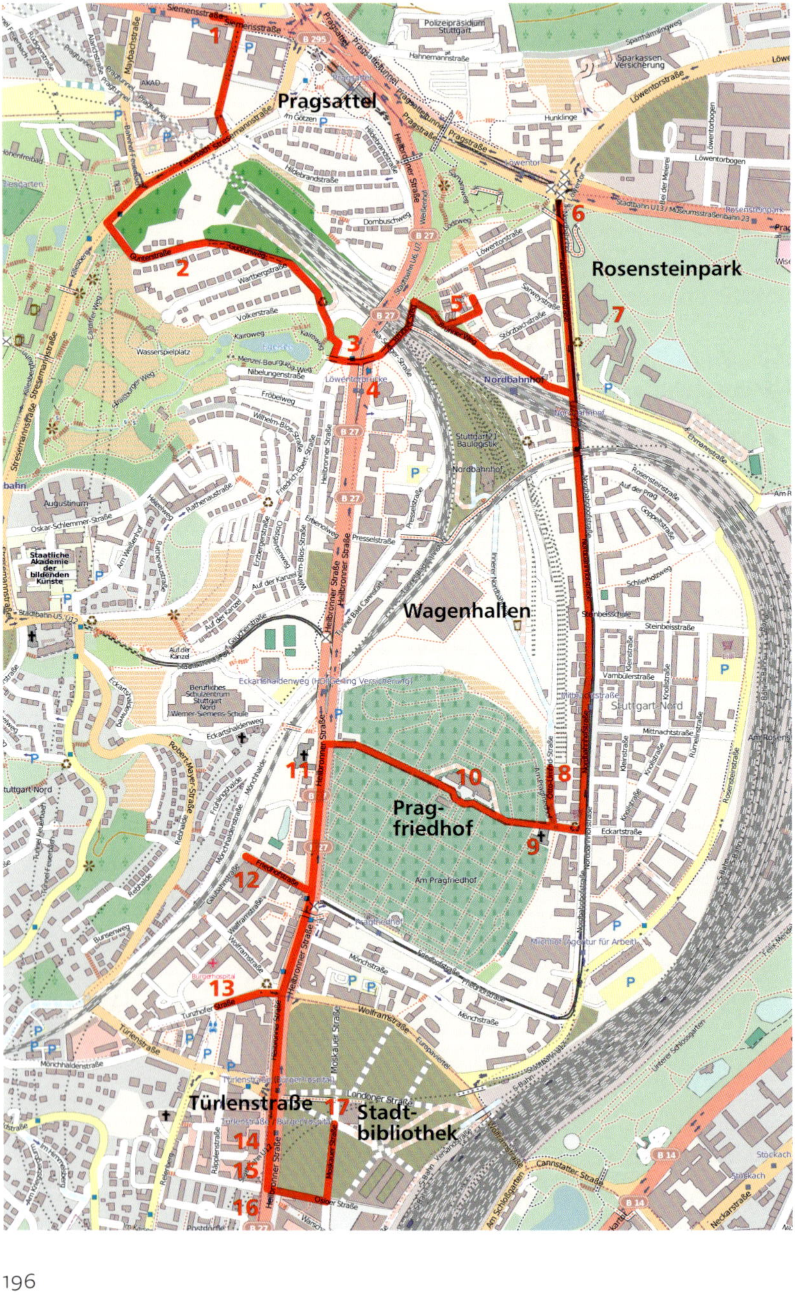

Prägsattel

1

2

3

4

5

6

Rosensteinpark

7

Wagenhallen

11

10

8

Prag-
friedhof

9

12

13

Türlenstraße **17** Stadtbibliothek

14

15

16

Ehemaliges Rheinstahl-Werk,
heute Theaterhaus

lern, spitzwinklig vorstoßende Wandvorlagen, horizontale Gesimse und vier flache Kreissegmentfenster gegliedert wird. Der Mauerverband betont die horizontale Gliederung nochmals. Insgesamt dominiert die geschlossene Wand. Es sind wenige, jedoch große Gesten, die hier zum Einsatz kommen. Auf diese Weise erinnert die Fassade an die selten realisierten Projekte der Revolutionsarchitektur Ende des 18. Jahrhunderts. Auch am Büro- und Wohntrakt sind die spitzwinklig expressiven Wandvorlagen wieder zu finden. Zwischen 1996 und 2003 wurde das Ensemble von den Büros »Plus-Bauplanung, Hübner, Forster, Hübner« aus Neckartenzlingen und »Engelhard Eggler Architekten« aus Besigheim als Theaterhaus umgebaut und erweitert. Sie stellten vier gestapelte Black Boxes als Veranstaltungsräume in die ausgeräumte Halle und fügten eine White Box für Sportver-

anstaltungen an. Hierfür konnte Glasmaterial des finnischen Expo-Pavillons aus dem Jahr 2000 wiederverwendet werden. Ein Container durchbricht, aufgehängt an Stahlträgern, die Glasfront über dem neuen Haupteingang. Hier wird das additive Entwurfsprinzip der Neugestaltung besonders spürbar.

Doppelwohnhaus Lederer und Oei ②
Gunterstraße 5

Auf den ersten flüchtigen Blick fällt das Doppelwohnhaus der Architekten Lederer, Ragnarsdóttir und Oei aus dem Jahr 2002 kaum auf. Es fügt sich mit ähnlicher Kubatur und Dachform in die Reihe der Nachbarhäuser ein. Bei näherer Betrachtung allerdings springen deutliche Unterschiede ins Auge: Der gesamte Hausköper ist mit braunen Kupferplatten

Doppelwohnhaus Lederer und Oei

verkleidet, sodass Unterbau und Dach zu einer Einheit zusammenwachsen. Die Fenstergruppen treten als Blöcke aus dieser Gesamtform heraus. An den Giebelseiten kragt lediglich ein flacher Erker über dem Hauseingang vor, ansonsten sind diese ganz geschlossen. Das Haus ist längs geteilt, sodass jede Doppelhaushälfte Fenster nach Süden mit Aussicht ins Tal besitzt. Die langen und schmalen Grundrisse sind auf zehn versetzten Ebenen organisiert, die über Treppen verbunden und meist zueinander geöffnet sind. So flutet das Licht von Norden und Süden durch das gesamte Hausinnere.

Dem Haus vorgelagert ist ein geschlossener Torbau aus Sichtbeton, der wie eine Hofmauer den privaten Bereich vor Blicken schützt. Zwei spiegelsymmetrisch angeordnete Tore und Gartentürchen scheinen die übliche Eingangssituation zu zeigen, jedoch nur spielerisch, denn

hinter den großen Kupferplatten verbergen sich zwei Gartenräume, die für Geräte oder als Partyküche genutzt werden können. Dazu gehört eine Theke an der Rückseite des Torbaus für Empfänge im Innenhof. Deshalb läuft auch der Rasenstreifen vor den Kupferscheiben durch, denn die Autos bleiben auf dem offenen Stellplatz vor dem Haus.

Fußgängerstege am Nordbahnhof ③
Heilbronner Straße 190

Die beiden Hängeseilbrücken am Nordbahnhof wurden 1993 im Rahmen der Internationalen Gartenausstellung von der Planungsgruppe Luz, Lohrer, Egenhofer und dem Ingenieur Jörg Schlaich im Auftrag der Stadt Stuttgart entworfen. Sie verbinden den Rosensteinpark über den Leibfriedschen Garten und das Wartberggelände mit dem Killesbergpark. Jörg Schlaich ist für seine hängenden, leichten Fußgängerbrücken weltweit bekannt. Beide Brücken haben sternförmig je drei Arme. Die größere Brücke führt über das Eisenbahngelände und erschließt die Bahnsteige des Nordbahnhofs. Hier steht der Brückenmast im Kreuzungspunkt und wird lediglich von den Hauptseilen im Gleichgewicht gehalten. An diesen Seilen sind die Rampen aufgehängt. Dünne Stützen tragen die unteren Bereiche der Brückenarme. Die kleinere Brücke führt über die Heilbronner Straße und zu den Stadtbahnsteigen und ist vollständig an Seilen aufgehängt. Da der Mast hier neben der Brückenrampe steht, wird er mit eigenen Seilen abgespannt.

Fußgängersteg am Nordbahnhof und Bülow-Turm

Bülow-Turm ④
Heilbronner Straße 190

Das Architekturbüro Kieferle und Partner gewann mit dem Bürogebäude an der Heilbronner Straße den ersten Preis eines Wettbewerbs. Von 1988 bis 1992 wurde der Bau realisiert. Im Zentrum von drei niedrigen Flügelbauten steht ein zylindrisches Hochhaus mit 15 Stockwerken. Während die Flügel in den unteren Stockwerken mit Natursteinplatten verkleidet sind, besitzt der Turm eine blautonige, doppelwandige Energiesparverglasung. Der Zylinder ist in Segmente unterteilt, die sich um einen schlankeren Kern legen und auf unterschiedlichen Höhen enden. Auch das Raster der Metallrahmen trägt zu dem abwechslungsreichen Erscheinungsbild bei. Die Spitze bildet ein markantes, drehbares Segel, wodurch der Turm eine Gesamthöhe von 80 Metern erreicht. Die ursprünglich geplanten 100 Meter

Bülow-Turm

13 Architektenteams aus zehn Ländern – aus Schweden, Norwegen, Finnland, Dänemark, Polen, Großbritannien, Frankreich, den Niederlanden, der Schweiz, Österreich sowie drei Teams aus Deutschland – wurden in einem Wettbewerb 1988 ausgewählt, ihre Vorschläge zum ökologischen und experimentellen Wohnen zu realisieren. Nach der Strukturplanung des Stuttgarter Büros Bidlingmaier, Egenhofer und Dübbers entstanden 1991–93 zwei unterschiedliche Gebiete: Ein kleinteiliges und dicht bebautes Areal mit sechs Hausgruppen, die sich dem Schwerpunkt »neue Energiekonzepte« widmeten. Hier wurden insgesamt 17 Reihenhäuser und zwei Wohnungen gebaut, die an Eigentümer verkauft wurden. Das zweite Gebiet an der Bahnlinie umfasst sieben Mehrfamilienhäuser mit ca. 100 Mietwohnungen als Blockrandbebauung. Neben dem notwendigen Lärmschutz waren hier vor allem flexible Grundrisse und kommunikative Wohnformen gefragt. Als Bauherren fungierten drei Wohnungsbaugesellschaften und eine Wohnbaugenossenschaft: die SWSG der Stadt, die LEG des Landes, das Siedlungswerk der Kirche und die Flüwo als Baugenossenschaft.

Auch wenn kritisiert werden kann, dass ein gemeinsamer Formwille fehlt und der hohe Anspruch nur selten eingelöst wurde, so lässt sich doch beobachten, dass vor allem die Bewohner der Reihenhäuser gerne in ihrem kunterbunten, grünen und autolosen Wohngebiet leben. Die Häuser benennen sie nach dem Herkunftsland ihrer Architekten.

wurden ihm nicht zugestanden, weshalb man ihn zunächst als »Hochhäusle« verspottete. Die spannungsreiche Form und die auffallende Spitze ließen ihn jedoch zu einem Erkennungszeichen am nördlichen Stadteingang werden.

»Wohnen Expo 2000« Ⓢ
Sarwey- und Störzbachstraße

Im Rahmen der Internationalen Gartenschau 1993 zum »verantwortungsbewußten Umgang mit der Natur in der Stadt« fand auf dem Gelände nahe dem Nordbahnhof eine Bauausstellung unter dem Titel »Wohnen Expo 2000« statt.

![Wohnen Expo 2000, Blick auf die Reihenhausgruppen]

Wohnen Expo 2000, Blick auf die Reihenhausgruppen

Wohnen Expo 2000, Mehrfamilienhäuser
von Mecanoo

Wohnen Expo 2000, Mehrfamilienhäuser
von Gullichsen Kairamo Vormala

»Polenhäuser« Ⓢ a
Sarweystraße 46, 48, 50, 52

Das Architektenteam von Elzbieta Mus-
zynska, Krysztof Muszynski und Lech
Baranski aus Lodz baute zwei Randhäu-
ser, zwischen denen zwei Eigentumswohnungen übereinanderliegen. Die Häuser
sind mit weiß lasierten Brettern verkleidet. Hinzu kommen die mit dunklem
Holz abgesetzten Rundungen der Wendeltreppen, vorspringende Wintergärten,
verglaste Eingänge mit leuchtend blau
gestrichenen Rahmen und bepflanzte
Dachterrassen.

Wohnen Expo 2000, Polenhäuser

»Englandhäuser« Ⓢ b
Sarweystraße 40, 42, 44

Das Londoner Büro »The ECD Partner-
ship« baute unter Federführung von David Turrent drei postmodern angehauch-
te Reihenhäuser mit vorspringenden
Giebeldächern auf hohen Rundstützen.
Darunter greifen die verglasten Südsei-
ten konvex in den Garten aus, wodurch
zwischen Dach und Rundung ein kleiner
Balkon entsteht.

Wohnen Expo 2000, Englandhäuser

»Österreichhäuser« Ⓢ c
Sarweystraße 54, 56, 58

In der nächsten Reihe folgen drei auffällige Reihenhäuser des Grazer Architek-
tenbüros von Karla Szyszkowitz-Kowal-
ski und Michael Szyszkowitz. Ihre Form
erinnert an einen überdimensionalen
Strandkorb und entsteht durch ein an
der Rückseite tief nach unten gezogenes
Tonnendach. Die Öffnungen und verglasten Wintergärten auf der Südseite sind
expressiv verdreht und schaffen eine

Wohnen Expo 2000, Österreichhäuser

lebendige Splitteroptik. Hinzu kommen kleine, außergewöhnlich und bildhaft geschnittene Fenster an den beiden Seitenwänden. Zum Energiekonzept gehört eine Absorberplatte im Untergeschoss, die die Wärme aus dem Wintergarten speichert und an eine Fußbodenheizung weitergibt.

eine kontrollierte Wärmespeicherung und Lüftung sowie ursprünglich geplante, jedoch nicht ausgeführte aktive Sonnenkollektoren sorgen für einen niedrigen Energieverbrauch. Wintergärten an der Westseite dienen vor allem als Puffer gegen den Verkehrslärm.

»Norwegenhäuser« Ⓢ d
Sarweystraße 60, 62, 64

Bei fünf der sechs Reihenhausgruppen sind die Wohnzimmer und Gärten an der vorderen Schmalseite des Hauses nach Süden ausgerichtet. Nicht so bei dem norwegischen Architekten Olav Johannes Gunnarshaug aus Tiller. Er dreht die Reihe um 90 Grad, entwirft lang gestreckte Grundrisse und schließt jedes Haus mit einem Satteldach ab, dessen Nordseite begrünt und dessen Südseite verglast ist. Dadurch holt er das Licht und die Sonnenwärme nicht nur von den Schmalseiten ins Haus, sondern gewinnt die Dachfläche hinzu. Ein System aus Verschattungs- und Isolierelementen,

»Deutschlandhäuser« Ⓢ e
Sarweystraße 72, 74, 76

Das Büro HHS Architekten, Hegger, Hegger-Luhnen und Schleif, aus Kassel legt über die abgeschrägte Südseite ein aufwendig konstruiertes Fotovoltaikdach, das zugleich einen großen Wintergarten bildet. Wasserteiche am Haus unterteilen die Gärten in verschiedene Zonen.

»Frankreichhäuser« Ⓢ f
Sarweystraße 66, 68, 70

Neben dem österreichischen Beitrag zeigt das Reihenhaus der Architekten Françoise-Hélène Jourda und Gilles Per-

Wohnen Expo 2000, Frankreichhäuser

raudin aus Lyon die ungewöhnlichste Gestalt. Über einem tonnenförmigen Baukörper spannt sich ein großes, frei tragendes Wellblechdach, das auf der Gartenseite von baumartig verzweigten Stützen getragen wird. Hier besteht die Außenhaut aus aneinandergereihten, längsrechteckigen Glasscheiben die an das Rolltor eines Containers erinnern. Die Rückseite ist dagegen ganz geschlossen und verschwindet unter dem tief herabgezogenen Dach. Das Gebäude lässt kaum erkennen, dass sich dahinter drei Reihenhäuser verbergen. Im Inneren schließen sich an einen massiven rückwärtigen Kern mit heizbaren Räumen die Balkone in der vorgelagerten Glasgalerie an. Geschützt unter der Glashaut sollte das Wohnen entsprechend der Jahreszeiten ohne zusätzliche Energietechnik möglich sein. Zumindest am rechten Eckhaus wurde jedoch bereits eine Heizung im Wintergarten ergänzt.

Sieben Mehrfamilienhäuser ⑤ g
Störzbachstraße 11–27

Die sieben Mehrfamilienhäuser liegen direkt an der Bahnstrecke und sind dem Lärm in stärkerem Maß ausgesetzt als die Reihenhäuser. Sie setzen eine Blockrandbebauung aus älteren Mietshäusern fort. Architektonisch interessant sind vor allem das erste und das letzte Haus der Reihe. Das finnische Team Gullichsen Kairamo Vormala aus Helsinki nahm für sein Mehrfamilienhaus mit 15 Wohnungen Le Corbusiers Idee der Maisonettewohnung auf, die er 1925 mit dem Pavillon de l'Esprit Nouveau bei einer Ausstellung in Paris gezeigt hatte. Auch formal finden sich viele Anklänge an Le Corbusiers Bauten, etwa die Glasbausteine in den Brüstungen der Wintergärten oder die kleinen, frei vorkragenden Balkone an den Seitenwänden. Die gelungene Gestaltung der Fassaden lebt vom Wechsel der weißen Putzflächen mit den schwarz gerahmten Fenstern und dem feinen Rhythmus der Fensterformate. Die folgenden fünf Häuser variieren das Thema »Wintergarten und hausinterne Kommunikationsräume«. Auf das Eckhaus des Büros Tegnestuen Vandkunsten, Charsten Lorenzen aus Kopenhagen in Dänemark folgt mit einer Front aus teils geschlossenen, teils verglasten turm- oder erkerartigen Zonen der Beitrag des Büros Dieter Schempp aus Tübingen. Es schließt sich das konvex geschwungene Haus des Büros Nature Housing, Warne Naturhaus, Bengt Warne, Jo Glässel aus Stockholm in Schweden an, gefolgt vom Haus der Entwurfsgruppe Stahr aus Weimar, bei dem die Bewohner Lärmschutz durch Bepflanzung, vorgelagerte Wintergärten und eine Glaswand erhalten. Gegenüber den vorigen Häusern ist das Gebäude von Michael Adler aus dem schweizerischen Basel beruhigend einfach gegliedert. Auch bei seiner Lösung sind Wintergärten den Wohnungen mit flexiblen Grundrissen vorgelagert. Am Ende der Mehrfamilienhausreihe löst das Architektenteam von Mecanoo, bestehend aus Francine Houbon, Erick van Egeraat, Henk Döll und Chris de Weijer, aus der niederländischen Stadt Delft den Blockrand auf. Sie bringen 16 Wohnungen in drei schlanken Türmen unter, die mit leicht verdrehten Achsen locker im Gelände stehen. Ein vierter gläserner Aufzugsturm erschließt über Metallgitterstege die Turmetagen. Während die Straßenseite der Häuser voll verglast ist, sind die übrigen Seitenwände weitgehend geschlossen und durch Glasbausteine und Schlitzfenster grafisch gestaltet. Die Gartenseiten wurden mit Zinkblech verkleidet. Hier rhythmisieren kleine, frei vorkragende Balkone die Fassaden und nehmen damit ein Motiv vom Wohntrakt des Dessauer Bauhauses auf. Im Inneren lassen sich die Etagen als jeweils eigene Wohnungen nutzen oder durch Wendeltreppen zu geschossübergreifenden Wohneinheiten zusammenlegen. Die drei Türme wirken ausgesprochen schick, haben aber auch einen stolzen Preis: Der

Quadratmeter Wohnfläche kostete fast doppelt so viel wie im benachbarten Haus des Basler Büros Adler.

Fußgängersteg am Löwentor ⑥
Nordbahnhofstraße

Wie die Fußgängerbrücke über die Heilbronner Straße, wurde auch der Steg am Löwentor 1993 für die Internationale Gartenbauausstellung von der Planungsgruppe Luz, Lohrer, Egenhofer und vom Ingenieurbüro Schlaich, Bergermann und Partner entworfen. Der Gehweg liegt hier auf einem Seilnetz, das an Masten abgespannt wurde. Das Netz dient zugleich als Rankgerüst für Pflanzen und soll eine begehbare Landschaft über der Straße

Fußgängersteg am Löwentor

Staatliches Museum für Naturkunde
am Löwentor

zur Verbindung zweier Parks schaffen. Leider wurde nach Ende der Ausstellung die Treppe in den Rosensteinpark aus Rücksicht auf das denkmalgeschützte alte Löwentor gekappt. Dadurch wirkt die elegant geschwungene Rampenführung heute verstümmelt.

Staatliches Museum für Naturkunde am Löwentor ⑦
Rosenstein 1 / gegenüber Nordbahnhofstraße 187

Das Staatliche Museum für Naturkunde wurde von 1981 bis 1985 am Rand des Rosensteinparks nach Plänen des Stuttgarter Architekturbüros Siegel, Wonneberg und Partner erbaut. Um den bedeutenden Landschaftspark mit seinem alten Baumbestand möglichst wenig zu beeinträchtigen, entstanden zwei Gebäudeteile, die beide etwa zur Hälfte ins Erdreich einge-

graben und mit einem unterirdischen Gang verbunden sind. Der zum Park hin gelegene Forschungs- und Verwaltungsbau ist in mehrere lang gestreckte Teile mit begrünten Terrassen und Flachdächern aufgelöst und wirkt dadurch wie in den Park eingewachsen. Das Ausstellungsgebäude ist ein unregelmäßiges Polygon mit einem großen, elf Meter hohen Ausstellungsraum, ein »Einraummuseum«, dessen offene Ebenen über Treppen und Rampen erschlossen werden. Schräge Sichtbetonwände, die an Felsen erinnern und dazwischen eingespannte, abgewinkelte Fensterflächen prägen die Außenerscheinung, entsprechend dem Motto des Architekten Curt Siegel: »Wie würde das Gebäude aussehen, wenn es gewachsen wäre?« Das Museumscafé Fossil ist für eine Pause empfehlenswert.

Gedenkstätte »Zeichen der Erinnerung« ⑧
Otto Umfrid-Straße / Innerer Nordbahnhof

Wie ein Passepartout rahmt ein einfacher Betonweg fünf Gleise mit Prellböcken und Schotterbett am Inneren Nordbahnhof und markiert damit einen auf den ersten Blick unscheinbaren Ort. Zwischen 1941 und 1945 wurden von hier aus mehr als 2.000 Menschen in die Konzentrationslager der Nationalsozialisten deportiert und dort getötet. Zwei Betonwände schirmen diesen Ort der Erinnerung gegen die Straße ab. Ein einfacher Durchlass führt

zunächst auf eine Betonscheibe mit den Daten der Zugtransporte zu. Danach betritt man das hofartige Gelände. Am überdachten Ende der Gleise sind Infotafeln zu finden. Auf der straßenseitigen Wandscheibe reiht sich Name an Name der Deportierten, soweit sie recherchiert werden konnten. Wie auf einem Bahnsteig wird hier der Blick in Richtung der abfahrenden Züge gelenkt. Der Architekt Ole Saß und die Historikerin Anne-Christin Saß haben mit einfachsten Materialien und Zeichen einen geschichtlichen Ort zum Sprechen gebracht. Sie waren 2002 als Sieger aus einem Wettbewerb hervorgegangen, der am Ende eines internationalen Workshops mit Architekturstudenten ausgelobt worden war. 2006 konnte der

Gedenkstätte »Zeichen der Erinnerung«

Verein »Zeichen der Erinnerung e. V.« mit Spendengeldern und städtischer Unterstützung den Entwurf realisieren.

Evangelische Martinskirche ⑨
Eckartstraße 2

Die evangelische Martinskirche entstand 1935 bis 1937 für die benachbarte Eisenbahnersiedlung nach den Plänen von Karl Gonser, einem Vertreter der jüngeren Generation der Stuttgarter Schule. Auch wenn der Außenbau mit seinen glatten Sandsteinmauern auf den ersten Blick etwas altertümlich und trutzig wirkt, so ist die Anlage doch äußerst raffiniert gestaltet. Der Kirchenraum musste möglichst flexibel nutzbar sein und bis zu 1.000 Sitzplätze zur Verfügung stellen. Gonser schloss deshalb im rechten Winkel an das Kirchenschiff einen sogenannten Anbausaal an. Ein großer Rundbogen zwischen

Saal und Kirche konnte geöffnet werden und gab den Blick direkt auf den Altar frei. Nur an der Hofseite ergänzt ein Seitenschiff den Kirchenraum. Mit seiner wandfüllenden Verglasung dient es zugleich als Vorraum und Verbindungsgang zum Saal. Die ungewöhnliche Lösung hat ihr Vorbild in der Winkelhakenkirche von

Evangelische Martinskirche

Krematorium Pragfriedhof

Freudenstadt, einer Renaissancekirche des württembergischen Hofbaumeisters Heinrich Schickhardt. Nach Beschädigungen im Zweiten Weltkrieg wurde die Martinskirche in den 1950er-Jahren mit vereinfachter Ausstattung wieder aufgebaut. Das große Kruzifix, das der Bildhauer Jakob Brüllmann aus einer 400-jährigen Eiche schuf, blieb aus der Vorkriegszeit erhalten.

Krematorium Pragfriedhof ⑩
Eckartshaldenweg / mitten im Pragfriedhof

Das Krematorium auf dem Pragfriedhof stammt aus zwei Bauepochen. Der Altbau wurde 1905 bis 1907 nach den Plänen von Wilhelm Scholter erbaut. Er entstand nur knapp 30 Jahre nach dem ersten Krematoriumsbau Deutschlands und ist bis heute die einzige derartige Anlage in Stuttgart.

Zwischen 1980 und 1984 erweiterten die Architekten Max Bächer und Harry G. Lie die Räumlichkeiten mit einem neuen Unterbau und zusätzlichen Seitenflügeln. So steht heute der Altbau auf einem modernen Sockelbau. Zum Altbau gehören die zentrale Feierhalle, die geschwungenen Säulengänge für die Kolumbarien und die abschließenden würfelförmigen Eckpavillons. Neobarocke Formen mischen sich mit Jugendstildekorationen. Wuchtige Sandsteinquader, Bogenöffnungen und -nischen, Pfeiler, Kuppeln und Engelsfiguren bestimmen die Wirkung. Insgesamt erinnert der Bau an Ehrenmäler oder monumentale Grabbauten. Ganz anders dagegen ist die Formensprache der Erweiterungen. Formteile aus Beton erscheinen wie ineinandergesteckte Rahmenelemente mit farblich abgesetzten Füllungen. Dazwischen bleiben schmale Fensterschlitze ausgespart. Während die breite Treppe zur alten Feierhalle hinauf

Georgskirche

führt, leiten seitliche Treppen und vielfach abgestufte Türrahmen zu den Eingängen ins Untergeschoss. Hier, wie in den Seitenflügeln, befinden sich Aufbahrungszimmer und eine zweite Feierhalle. Kontemplativ und fast klösterlich wirkt die Architektur, deren Stimmung durch die umgebenden Terrassengärten noch gesteigert wird. Einflüsse der asiatischen Gartenarchitektur und Übernahmen aus dem fernöstlichen Holzbau in den Betonbau der 1980er-Jahre prägen den Erweiterungsbau.

Georgskirche mit Gemeinde- und Pfarrhaus ⑪
Heilbronner Straße 131–135

Das Ensemble der katholischen Pfarrei St. Georg wurde 1929–32 von Hugo Schlösser erbaut. Die Kirche ist parallel zum Hang ausgerichtet, Gemeinde- und Pfarrhaus schließen sich links und rechts an, sodass sie einen zur Straße hin ausgerichteten Hof bilden. Er wird von niedrigen Mauern und einer Freitreppe eingefasst. Die Treppe führt zum Kircheneingang hinauf, der im Erdgeschoss des Kirchturmes liegt. Dieser Turm springt aus der Flucht des Kirchenschiffs vor. Zusätzlich wird der Eingang durch eine überlebensgroße Plastik des heiligen Georg von Bildhauer Karl Rieber betont.

Die Baugruppe ist aus kubischen, horizontal ausgerichteten Blöcken mit flachen Dächern komponiert, die, der Steigung des Hangs folgend, nach oben übereinandergeschichtet werden. Allein der Turm setzt einen vertikalen Akzent.

Mit der Schichtung der Kuben nimmt Schlösser ein zeitgenössisches Kompositionsprinzip auf, wie es auch in der Weissenhofsiedlung zu finden ist. Doch ist bei St. Georg alles monumentaler und dramatischer zugespitzt: dies betrifft die Größe der Blöcke, das Verhältnis von geschlossenen Wandflächen zu schmalen, schlitzförmigen Fenstern und den Einsatz des dunkel gebrannten Klinkers mit ornamentalem Mauerverband über den Fenstern und Betonung der horizontalen Fugen. Wie das ehemalige Rheinstahl-Werk (siehe Nr. 1), steht St. Georg dadurch der expressionistischen Architektur nahe. Auch im Inneren ist dies spürbar, etwa bei der rückwärtig angebauten Taufkapelle mit ihren spitzwinklig vortretenden Gewölbeansätzen. Der eigentliche Kirchenraum ist eine weite Basilika mit flach gedecktem Mittelschiff, gangartig schmalen Seitenschiffen mit Quertonnen und einem erhöhten Chor mit Tonnengewölbe. Die Mosaiken von Josef Eberz gehören noch zur ursprünglichen Ausstattung. Leider konnten beim Wiederaufbau nach dem Zweiten Weltkrieg die flachen Dächer nicht wiederhergestellt werden, da das nötige Kupferblech für die Dachdeckung fehlte. Die ziegelgedeckten Steildächer ergeben heute ein stark verändertes Bild. Wegen der monumentalen und strengen Formen erhielt St. Georg den Spitznamen »katholischer Bahnhof«.

Ehemalige Großbäckerei des Spar- und Konsumvereins Stuttgart ⑫ Friedhofstraße 71

1929 bis 1932 baute Karl Ellsässer die ehemalige Großbäckerei für den Spar- und Konsumverein Stuttgart in der Friedhofstraße. Es war bereits der vierte Bäckereibau des 1864 gegründeten Vereins. Ziel des Vereins war es, seinen Mitgliedern preisstabil und günstig Lebensmittel anzubieten und über Geldeinlagen Vermögensbildung zu betreiben.

Ehemalige Großbäckerei des Spar- und Konsumvereins

Ellsässer war aus einem Wettbewerb als Sieger für den Neubau hervorgegangen. Sein Entwurf zeichnet sich durch die moderne Formensprache des Neuen Bauens aus: Der schlichte, kubisch gestaffelte Klinkerbau wird durch große Fensterflächen und Fensterbänder gegliedert. Hinzu kommen expressionistische Anleihen, etwa beim hohen Kamin, der als mächtige Rundform der Rückfassade eingebunden ist, oder beim Vordach der Verladerampe, das Ellsässer in einer dynamischen Schräge nach oben führt und mithilfe von Stahlträgern elf Meter frei auskragen lässt. Teile dieses Vordachs waren ursprünglich verglast.

Auch der Geschossbau wurde als Stahlskelettbau ausgeführt. Weite Stützenabstände und kräftige Träger mit bis zu 18 Metern Spannweite ermöglichten große Arbeitsräume. So tragen lediglich drei mit Beton ummantelte Stahlstützen die Betonrippendecken im Inneren. Die Außenwände bestehen aus Bimsbeton-Hohlblocksteinen und einer Klinkervormauerung.

Im Bäckereibetrieb wurde das Mehl mit Transportbändern, Elevatoren und einem Sackaufzug zunächst ins zweite und dritte Obergeschoss befördert, wo sich Silos befanden. Im ersten Obergeschoss wurden Teig und Backrohlinge hergestellt. Im Erdgeschoss wurden die Brote schließlich in Großbacköfen gebacken und anschließend verladen. Alle Arbeitsabläufe waren maschinengesteuert. Die Arbeiterinnen und Arbeiter erreichten Umkleiden und Bäder im Untergeschoss über getrennte Eingänge.

1932 war die Stuttgarter Großbäckerei des Spar- und Konsumvereins eine der modernsten Anlagen Deutschlands. Vor und nach dem Zweiten Weltkrieg wurden hier täglich fast 20.000 kg Brot für 80.000–100.000 Menschen ausgeliefert. Karl Ellsässer erhielt Folgeaufträge für Lebensmittelbetriebe und baute beispielsweise in Heilbronn Kaiser's Kaffeegeschäft oder in Mailand für Panettone Motta.

1957 kam der Neubau des Pförtnerhäuschens hinzu, in den 1960er-Jahren folgten nochmals Erweiterungsbauten. 1978 verkaufte schließlich die Co op Schwaben als Nachfolger des Konsumvereins die Großbäckerei. Spätere Nutzer beschränkten den Bäckereibetrieb auf das Erdgeschoss. In den Obergeschossen zogen eine türkische Moschee und Kulturbetriebe ein.

Innere Klinik, Personal- und Verwaltungsbau des Bürgerhospitals (13) Tunzhofer Straße 16 und 16 a

Zwischen 1955 und 1959 entstanden auf dem Gelände des stark kriegszerstörten Bürgerhospitals drei Neubauten der Architekten Hans und Jörg Herkommer: Ein lang gezogenes, achtstöckiges Klinikgebäude, ein sich auf der Gartenseite rechtwinklig anschließender Personalbau mit vorgelagerten Balkonen und ein zweigeschossiges Verwaltungsgebäude an der Rückseite des Klinikbaus. Sie zählten in den 1950er-Jahren zu den modernsten Krankenhausbauten des Landes und stehen heute unter Denkmalschutz. Die Rasterfassade des Hauptbaus wird durch vorspringende Bauteile aufgelockert. So

Bürgerhospital, Innere Klinik

kragt das Behandlungsgeschoss im ersten Obergeschoss mit einem umlaufenden Fensterband vor. Bandartige Balkone umziehen darüber die Gebäudeecke. Auch der rückwärtige Treppenturm springt mit schrägen Seitenwänden vor die Fassade. Ein frei geformtes, weit vorkragendes Dach, Bullaugen, rhythmisierte Fensterteilungen, farbige Anstriche und Kacheln betonen hier zusätzlich den Eingang. Auf der Gartenseite ruht die südliche Gebäudehälfte auf konischen Doppelstützen. Zusammen mit den raumhohen Verglasungen suggerieren sie einen fließenden Übergang zwischen Garten und Erdgeschoss. Auf dem Dach setzt das wellenförmig abschließende Penthouse der Bibliothek einen auffallenden Schlussakzent. Die charakteristischen Elemente des Klinikbaus entspringen der Formensprache der Klassischen Moderne und dem organischen Bauen, werden von den Architekten Herkommer jedoch mit der spielerischen Leichtigkeit und

der Gestaltungsfreude der 1950er-Jahre kombiniert. Auch die künstlerische Ausstattung durch namhafte Bildhauer, wie etwa Hans Dieter Bohnerts Hochrelief im Eingang und Rosemarie Sack-Dyckerhoffs freistehende Plastik, gehören mit zum Denkmalensemble.

Geno-Haus ⑭
Heilbronner Straße 41

Das Geno-Haus wurde 1969 bis 1973 von der »Baugemeinschaft Heilbronner Straße« nach Plänen der Architekten Hans Kammerer und Walter Belz errichtet. Die damals stark anwachsenden Genossenschaftsverbände und Zentralbanken hatten sich für den Bau eines großen, gemeinsamen Verwaltungssitzes zusammengeschlossen. Bei der Einweihung im Mai 1973 war es eines der größten Bürogebäude Stuttgarts und erntete heftige Kritik. Dabei hatten die Architekten viel

Geno-Haus

Wert darauf gelegt, die Baumasse zu mildern und dem Hang einzufügen.

Die 17 Stockwerke verteilen sich auf einen massiven Sockel mit vier Untergeschossen, eine Zwischenebene mit drei Geschossen, die durch kleinteiligere Stützenbauten, Plätze, Treppenanlagen und Gärten gegliedert werden, und ein zehngeschossiges, T-förmiges Hochhaus. Die drei Flügelbauten des Hochhauses sitzen auf einem schlanken Betonfuß, der direkt über der Zwischenebene um mehr als zwei Drittel seiner Breite schräg nach oben auskragt. Die darüber folgenden Geschosse erreichen dadurch eine Leichtigkeit, die durch die gläsernen Fassaden, die Sonnenschutzverglasung und die vorgelagerten Wartungsstege zusätzlich unterstützt wird. Den oberen Abschluss des Skelettbaus bildet ein vollständig

geschlossenes Technikgeschoss, das die Kräfte aus den vorkragenden Geschossdecken abfängt.

Mit dem schirmartig erweiterten Betonfuß nehmen Kammerer und Belz ein typisches Gestaltungsmerkmal ihrer Zeit auf. Damit steht das Geno-Haus in einer Reihe mit Egon Eiermanns spektakulärem Verwaltungsbau der Deutschen Olivetti-Filiale in Frankfurt (1967–72) oder Karl Schwanzers BMW-Haus in München (1970–72).

In der öffentlich zugänglichen Zwischenebene befanden sich ursprünglich Sozialbauten, eine Gastwirtschaft, ein Supermarkt, ein Friseur und ein Kindergarten für die Mitarbeiter. Durch die »Stadt in der Stadt« sollte der ansonsten unwirtliche Ort aufgewertet werden. Diese Funktionen sind heute allerdings verschwunden, geblieben sind nur die Gärten und Plätze. Bei der Gesamtsanierung des Gebäudes im Jahr 2006 wurde das Erdgeschoss modernisiert und der Eingang mit einer neuen Treppenanlage akzentuiert.

Z-UP (15)
Vordernbergstraße 6

Das Z-UP entstand 2006 bis 2009 nach Plänen des Stuttgarter Architekturbüros von Wolfgang Kergaßner an der Ecke Heilbronner Straße und Vordernbergstraße als außergewöhnliches Investorenprojekt der Hochtief-Projektentwicklung. Namensgebend ist der Z-förmige Grundriss des Bürohauses, der sich bandartig den Hang hinaufschlängelt und im oberen Bereich des Grundstücks ein zum Ensemble gehörendes Wohnhaus umgreift. Doch nichts ist an diesem Bürobau zackig, alle Kanten wurden dynamisch abgerundet, sodass sich die Doppelglasfassade wie ein eng anliegendes Kleid um den Baukörper schmiegt. Verstärkt wird der Eindruck durch das Flächenmuster der Fassade: Auf dem dunklen Grund der Verglasung liegen dicht nebeneinander kräftige weiße Blendrahmen, die unterschiedlich lange, jedoch stets gleich hohe Fenstergruppen umrunden. Bewegung, Dynamik und Rhythmus entstehen durch einen Wechsel von geraden und schrägen Seiten. Eine breite Freitreppe führt auf den Eingang zu, wo die weißen Rahmenprofile sogartig ins Gebäudeinnere führen. Die Fassadengestaltung macht den Bau zu einem interessanten Blickfang an der Heilbronner Straße.

Vom Eingang aus werden über zwei Treppenhäuser die Büroetagen erreicht. Der Skelettbau ermöglicht es, Büroflächen für ein bis vier Nutzer pro Etage zu unterteilen.

Auch das Wohnhaus an der Vordernbergstraße bietet durch die Skelettbauweise flexible Grundrisse und Raum für bis zu 21 Wohnungen. Die nach Süden orientierten Wohnungen sind über Laubengänge im Norden erschlossen.

Arcotel (16)
Heilbronner Straße 21–23

2006 bis 2007 wurde das Arcotel nach Plänen von Christoph Mäckler gebaut. Dabei integrierte der Frankfurter Architekt historische Fassadenteile des ehemaligen Stuttgarter Postdörfles in den Neubau. Sie setzen sich mit dem geböschten Sockel, dem grauen und beigen Sichtmauerwerk und rundbogigen Fensteröffnungen deutlich von den verputzten Neubauteilen ab. Das Postdörfle, das sich von der Heilbronner Straße den Hang hinauf entwickelte, war die erste große Arbeitersiedlung Stuttgarts. Sie wurde 1868–72 von Georg Morlock für Bediens-

Z-Up

Arcotel

tete der Post und Bahn erbaut. In den beiden Bauten an der Heilbronner Straße befanden sich ursprünglich die Gemeinschaftseinrichtungen der Siedlung: eine Speise-, Bade- und Waschanstalt, eine Kinderkrippe und ein Konsumladen. Zwischen ihnen führte eine Freitreppe den Hang hinauf zu den über 30 Wohngebäuden. Nach der Zerstörung im Zweiten Weltkrieg hatte man die beiden Gemeinschaftsbauten, die als einzige erhalten blieben, mit flachen Satteldächern vereinfacht wiederaufgebaut. Erst beim Neubau des Arcotels erhielten sie die vier ursprünglichen Quergiebel zurück. Sie betonen die Formen der Neorenaissance der Altbauteile. Am Dach und an den Seiten ist zu erkennen, dass die Kubatur dabei deutlich erweitert wurde. Dennoch blieb der Einschnitt zwischen den beiden »Altbauten« bestehen. Mäckler nutzte ihn geschickt als Eingangs- und Verbindungsbau, der mit drei überlängten, schräg zulaufenden Fenstern und drei darüberliegenden Spitzgiebeln bewusst modern und auffallend in Szene gesetzt ist. Das Entree des Hotels erhält hier einen hohen Raum mit großem Kristallkronleuchter, Lounge, Empfang und einem wirkungsvollen Glassteg zur Verbindung der Hoteletagen. Die Außentreppe an der Heilbronner Straße und die zweiarmige Treppe im Entree sind somit eine moderne Wiederaufnahme der Freitreppe des ehemaligen Postdörfles.

Stadtbibliothek am Mailänder Platz (17) Mailänder Platz 1

Der in Köln tätige, aus Südkorea stammende Architekt Eun Young Yi realisierte 2008 bis 2011 die neue Stadtbibliothek auf einem Areal, das durch den Abbruch des Stuttgarter Güterbahnhofs frei wurde. Yi hat sich auf die Fahne geschrieben, die Grundformen der Architektur wiederzuentdecken. Dies ist unschwer auch dem Bibliotheksbau anzusehen: Er besteht aus einem einfachen Quader mit 44 Metern Seitenlänge und 40 Metern Höhe. Die regelmäßige Fassadengestaltung aus Glasbausteinen zwischen Sichtbetonrahmen greift mit ihren 9 × 9 Feldern ebenfalls das Quadrat auf und unterstreicht den monolithischen Charakter des Gebäudes. Eine Hauptfassade ist nicht erkennbar, die Eingänge befinden sich an allen vier Seiten, ebenso wie der Schriftzug Bibliothek, der in Deutsch, Englisch, Arabisch und Koreanisch am oberen Gebäudeabschluss zu lesen ist.

Stadtbibliothek

Die Gebäudehülle ist als Doppelfassade ausgebildet. Hinter den Glasbausteinen folgt auf einen begehbaren Zwischenraum eine innen liegende Glaswand. Bei Dunkelheit beleuchten blaue Lampen die Quadratfelder, wobei die Felder in unterschiedlicher Folge an- und ausgeschaltet werden. Im Zentrum des Kubus liegt ein vier Stockwerke hoher Raum, der, nach Vorbild des römischen Pantheons, nur durch ein Oberlicht in der Decke natürliches Licht erhält. Betretbar ist er wiederum durch vier Türen. Er soll der inneren Einkehr und Ruhe dienen und möglichst leer bleiben. Darüber liegt ein fünf Stockwerke hoher Bibliotheksraum, der mit seinen abgetreppten Galerien an ein Amphitheater erinnert. Bücherregale füllen die Emporen dieses großen Lesesaales. Belichtet wird er durch ein riesiges Glasdach. Yi stellte sich die Bibliothek als frei stehenden, kristallinen Baukörper umgeben von Wasser vor. Die Außenanlagen sollen in den kommenden Jahren ergänzt werden.

 Cafés und Restaurants finden sich gleich zu Beginn am Theaterhaus, unterwegs im Naturkundemuseum, im Bürgerhospital oder im Arcotel und auch am Endpunkt der Tour, in der Stadtbibliothek.

 Tourstart: Maybachstraße: U-Bahn 6, 13; Pragsattel: U-Bahn 6, 7, 13, 15; Bus 57
Tourende: Stadtbibliothek: U-Bahn 5, 6, 7, 12, 15; Türlenstraße: Bus 44

Spaziergänge
in den Stadtteilen

15 Degerloch und Megastrukturen im Asemwald

Plateau mit architektonischem Ausrufezeichen

Der Stadtteil Degerloch ist der nördliche Ausläufer der Filderebene. Das Plateau befindet sich 200 Meter über der Stuttgarter Innenstadt. Zwei Zufahrtsstraßen bestimmen den Stadtbezirk im Nordwesten. Zum einen ist dies die Neue Weinsteige, die bis 1831 angelegt wurde und eine der wichtigsten Einfallstraßen nach Stuttgart ist, zum anderen die Jahnstraße, die die Erschließung auf der Ebene regelt und Degerloch mit der Autobahn und den Filderstädten verbindet. Die Jahnstraße ist auch Ausgangspunkt der Strecke der Zahnradbahn. 1884 in Betrieb genommen, verweist dieses historische Verkehrsmittel auf den Wandel Degerlochs von einer bäuerlich geprägten Siedlung zu einem wichtigen Handwerks- und Gewerbevorort Stuttgarts. An diesem Standort dominiert der Fernsehturm als elegante Nadel den Horizont. Durch seine Höhe und Gestaltung ist er mittlerweile zum Wahrzeichen Stuttgarts geworden.

Degerloch

3 Std.

4,8 km

Tipps zur Tour: Im Haus des Waldes werden Ausstellungen zum Thema Nachhaltigkeit und Ökologie gezeigt. Mit Glück ist die Versöhnungskirche geöffnet. Sie fasziniert durch ihren lichtdurchfluteten, unregelmäßig gestalteten Innenraum.

Der Fernsehturm ①
Jahnstraße 120

Der Turm erhebt sich als architektonisches Ausrufezeichen auf dem Bergkamm des Hohen Bopser. Er ist einzigartig – sowohl in seiner Form wie in seiner Konstruktion. Fritz Leonhardt, verantwortlich für den Entwurf und die statische Berechnung, konnte Anfang der 1950er-Jahre auf keinen Prototypen für die Bauweise und die Gestaltung zurückgreifen. Er realisierte den Fernsehturm in den Jahren 1954 bis 1956 und leistete zusammen mit dem künstlerischen Leiter Erwin Heinle

Pionierarbeit. Das Fundament ist vollständig unter dem Bodenniveau versenkt. Es besteht aus einer ausgesteiften Kegelschale mit einem vorgespannten Ring, der einen Durchmesser von 27 Metern besitzt. Der Turmschaft hat einen runden Querschnitt von elf Meter Durchmesser an der Basis. Dieser verjüngt sich nach oben kontinuierlich bis auf fünf Meter. In 136 Meter Höhe wächst aus dem Schaft eine Schale, die den eleganten Turmkorb mit einer silbern glänzenden Aluminiumvorhangfassade trägt. Während der Schaft als schlanker Turm in die Höhe strebt, verbreitert sich der Korb gegenläufig auf seinen vier Etagen. Das Dach dient als Aussichtsplattform, zwei Geschosse sind für Restaurants vorgesehen, in zwei weiteren sind das Sendezentrum des SWR und die Küche untergebracht. Über der Plattform erhebt sich der Sendemast. Insgesamt besitzt der Turm damit eine Höhe von 217 Metern. Der Fernsehturm wurde 1954 als Zweckbau des Süddeutschen Rundfunks geplant und ist mittlerweile eine Ikone der Ingenieurtechnik. Im Gegensatz zu anderen Turmbauten wurde kein durchlässiges Metalltragwerk errichtet, wie man es beispielsweise vom Eiffelturm kennt, sondern eine Konstruktion aus Spannbeton. In dieser Variante des Stahlbetons wird die Schalung durch eine Spanneinlage zusammengedrückt. Fritz Leonhardt konnte darin auf seine Erfahrung beim Brückenbau zurückgreifen. So gelang es, die Höhe in eine elegante Linie zu überführen, sodass das technisch notwendige Gebäude sich gleichzeitig durch architektonische Attraktivität be-

Fernsehturm

ca. 200 Metern rückt der Wasserturm in das Blickfeld.

Der Wasserturm ②
Jahnstraße 4

Auf der rechten Straßenseite befindet sich der Wasserturm aus dem Jahr 1912, dahinter der Wasserhochbehälter, der von 2005 bis 2007 durch das Büro Brixner Architekten geplant wurde. Der Backsteinturm wurde vom Hochbauamt der Stadt Stuttgart errichtet und ist ebenso wie der dahinterliegende neue Behälter in Nutzung. Als Tragwerk mit roter Backsteinverkleidung ist er als Ingenieurbau interessant. Mit einem breiten Sockelgeschoss erhebt er sich auf einem achteckigen Grundriss. Betont werden die zwei Hauptgeschosse durch Lisenen aus hellem Sandstein, die je drei Bögen ausbilden.

Die Waldschule ③
Georgiiweg 1

Ein Blickpunkt am Ende des Königsträßles ist die Waldschule. Zur Straßenseite präsentiert sich der Bau mit einer Rasterfassade aus Betonfertigteilen. Einige Elemente sind in Rot, Gelb und Blau gestrichen. Dazwischen wechseln sich Fensterbänder mit Aluminiumrahmen ab. Biegen Sie nun auf der rechten Straßenseite in den Waldweg ein und folgen Sie der Beschilderung »Haus des Waldes«. Mit roten Schildern, die an aufgeschichteten Blöcken aus Holzscheiten angebracht sind, wird der Weg gewiesen. Ein rot geschlängeltes Metallrohr markiert den gepflasterten Zugang.

Wasserturm

hauptet. Nach dem Vorbild antiker Säulen verjüngt sich der Turm und wird als Ganzes zum Symbol für das Fernsehen als Massenmedium, das Funktionalität mit bautechnischer und gestalterischer Innovation verbindet. Er regte unzählige Turmbauten ähnlicher Art an, wie etwa 1958 in Johannesburg den Sentech-Tower. Folgen Sie nun der Jahnstraße am Waldrand entlang der Sportstätten. Nach

Das Haus des Waldes ④
Königsträßle 74, Mörikeweg

Das Haus des Waldes, das der Stuttgarter Architekt Michael Jockers für den Landesbetrieb Forst Baden-Württemberg konzipierte, wurde 1996 fertiggestellt. Es gehört zu einer Häusergruppe, die sich um einen Hof an einem Teich gruppiert. Das Thema des Ensembles bezieht sich auf den Standort und zeigt sich bereits auf den ersten Blick: Bauen mit Holz. Beim Haus des Waldes wählte man für die Konstruktion baden-württembergische Douglasien, einen schnell nachwachsenden und

zähen Rohstoff. Zum Hof zeigt sich der zweigeschossige Bau mit Haupteingang und Räumen für Sonderausstellungen. Diese Raumgruppen, die eine geringere Deckenhöhe erforderten, wurden in diesem kompakten, hochwärmegedämmten Gebäudeteil zusammengefasst. Die Fassade ist entsprechend ihren jeweiligen Anforderungen in geschlossene Teile oder mit offenen Fensterbändern gegliedert. Durch die Verschalung mit unbehandeltem Holz bilden sich die Einflüsse der Witterung auf der Außenhaut des Gebäudes ab. Umrundet man den Bau,

Haus des Waldes

verfolgt man seine spektakuläre Öffnung zum Wald. Der bauchig vorgelagerte Teil ist besonders gut von der Seite zu erkennen. Eine filigrane Konstruktion aus Brettschichthölzern überspannt bogenförmig die Halle des Ausstellungsraums. Mit einer Halbtonne bietet der verglaste Hallenbereich die Möglichkeit, den umliegenden Stadtwald und die Jahreszeiten im Wandel zu beobachten. Im Inneren thematisiert die Dauerausstellung Stadtwaldwelt globale Aspekte des Waldes.

Nachdem Sie wieder auf den Waldweg zurückgekehrt sind, biegen Sie nach rechts und folgen 500 Meter weit dem Roßhauweg. Links erkennen Sie die Versöhnungskirche am Ende des Weges.

Die Versöhnungskirche ⑤
Löwenstraße 116

Das schräge Dach und der spitz zulaufende Kirchturm der evangelischen Versöhnungskirche erheben sich über den Baumwipfeln. Diese wurde 1959 nach dem Entwurf von Adolf und Hans Bregler ausgeführt. Der Glockenturm markiert die Ecke, hinter der sich im Inneren der Altar befindet. Mit 13 schräg gestellten Betonlamellen und bunten Glasscheiben werden an der Längsseite schmale Lichtschächte gebildet. Sie sorgen im Gemeinderaum für einen dezenten Farbverlauf an der aufgefächerten Wandfläche. Auf dem Vorplatz der Kirche befindet sich ein aufgesprengter weißer Marmorzylinder aus dem Jahr 1984. Es ist ein »Stein zur Meditation« des Künstlers Elmar Daucher, von dem auch das Mahnmal vis-à-vis des Alten Schlosses stammt. Der Eingang wird durch eine weit heruntergezogene Dachlinie gebildet. Hier gelangt man über ein kleines Vestibül in den Innenraum. Die ungewöhnliche Gestalt des Baus basiert auf seinem quadratischen Grundriss, bei dem jeweils die Ecken betont werden – zum einen durch den Altar, zum anderen durch die gegenüberliegende Empore. Unterschiedliche Höhen und schräg verlaufende Erschließungsachsen steigern die spannende Gestaltung. Leicht aus der Mitte gerückt, führt der Weg zu den Sitzplätzen und dem Altar. Gelb-rote Schattierungen zeigen sich an den Betonrippen auf der linken Seite. Blickt man nach oben, erkennt man die Rippendecke des Dachs, das an der diagonal verlaufenden Linie abgeknickt

ist und dadurch für einen ungewöhnlichen Raumeindruck sorgt. Auch im Außenbau ist die vom Eingang her sich steigernde Dachneigung augenfällig, die am höchsten Punkt den Dachreiter trägt. Mit schrägen Ebenen, spitzwinklig herausgeschnittenen Flächen beim Glockenturm, trapezförmigen Flächen sowie fächerartig angeordneter Bestuhlung und Emporenlinie verweigert sich die Versöhnungskirche der klassischen Gestaltung. Vielmehr ruft das geknickte Dach den Gedanken eines »Kirchenschiffs« hervor und die Gemeinde wird sehr nah an den Altar und damit an das liturgische Geschehen herangeführt. Die

Versöhnungskirche, Innenraum

Hospiz, Gartenseite

Versöhnungskirche von Adolf und Hans Bregler ist für die 1950er-Jahre ein ebenso avantgardistischer wie mutiger Bau. Durch seine ungewöhnliche Dachfaltung und die Originalausstattung ist die Kirche ein wichtiges und außergewöhnliches Zeugnis des Nachkriegskirchenbaus. Gehen Sie nun den Hainbuchenweg mit seinen freistehenden Mehrfamilienhäusern entlang.

Das Hospiz St. Martin ⑥
Jahnstraße 44–46

Die Ecke der Kreuzung Jahn-/Reutlingerstraße wird zunächst von einem hellbraun gestrichenen Kubus in Stahlbetonbauweise dominiert. Er ist Teil des Hospizes St. Martin, für das die Architekten des Büros Aldinger und Aldinger 2008 mit dem Preis für beispielhaftes Bauen ausgezeichnet wurden. Für die katholische Gesamtkirchengemeinde

Stuttgart entstand ein Gebäudekomplex, der ein stationäres Hospiz für Schwerkranke, zwei Referate sowie Räume für die ambulante Hospizarbeit beherbergt. Umrundet man das Gebäude, fällt sofort die Öffnung durch eine Diagonale ins Auge: Der Quader wird in einen Ost- und Westtrakt geteilt, jedoch durch eine Brücke im ersten Geschoss wieder zusammengeführt. Hier ist es nun nicht mehr der braune Farbton, der die Fassade an der Kreuzung bestimmte, sondern strahlendes Weiß. Durch die Öffnung entsteht ein durchlässiger Hof, der zum einen als Vorplatz für die Einrichtung dient, zum anderen als öffentlicher Weg zwischen Sozial- und Pflegestation genutzt werden kann. Interessant sind die Details. Das erste und zweite Geschoss kragen leicht aus und leiten in einer bogenförmigen

Ärztekammer

Bewegung zum Vorplatz. An der Gartenseite des Hospizes, an dem sich die Balkone befinden, wird diese Wellenform der
Fassade durch das starke Relief der Erker
aufgegriffen. Auch die Zweifarbigkeit des
Gebäudes, die auf eine differenzierte Gestaltung von Außen- und Innenraum verweist, ist hier Thema: Während die glatte
Wandfläche in einem dunklen Ton gehalten ist, setzen sich die Balkone durch den
weißen Anstrich deutlich ab.

Die Landesärztekammer ⑦
Jahnstraße 38a / 40

Gegenüber befinden sich zwei Gebäude
der Landesärztekammer. Sie sind mit ihren Pultdächern als Paar ausgeführt und
greifen mit der Backsteinfassade die Gestaltung des historischen Bestandshau-
ses in der Jahnstraße auf. Der vorgesetzte
Glaslaubengang am Hans-Neuffer-Weg
und der halbrunde, weit ausgreifende

Veranstaltungsraum sind beide Elemente,
die die moderne Lösung dieser Bauaufgabe unterstreichen.

Die Ärztekammer Nordwürttem-
berg ⑧
Jahnstraße 5

2002 entstand am Ende der Jahnstraße der wuchtige, graue Längsbau, der
die Bezirksärztekammer beherbergt.
Schwarz durchgefärbte Faserzement-
platten markieren die drei Geschosse
des Blocks. Für den Bürobau entwickelten die Architekten des Büros Aldinger
und Aldinger, deren Arbeit Sie bereits
vom Hospiz St. Martin kennen, jedoch
eine völlig andere Lösung als für den
Wohnungsbau. Der Riegel orientiert
sich am Straßenverlauf und integriert
die Ausrichtung des Grundstücks in den

Entwurf. Am Hang des Stuttgarter Talkessels gelegen, wird der Block von zwei stark befahrenen Straßen umgeben. Trotz seiner Position bietet das Plateau jedoch einen schönen Ausblick auf die Stuttgarter Innenstadt. Darum verschließt sich der Bau zur Jahnstraße und den Gleisen der Zahnradbahn und besitzt nur unregelmäßig angeordnete Lichtschlitze, in denen sich Holzfenster befinden. Geht man um das Gebäude herum, wird man von der geöffneten Längsseite an der Neuen Weinsteige überrascht: Dort verleihen geschosshohe, fest stehende Verglasungen dem Bau großzügige Öffnungen und lösen die blockhafte Materialität auf. Niedrige Baukörper komplettieren den Bau an der Hangseite und beziehen sich in ihrem Maßstab auf die Nachbarbebauung.

Das Jugendhaus Helene P. ⑨
Obere Weinsteige 9

Gegenüber der Ärztekammer befindet sich das neue Jugendhaus. Das Büro Kauffmann, Theilig & Partner aus Ostfil-

dern begann 2004 mit der Planung. Im Jahr 2006 fertiggestellt, markiert nun der hochaufwachsende, unregelmäßige Betonturm die Geländelinie. Große Flächen sind aus ihm herausgeschnitten, sodass er in seiner dekonstruktivistischen Gestalt an den Glockenturm der Versöhnungskirche erinnert. Ihm ist ein niedrigerer Gebäudetrakt zugeordnet, der mit seinem schrägen Dach auf die ansteigende Höhe Bezug nimmt. Durch die Glasflächen zwischen den Geschossen wirken große Bereiche frei gestellt. Von der Straße wird der Neubau durch eine Betonplatte abgeschirmt. Neben ihm fällt ein großes Backsteinhaus auf. Es ist das alte Jugendhaus, eine ehemalige Apothekervilla aus dem Jahr 1870, die vollständig saniert wurde und mit dem Anbau verbunden ist. Das neue Jugendhaus geht keinen Dialog mit dem Bestandsbau ein, sodass der einzige Bezugspunkt die Höhe des Turms zum Dachfirst sein mag. Statt-

Jugendhaus

Skulpturen am Albplatz

dessen bezieht das Gebäude seinen besonderen Reiz aus Motiven, die sich in die landschaftliche Umgebung einzugliedern suchen: unterschiedliche Höhen, prismatische Formen und Vieleckigkeit. Hinter dem aufgeschütteten Wall befindet sich ein Spielplatz, der über eine Rampe mit der Haltestelle Degerloch verbunden ist. Der Name des Jugendhauses leitet sich von Helene Pfleiderer ab. Sie verfügte, ihr Vermögen solle nach ihrem Tod 1994 der Alten- und Jugendhilfe zur Verfügung gestellt werden. Dank der Bereitschaft der Helene-Pfleiderer-Stiftung, ein Kinder- und Jugendhaus mit dem Jugendhaus e. V. als Betreiber zu finanzieren, war die Realisierung des Projekts mit betreuten und selbst organisierten Angeboten für Kin-

der und Jugendliche von 6 bis 19 Jahren möglich.

Haltestelle Degerloch ⑩

Die Haltestelle Degerloch wurde 1988 bis 1991 umgestaltet und kann sich jetzt in ihrer Funktion als Stadttor für die von Süden kommenden Passanten behaupten. Nach der Verlegung der Stadtbahnhaltestelle in ein großzügiges Untergeschoss führen nun breite Rampen vom Fahrbahnsteig zum Straßenniveau. An den Knotenpunkten der Fußgängerführung wird man von Großkeramiken des Künstlers Wolfgang Thiel aus dem Jahr 1987 empfangen. Sie sind an den Ausgängen zur Epplestraße und zur Josefstraße platziert und stellen wesentliche Elemente der Gestaltung dar.

Das Bezirksrathaus, das Feuerwehr-haus ⑪
Große Falterstraße 2, Leinfeldener-straße 65

Auch das historische Zentrum Degerlochs hat sich in den letzten Jahren verändert. Am Platz vor der Michaelskirche sticht das auffällige, rote Band des renovierten Bürgerbüros ins Auge. Hinter dem hell verputzten Altbau mit Satteldach rahmt es als auskragendes Profil das neue Treppenhaus und den Bürotrakt, der in einen zweiten Fachwerkbau mit weißem Anstrich eingeschoben wurde. Der rote Rahmen besteht aus versiegelten Holzplatten, die im Inneren weitergeführt werden. Die

Belichtung erfolgt im Treppenhaus über große quadratische Fensterflächen. Es ist ein geglückter Eingriff, der den Platz ebenso aufwertet wie das dahinterliegende, neu erbaute Feuerwehrhaus am Agnes-Kneher-Platz. Um dieses näher in Augenschein zu nehmen, gehen Sie rechts an der Michaelskirche vorbei. Der Bau der Feuerwehr Degerloch-Hoffeld besteht aus grauen Kuben unterschiedlicher Höhe. Im hellgrauen Trakt befinden sich die Löschfahrzeuge, im dunkelgrauen die Aufenthaltsräume. Breit gerahmt sind die Fensterflächen, die zum Agnes-Kneher-Platz ausgerichtet sind. Der Weg führt nun die Große Falterstraße bergab. Dem Blick zeigen sich in der Ferne die monumentalen Hochhausscheiben der Siedlung Asemwald und ein gestaffelter Hochhausblock in Birkach.

Bürgerbüro

Die Siedlung Falterau ⑫
Hadäckerstraße mit Brunnenplatz

Am südlichen Ortsrand Degerlochs, von der Reutlingerstraße und dem Waldrand des Ramsbachtals umgeben, befindet sich die Falterau. Die Bebauung der Kolonie betont den Straßenverlauf, wird jedoch durch Gebäudeblöcke aufgelockert, die deutlich zurückgesetzt sind, sodass sie sich als typische Gartenstadtbebauung präsentiert. Die Hadäckerstraße öffnet sich in der Mitte zu einem rechteckigen, fast quadratischen Platz mit einem Brunnen als Mittelpunkt. Dieser kleine »Dorfplatz« ergibt sich durch das Zurücksetzen der Baulinie und zwei Achthausgruppen mit hervorspringenden Doppelhäusern, die die Freifläche rahmen. Die zweige-

Mittelpunkt der Siedlung

schossigen Wohnhäuser zeichnen sich durch steile Dachflächen aus, die sehr gut zum Gedanken einer dörflich geprägten Kleinsiedlung passen. Die Falterau entstand in vier Bauabschnitten zwischen 1911 und 1950. Die erste Planung folgte dem Entwurf von Werner Klatte und Richard Weigle, für den zweiten Bauabschnitt war Karl Beer verantwortlich, der bereits für den Heimstättenbauverein den Schönblick auf dem Killesberg realisiert hatte. Als frühe württembergische Kleinhaussiedlung steht die Kolonie Falterau für ein neues Bauherrenmodell der Jahrhundertwende: Sie war ein Projekt der ersten gemeinnützigen Baugenossenschaft im Königreich Württemberg. 1910 hatten Arbeiterinnen und Arbeiter diesen Zusammenschluss gegründet. Das Ziel war, Mitgliedern der Genossenschaft Eigentum an Häusern mit Garten zu ermöglichen und dadurch armen Be-

völkerungsschichten außerhalb der Stadt durch billiges Bauland zum Eigenheim zu verhelfen. Augenfällig sind bei den Häusern der ersten Bauphase die steilen Dächer mit ihren großen, weit heruntergezogenen Dachflächen. Innerhalb des Baukomplexes sind sie als symmetrische Einheiten mit gleicher Fassade aufgefasst. Gemeinsam ist ihnen allen, dass sie in Backstein mit verschiedenfarbigem Verputz und dunklen Fensterläden ausgeführt wurden. Als Ensemble ist die Falterau noch gut erhalten. Einige Nachkriegsumbauten haben ihre Spuren hinterlassen – vor allem jedoch der Umbau nach der ersten Bauphase, denn anfangs waren die Häuser weder mit einem WC, dem Anschluss an die Kanalisation, einer Etagenheizung, geschweige denn mit elektrischem Licht ausgestattet.

Scheibenförmiges Hochhaus

Exkurs: Megastrukturen – die Wohnanlage Asemwald
Im Asemwald, Block A, B, C

Zwei Kilometer von der Siedlung Falterau entfernt, befindet sich die Wohnanlage Asemwald im Stadtteil Birkach. Die Bauten, die auf einen Entwurf des Planungsduos Otto Jäger und Werner Müller von 1968 zurückgehen, erheben sich als drei mächtige Wohnscheiben über den Baumwipfeln. Umschlossen von einem Grüngürtel, dem Asemwald, und ohne Beziehung zu anderen Bebauungsstrukturen, ist der Asemwald eine Satellitenstadt von besonderem Reiz: Autofrei und repräsentativ für die Wohnvisionen der 1960er-Jahre. Das neue Leitbild des Nachkriegsstädtebaus, »Urbanität durch Dichte«, mit seinen hochgeschossigen,

länglichen Bauten löste den drei- bis fünfgeschossigen Zeilenbau und die Punkthochhäuser mit quadratischem Grundriss ab, die noch die Errichtung des Fasanenhofs wenige Jahre (ab 1960) zuvor bestimmt hatten. Aufschlussreich für das Für und Wider solcher Großbauten ist die Entwurfs- und Rezeptionsgeschichte der Hochhausstadt: Der erste Entwurf aus dem Jahr 1959 sah einen einzelnen lang gestreckten Baukörper für den Asemwald vor. Die Zeile mit 650 Meter Länge und 50 Meter Höhe stieß bald unter dem Namen »Hannibal« auf starken Protest. Die Kritik an der »monströsen Bienenwabe« richtete sich gegen die überstiegenen Proportionen des Objekts, gleichzeitig lobten die Befürworter jedoch, dass durch eine Megastruktur die Landschaft vor kleinteiliger Zersiedlung geschützt werde. Nach mehrjährigen Überarbeitungen realisierte man einen vierten und letzten Entwurf aus dem Jahr 1968 und die Bausparkasse beauftragte die Gewog Stuttgart als gemeinnützige Wohn- und Siedlungs-GmbH, die Mietwohnungen der Wohnstadt zu errichten. Noch immer ist heute die Idee der Planer zu spüren, einen Wohngiganten zu schaffen, eine vertikale Stadt, die autark alle Bedürfnisse des täglichen Lebens befriedigt. Das Raumbild bestimmen drei gleich hohe Scheiben mit 22 Geschossen. Ihre Anordnung umfasst einen Innenraum mit Erschließungswegen, Geschäften, Kindergarten, Kirche und Gemeinschaftsanlagen. Im Gegensatz zu einer vereinzelten Zeile des Ursprungsentwurfs hatte die Hochhausstadt nun ein Zentrum bekommen. Für Komfort sorgen ein Restaurant sowie ein öffentliches Schwimmbad mit Sauna im obersten Geschoss des Blocks A. Die Asemwaldhochhäuser wurden für etwa 3.000 Bewohner konzipiert. Aufgrund des gestiegenen Wohnraumanspruchs leben dort heute ca. 1.800 Bewohner. Das Wohnumfeld ist durch die Verkehrstrennung größtenteils den Fußgängern vorbehalten. Unter jedem Haus befindet sich eine Tiefgarage, jeder Wohnung ist ein Parkplatz zugeordnet, sodass die Wohnstadt oberirdisch nahezu autofrei ist. Die Hauptfußwege sind mit Pergolen überdacht und leiten den Bewohner jeweils zu den sechs Eingängen der Blö-

Wohnhochhäuser

cke A, B und C. Durch eine Eingangshalle im Erdgeschoss gelangt man rechts oder links zu den Aufzügen und dem dahinterliegenden Treppenhaus. Deren Position ist an der Fassade durch orangefarben und gelb gestrichene Betonelemente abzulesen, denen ein Balkon vorgesetzt ist. Durch das vorgeschobene Treppenhaus ist es möglich, dass alle drei Wohnungen, die auf einem Stockwerk sind, viel Licht bekommen. Das zugrunde liegende Konzept ist der sogenannte Dreispänner, ein gemeinsamer Flur, der sich je Stock in drei Eingänge auffächert. So queren die beiden Wohnungen neben dem Aufzug das Gebäude und erhalten an der Vorder- und der Rückseite viel Tageslicht. Die Wohnung hinter dem Flur wird durch einen großzügigen Balkon besonnt. Um das Innere vor den Geräuschen im Flur zu schützen, wurde im Grundriss die Nasszelle dem Flur zugeordnet. Die Wohnungen sind großzügig und funktional geschnittenen, zwischen 41 und 154 Quadratmeter groß und wurden beim Verkauf als 1,5-Zimmer- bis 6,5-Zimmer-Wohnungen angeboten. Durch die Schottenbauweise mit mittragenden Außenwänden wurden hohe Spannweiten erreicht, so dass die Grundrisse flexibel sind und 21 Varianten haben. Als Bezugspunkt für die Wohnstadt Asemwald gaben die Ingenieure Otto Jäger und Werner Müller die »Unité d'habitation« von Le Corbusier an. Die Unités sind große Wohnkomplexe, die größtenteils aus Betonfertigteilen errichtet wurden. Diesen Haustyp entwickelte Le Corbusier zwischen 1947 und 1965 mit Bauten in Marseille, Nantes, Briey, Firminy und Berlin. In der Idee der Massenwohnung, des Blocks, der standardisierten Serienproduktion und der Sichtbetonfertigteile und damit der Wiederholung der Bauelemente ähneln sich diese Ansätze. Durch die Zugänge wollten sich die Architekten jedoch abgrenzen: Im Gegensatz zu den Wohnblöcken Le Corbusiers kommt man im Asemwald nicht durch lange Innenflure zu den Wohnungen, sondern durch vertikale Verkehrssträge, Aufzüge und Treppenhäuser und den oben beschriebenen Dreispänner mit kurzen Fluren. Viele Satellitenstädte in Stuttgart haben die Idee einer ambitionierten, modernen Wohnlandschaft in den letzten 40 Jahren verloren. Die Wohnhochhäuser im Asemwald konnten sich jedoch behaupten, denn viele Bewohner leben seit dem Erstbezug in der Anlage.

 Am Albplatz gibt es zahlreiche Einkehr- und Einkaufsmöglichkeiten.

 Tourstart: Ruhbank: U15; Ruhbank / Fernsehturm: U7, U8, U15
Tourende: Reutlinger Straße: Bus 70; zum Exkurs mit der Siedlung Asemwald fährt Bus 71

16 Möhringen

Am Stadtboulevard: dunkle Ziegel, Glas und Bronze

In den letzten Jahren hat sich das Areal um den Möhringer Bahnhof gewandelt. Durch kluge städtebauliche Eingriffe wurde die Fuge zwischen Wohnbebauung und Gleisanlagen geschlossen. Mit der Galerie ABTART besitzt Möhringen einen attraktiven Anziehungspunkt. Sowohl Kunst- wie Architekturinteressierte kommen bei diesem zeitgenössischen Ausstellungsbau auf ihre Kosten. Etwas außerhalb des Möhringer Zentrums liegen die Häuser des chinesischstämmigen Architekten Chen Kuen Lee. Seine Arbeit ist ein interessanter Kulturtransfer, denn er verband Gestaltungsprinzipien asiatischer Architektur mit den Ideen des deutschen Werkbundes.

Möhringen

1 ½ Std.

1,2 km

Tipps zur Tour: 600 Quadratmeter Ausstellungsfläche und 100 Quadratmeter Skulpturenhof bieten in der Galerie ABTART ungewöhnliche architektonische Raumerfahrungen. In Wechselausstellungen wird zeitgenössische Kunst präsentiert.

www.ABTART.com

Möhringer Bahnhof mit umliegender Wohnungsbebauung ①
Probststraße

Noch heute zeigt der Stadtkern Möhringens die dörfliche Struktur eines Vororts auf den Fildern. 1942 eingemeindet, erhielt der Bezirk bereits 1884 mit dem Möhringer Bahnhof einen wichtigen Impuls für die Stadtentwicklung. Die Filderbahn-Gesellschaft hatte in diesem Jahr zur Erschließung der südlich von Stuttgart gelegenen Filderebene eine privatwirtschaftliche Bahngesellschaft gegründet. 1934 ging sie in die Stuttgarter Straßenbahnen AG auf, die das Streckennetz von Möhringen nach Vaihingen, Degerloch, Hohenheim, Plieningen und Stuttgart übernahm und anpasste. An die Geschichte des Filderbahnhofs erinnert ein Architekturrelikt, das sich zwischen dem neuen Bürgerhaus, einem Kubus mit roter Fassade, und den Wohn- und Geschäftshäusern der Stuttgarter Straßenbahn AG befindet: Der Stationsbau

Stationsbau

von 1895 wurde rekonstruiert, rückgebaut und farblich wiederhergestellt. Diese Rekonstruktion ist Teil des Entwicklungsprojekts, das 1991 in einem Wettbewerb ausgelobt wurde. Das Stuttgarter Büro von Martin Stockburger, Dieter Späth und Herbert Dickmann gewann den ersten Preis, sodass der Siegerentwurf die Grundlage für die Neuordnung des Areals rund um den Möhringer Bahnhof war. Auf dieser Grundlage entstand in den letzten Jahren ein Quartier, das durch Neubauten und Nutzungsmischung gekennzeichnet ist. Die wesentlichen Bausteine für eine dauerhafte Belebung des Standorts sind 300 Wohneinheiten unterschiedlicher Struktur und Größe sowie ein Studentenwohnheim, das neue Bürgerhaus, ein Pflegeheim, eine Kinder-

tagesstätte, Büros und Räume für den Einzelhandel. Am Möhringer Bahnhof wurden die Konturen der Verkehrsachse durch neu gepflanzte Bäume herausgearbeitet. Hinter der Baumreihe erheben sich viergeschossige, hohe Wohnblöcke, die das angrenzende Wohngebiet mit Reihenhäusern gegen die viel befahrene Verkehrsachse abschirmen, die, durch einen Kreisverkehr kommend, das Gebiet durchtrennt.

Das Kinderhaus und die Kirche St. Hedwig ②
Probststraße 41

An der Brücke, die über die Gleise führt, liegt links das Kinderhaus St. Hedwig. Es

236

ist ein Bau des Architekten Günter Hermann und wurde 2009 fertiggestellt. Der polygonale Grundriss der Kindertagesstätte folgt im Süden dem gekrümmten Verlauf der Bahngleise. Rechts umschließt er zusammen mit der Kirche St. Hedwig und angrenzender Wohnbebauung eine vor Lärm geschützte Freifläche. Jeweils an den Stirnseiten im Freien platzierte, dramatisch schräg gestellte und 60 Zentimeter dicke Baumstämme tragen, zusammen mit dem Aufzugsschacht, einigen Wandscheiben und Stützen, das vorwiegend geschlossene, holzverschalte Obergeschoss. Allseitige Auskragungen beschatten einerseits die großzügig verglasten Erdgeschossfassaden und schaffen andererseits gedeckte Freibereiche. Das zentral gelegene Foyer wird durch einen roten Windfang und einen orangefarbenen, stoffbezogenen Paravent betont. Weiße Wandoberflächen, hellgraues Linoleum und die raue Sichtbetondecke ordnen sich dem starken Außenbezug unter. Über eine robuste Sichtbetontreppe gelangt man hinauf in das eigentliche Kindergeschoss, dessen Decken und Wände, als reine Holzkonstruktion errichtet, mit Kieferschichtplatten beplankt sind. Entlang der Erschließungszone im Süden wechseln sich drei Innenhöfe mit zwei dachlosen Loggien ab. Die raumhohen Verglasungen der Räume zu diesen geschützten Außenbereichen erlauben unterschiedliche Blickbeziehungen, Lichtstimmungen und Organisationsvarianten. Kurzes Toben an

Kinderhaus St. Hedwig

der frischen Luft ist möglich, ohne den Abstieg in den Garten über stählerne Außentreppen antreten zu müssen. Auch bei schlechtem Wetter gewährleisten Fenstersitznischen auf Kinderhöhe den Kontakt nach draußen.

Daneben befindet sich die katholische Kirche St. Hedwig. Sie ist eine dreischiffige Basilika und wurde 1951 von Regierungsbaumeister Otto Müller konzipiert. Von außen stellt sich die Kirche als zurückhaltender Kubus mit dominantem Glockenturm und niedrigen Seitenschif-

fen dar. Auch der Innenraum ist durch eine reduzierte Gestaltung charakterisiert. Rechteckige Obergaden belichten rechts das Hauptschiff, während runde Pfeiler die niedrigen Seitenschiffe abtrennen. So richtet sich die Aufmerksamkeit auf das imposante Altarbild, das die gesamte Westwand bedeckt. 1994 gestaltete der Maler Ben Willikens das Gemälde, das wandfüllend ist und eigens für diesen Ort konzipiert wurde. Es ist eine typische Arbeit des Künstlers. Denn ebenso wie die Wand- und Deckengemälde im

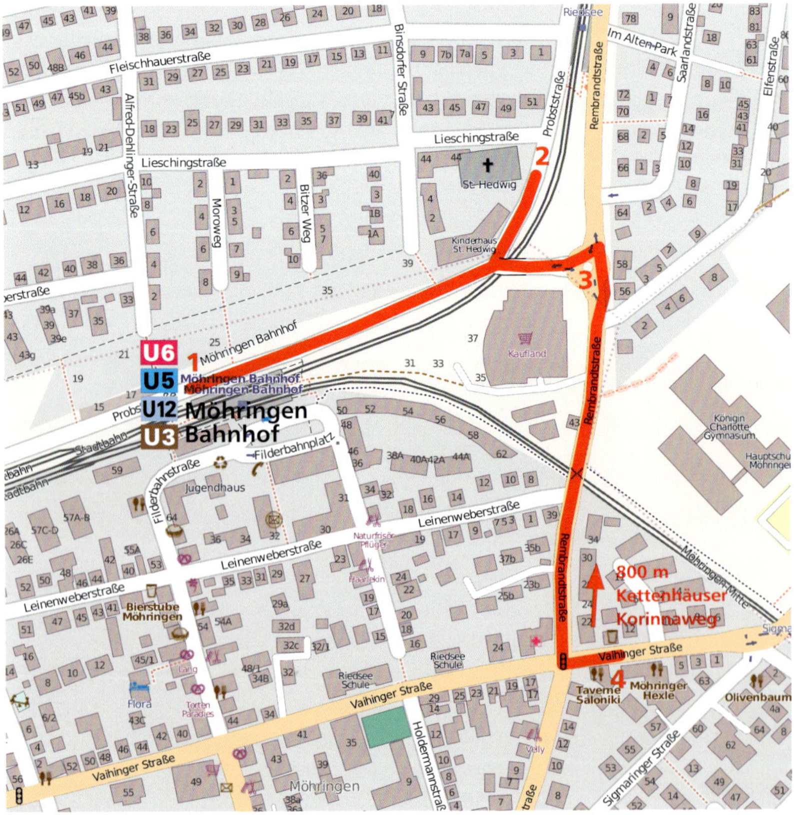

Skulptur von Daniel Wagenblast

Neuen Schloss, im Sitzungssaal der Landesbank Baden-Württemberg und im Auditorium der Möhringer Verwaltung von Mercedes-Benz, ist Willikens' Arbeit für St. Hedwig durch die Kombination von Illusionismus und eine auf Grautöne reduzierte Farbpalette gekennzeichnet. Immer wieder zeigt der Künstler gestochen scharfe, detaillierte Ansichten von Gängen, Schlaf- oder Warteräumen, die an stereotype Kliniksäle erinnern. Doch gibt es keine Hinweise auf Nutzer oder Bewohner, vielmehr fasziniert den Betrachter die Radikalität der Leere. Für St. Hedwig entwickelte Ben Willikens ein Altarblatt, das mit gemalter Architektur den Raum optisch erweitert und auf dem Kontrast zwischen Dunkelheit unten und verheißungsvollem Licht oben aufbaut. Gängige religiöse Symbole fehlen, doch erkennt man in den beiden Säulen Zeichen der (Glaubens-)Festigkeit, wie man sie als »Jachin« und »Boas« am Eingang zum Tempel in Jerusalem findet. Stangen, die an die Wand gelehnt sind, erinnern an die Leidenswerkzeuge Christi und ein

hoher Triumphbogen, der den Übergang in einen hellen Raum markiert, spielt auf die Erlösungstheorie des christlichen Glaubens an.

Kreisverkehr ③
Rembrandtstraße

Wenn Sie die Probststraße und die Brücke über die Gleise überqueren, kündigt sich bereits von Weitem eine Skulptur auf dem Kreisverkehr an. Die vier Meter hohe Aluminiumplastik von Daniel Wagenblast aus dem Jahr 2009 zeigt drei »Weltenfahrer«, die in verschiedene Richtungen blicken. Mal skeptisch, mal mit sehnsüchtigem Fernblick stehen die Figuren auf einer Weltkugel. Sie wirken wie grob gearbeitete Holzplastiken, deren Körper und Köpfe schemenhaft aus dem Material geschnitten wurden. Folgt man der Blickrichtung der Figur mit gelbem Hemd und den verschränkten Armen, stößt man auf die Galerie ABTART der Kunstmäzenin Karin Abt-Straubinger.

Galerie ABTART ④
Rembrandtstraße 38

2009 wurde das vom Büro Nixdorf Consult geplante Gebäude eingeweiht. Die Herausforderungen für die Architekten bestanden zum einen in der Lage und Form des Grundstücks, zum anderen in der Aufgabenstellung, helle Räume für Ausstellungen zeitgenössischer Kunst zu schaffen. Auf den schmalen, fast schlauchförmigen Verlauf des Grundstücks und die notwendigen, baurechtlich vorgeschriebenen Abstände zu den Nachbarn reagierten die Planer mit einer Art architektonischem Eisberg. Er offenbart an der Oberfläche nur einen Teil seines verfügbaren Platzes und bietet im Untergeschoss zusätzlichen Raum. An der Rembrandtstraße zeigt sich eine kubische Grundfigur, die sich im Obergeschoss durch zwei angesetzte, voll verglaste Kästen öffnet. Diese wirken wie in den Bau eingeschoben und sorgen mit einer bronzefarbenen Metallverkleidung für ein kontrastreiches Bild. Die Architekten lösten die schwierige Eckposition an den stark befahrenen Straßen, indem der Galeriebau Bezug zu den beiden Achsen, der Vaihinger Straße und vor allem der Rembrandtstraße, herstellt und die Trauf- und Giebelhöhen der umliegenden Gebäude berücksichtigt: Die Klinkerfassade in Anthrazit greift den Backstein des linken, zurückgesetzten Gebäudes auf, in dem sich die Karin-Abt-Straubinger-Stiftung befindet.

Einige Kniffe der raffinierten Galeriearchitektur zeigen sich, wenn man das Gebäude umrundet. Sowohl über die Glasfenster als auch durch eine geschickte Auffächerung der Fassade an der linken Längsseite gelangt das Tageslicht in die Räume. Durch diese Staffelung der Wandflächen entsteht ein großzügiger, heller Eingangsbereich. Im Inneren bildet ein Oberlicht eine Art Glasfuge zwischen Treppenaufgang und Ausstellungsraum im Erdgeschoss. Das Glasband erlaubt den Blick durch alle Stockwerke, sodass auch Tageslicht in das Ausstellungsgeschoss im ersten Untergeschoss gelangen kann. Dort findet man eine komplett verglaste Front und dahinter einen tiefen Hof, der Platz für Skulpturen bietet. Während der Öffnungszeiten lohnt ein Besuch

der Innenräume – auch wegen der interessanten Ausstellungen zu Themen zeitgenössischer Kunst.

Exkurs: Die Kettenhäuser von Chen Kuen Lee
Korinnaweg 64

Die Kettenhäuser des chinesischstämmigen Architekten Chen Kuen Lee in Sonnenberg sind 1963 entstanden. Die denkmalgeschützte Anlage, ein Kleinod moderner Architektur, steht mit Lees weiteren Häusern in Stuttgart für einen Gegenentwurf zur geometrischen Bauweise. Die zwei Reihenhäuser und die eingeschossige Wohnung sind miteinander verbunden und befinden sich auf dem sonst unbebauten Gelände der Pflanzschule Hörmann. Deutlich heben sie sich als Wohnlandschaften von der Umgebung ab. Es gibt ein zurückge-

Kettenhäuser

sich dies in der Vielansichtigkeit und der Betonung der Einzelformen. Im Inneren wird deutlich, dass er die abgetrennten Räume in Verbindung zueinander setzen wollte. Dies wird durch Zonen mit erhöhten Plattformen ebenso erzeugt wie durch geöffnete Galerien, die die Stockwerke durch Blickachsen miteinander verbinden. Mit fächerförmigen Grundrissen schuf der Architekt ungewöhnliche Wohnsituationen, die mitunter allerdings auf Kosten des Praktischen gehen: Es gibt eine kleine Küche mit konvex gebogener Längswand und überaus originelle Fensterelemente, die man allerdings nicht öffnen kann. Charakteristisch für das Bauen

Innenraum mit Treppenhaus

setztes Erdgeschoss mit großflächigen Fenstern, weit ausladende Balkone, sodass der Eindruck entsteht, das Gebäude falte sich auseinander. Dies alles sind Markenzeichen für Lees Formensprache. Auch die Dachflächen sind ein wichtiges Gestaltungselement. Sie führen meist ein Eigenleben, sind weit gespannt, kragen über die Gebäudeflucht hinaus und sind in gestaffelten Höhen angeordnet. Lee verzichtete auf Serialität und löste jede Bauaufgabe so, als wäre sie zum ersten Mal gestellt. Bei den Kettenhäusern zeigt

von Chen Kuen Lee ist neben den offenen und oft trapezförmigen Grundrissen die starke Verzahnung der Gebäude mit ihrer Umgebung. In Sonnenberg arbeitete er mit dem Bauherrn und Gartenarchitekten Adolf Haag zusammen, dessen Einfluss sich an den Hausgärten zeigt. Haag hatte ein Faible für Staudenpflanzungen und verwendete bevorzugt regionales Naturgestein. Die Wege in seinen Gärten führen an Stützmauern entlang, um die Rasenfläche nicht zu zerschneiden. Er setzte polygonale Bodenplatten ein, sodass sich ihr organischer Charakter harmonisch zur Vegetation verhält.

 Unweit des Möhringer Bahnhofs gibt es einige Gasthäuser und Kneipen. Etwas anspruchsvoller mit schöner Außenterrasse, Blick auf den See und feiner schwäbischer Küche ist der Gasthof Riedsee.

 Tourstart: Möhringen Bahnhof: U3, U5, U6, U8, U12
Tourende: Sigmaringer Straße: U3; zum Exkurs mit Kettenhäusern fährt U5, U6, U8, U12, Sonnenberg

17 Bauten für Wissenschaft und Forschung – Universitätsgebäude in Stuttgart-Vaihingen

Selbstbauarchitektur und Institute, die unter der Erde liegen

Das Hochschulgelände wird durch individuell gestaltete Einzelbauten, in denen die Institute untergebracht sind, abwechslungsreich belebt. Im Zentrum des Hochschulgebietes reihen sich an der sogenannten Lernstraße in lockerem Verlauf Wissenschaftsbauten, Bibliotheken, Cafeterien, Hörsäle und die Mensa. Diese planerische Figur stammt aus der frühen Bauphase der Universitätsstadt. In den letzten Jahren hat das Universitätsbauamt Stuttgart und Hohenheim jedoch außerhalb dieser Achse zahlreiche, teils spektakuläre Neubauten veranlasst, sodass der Vaihinger Campus mittlerweile über ein spannendes Architekturensemble verfügt.

Vaihingen

3 Std.

3,5 km

Tipps zur Tour: Der Unicampus liegt am Rand des Pfaffenwaldes. In der Nähe (2,5 km) liegt das Naherholungsgebiet mit Bärenschlössle und Bärenseen. Waldwege führen zu diesem beliebten Ausflugsort.

Das Universitätsgelände am Pfaffenwald ist das Ergebnis einer Aufteilung der Stuttgarter Hochschullandschaft in zwei Kernzonen: In den 1950er-Jahren wurden in der Innenstadt der alte Stadtgarten und die Technische Hochschule zum Universitätscampus ausgebaut. Ab 1960 verlagerte man aus Platzgründen die Ingenieurs- und Naturwissenschaf-

ten in eine eigenständige Universitätsstadt nach Stuttgart-Vaihingen, sieben Kilometer vom Talkessel entfernt. Auf dem fünf Hektar großen Gelände am Pfaffenwald wuchsen ohne räumliche Beschränkung zahlreiche Neubauten – zum Teil mit ambitioniertem architektonischem Anspruch, wie Sie beim Institut für Leichtbau, dem Hysolar-Gebäude und

Die Gestaltung des Hofs erinnert an einen Perserteppich

dem futuristischen Zentrum für virtuelles Engineering des Büros UN Studio am Ende des Rundgangs sehen werden.

Das Institut für Informatik ①
Universitätsstraße 38

Der Rundgang beginnt am Ausgang der S-Bahnhaltestelle »Universität«, die 1983 als Verkehrsanschluss an die Innenstadt angelegt wurde. Zur Orientierung dienen weiße Schilder, die an Abzweigungen die Adressen der Institute angeben.

Das Institut für Informatik wurde 2003 vom Universitätsbauamt Stuttgart und Hohenheim realisiert. Hinter einer Baumreihe erstreckt sich der dreigeschossige Viereckbau. Jeweils versetzt, sind Träger angebracht, zwischen denen sich raumhohe Glasscheiben befinden. Zur Straße öffnen sie sich großzügig, nur an der Parkplatzseite sind die Glas-

scheiben schmaler. Im Erdgeschoss sind Hörsäle und Seminarräume angesiedelt, darüber liegen die Räume der Verwaltung und der Lehrenden. Das Gebäude ist durch eine besonders leichte Konstruktion gekennzeichnet, bei der das Tragwerk von der Fassade gebildet wird. Bereits von außen erlaubt die Verglasung den Durchblick durch mehrere Räume. Die Transparenz nimmt nach innen weiter zu: Vier zweigeschossige Innenhöfe ermöglichen Sichtbeziehungen und laden ein, sich abseits des umtriebigen Campus im Freien aufzuhalten. Die Landschaftsarchitekten Dieter Pfrommer und Ulf Roeder entwickelten die Idee, die Höfe mit Motiven des Wohnens zu gestalten. Im Gegensatz zu den hoch technisierten Arbeitsräumen

wollen die offenen Hallen Wohnzimmer-
atmosphäre heraufbeschwören – so
geben verschiedene Teppicharten die
Themen der Garten- und Freiraumgestaltung vor. In den Obergeschossen befinden sich die Ebenen »Berber«, »Perser«,
»Sisal« und »Flokati« mit entsprechender
Möblierung. Die »Teppiche« sind mit
Grasstreifen in unterschiedlichen Höhen, Eichenholzflächen oder hellgrauem
Donaukies gestaltet. Besonders einfallsreich ist eine Hoflösung, die aus einem
zentralen Teppichfeld mit Motivrahmen
besteht. Es setzt sich aus farbig glasiertem
Ziegelpflaster zusammen und wirkt wie
ein in Pixel aufgerastetes Bild von abs-
trakten Ornamenten. Beim Blick aus dem

Hörsaal sieht man monumentale, leuchtend gelbe Töpfe mit Magnolien- oder
Wisterienbepflanzung. Die Formen der
Pflanztöpfe werden in das Überdimensio-
nale gesteigert und setzen einen weiteren
spielerischen Kontrapunkt zur wissen-
schaftlichen Ausrichtung des Baus.

Folgen Sie der Universitätsstraße und
biegen Sie in die erste Straße links, in den
Pfaffenwaldring. Nach 500 Metern sehen
Sie das weiße Schild Pfaffenwaldring
6. Das Maschinenlabor des Instituts für
Luftfahrtantriebe mit seiner Fassade aus
bunten Farbfeldern weist den Weg. Hier
biegen Sie in einen Fußweg und erreichen das versteckt auf der rechten Seite
liegende nächste Gebäude.

Das Institut für Leichtbau, Entwerfen und Konstruieren ②
Pfaffenwaldring 14

Der Pavillon liegt in einem Wäldchen. Mit zulaufender Gebäudespitze fügt er sich in die Lichtung ein. Der Zeltbau beherbergt das Institut für Leichtbau, Entwerfen und Konstruieren und wurde als Versuchsbau von Frei Otto und Rolf Gutbrod 1967 für ihren Beitrag zur Weltausstellung Expo in Montreal entworfen. Nach der Erprobungsphase versetzte man ihn an seinen heutigen Standort und baute ihn zum Forschungsgebäude aus. Obwohl das Institut unscheinbar am Waldrand liegt, steht es stellvertretend für eine neue Strömung innerhalb der Nachkriegsmoderne. Sein auffälligstes Merkmal ist eine vorgespannte Zeltstruktur. Sie ersetzt die klassischen konstruktiven Prinzipien des traditionellen Baukörpers. Zug und Spannung sind die physikalischen Kräfte, die anstelle von Tragen und Lasten den Pavillon bestimmen. Nicht mehr die konventionellen horizontalen und vertikalen Elemente des Massiv- oder Skelettbaus, bei denen die Last durch Mauern oder Pfeiler auf die Fundamentplatte abgeleitet wird, kommen zum Einsatz, sondern hängende, leichte Flächentragwerke. Die elegant geschwungene Dachhaut ragt steil empor und besitzt ein tropfenförmiges Lichtauge. Das Dach besteht aus einer vorgefertigten gekrümmten Netzkonstruktion aus verzinkten Stahlseilen, die von einem schiefen Stahlmast in die Höhe gestemmt werden. Eine Membran aus lichtdurchlässigem Polyestergewebe verbindet das Seilnetz, das an zwölf Punkten durch den Rand des Daches im Boden verankert

Institut für Leichtbau, Entwerfen und Konstruieren

ist. Die Verschalung ist aus Holz, außen ist die Dachhaut mit Eternitschindeln gedeckt. Ein umlaufendes Glasband bildet unterhalb der Verdachung den 460 Quadratmeter umfassenden Innenraum. Auf unterschiedlichen Höhenniveaus, die sich im Zentrum des Pavillons staffeln, entstehen Zonen, die als Räume nutzbar sind. Wände im herkömmlichen Sinn gibt es nicht.

Das Institutsgebäude orientierte sich an der Leichtbauweise, die sich mit dem Zelt als Vorbild in den Folgejahren zu einer wichtigen Errungenschaft der Architekturgeschichte entwickelte. Das Konstruktionsprinzip des Zelts war der Prototyp einer besonders anpassungsfähigen neuen Architektur, die später im großen Maßstab für das Olympiastadion 1972 von Frei Otto und Rolf Gutbrod, zusammen mit Günter Behnisch, Jürgen Joedicke, Ewald Bubner und Fritz Leonhardt, realisiert wurde. Doch das Institut ist nicht allein durch seine Gestalt interessant. Auch die Abfolge namhafter Institutsleiter zeigt das Ziel, der Grundlagenforschung jeweils eine Persönlichkeit mit Erfahrung in experimentellen Bauweisen voranzustellen. 1964 gründete Frei Otto das Institut für leichte Flächentragwerke, nachdem er bereits in seiner Dissertation aus dem Jahr 1954 programmatisch seinen Forschungsschwerpunkt formuliert hatte: »Das hängende Dach« mit zugbeanspruchten Flächentragwerken. Im Jahr 1994 trat Werner Sobek die Nachfolge von Frei Otto am nun neu benannten Institut für Leichtbau, Entwerfen und Konstruieren an. Wie wirken die Kräfte auf der ge-

Heizkraftwerk

krümmten Schale eines Hühnereis? Wie ist die Spannung einer Seifenblase zu berechnen? Wie kann der Bauplan der Natur für adaptive Hüllen genutzt werden und unter welchen Bedingungen kann man ein Niedrigenergiehaus mit Nullemission schaffen? – Das sind einige der Fragen, denen bis heute in der Grundlagenforschung des Instituts nachgegangen wird.

Folgt man der Straße am Pfaffenwaldring, sieht man am Ende der Straße das Kesselhaus des Heizkraftwerks, das zum gegenüberliegenden Institut für Verfahrenstechnik gehört.

Das Heizkraftwerk ③
Pfaffenwaldring 8

Die Universität Stuttgart betreibt auf dem Campus ein eigenes Heizkraftwerk und versorgt damit neben den Lehr- und Forschungseinrichtungen auch Institute der Max-Planck-Gesellschaft, der Fraunhofer-Gesellschaft, der Deutschen Versuchsanstalt für Luft- und Raumfahrttechnik sowie fünf Studentenwohnheime

Institut für Kraftwerkstechnik

mit rund 3.000 Studentenwohnungen. Das Kraftwerk wurde 1958 erbaut und ab 1978 mit Gasturbinen und Abhitzekesseln erweitert, sodass es nun genügend Leistung für die »Kleinstadt« am Pfaffenwald erzeugt. Hinter dem aufragenden Bau, dem Kesselhaus, befinden sich Kühltürme, Heizöltanks und acht Wärmespeicher, daneben ist die Schaltzentrale, die eine Backsteinverblendung besitzt.

Das Institut für Feuerungs- und Kraftwerkstechnik ④
Pfaffenwaldring 23

Der Neubau, das Institut für Feuerungs- und Kraftwerkstechnik, aus dem Jahr 2004 ist weit von der Straße zurückgesetzt und wird über einen Weg zwischen Grünflächen erschlossen. Der flache Bau besitzt zwei Geschosse, die an den Fensterbändern ablesbar sind. Zur Straßenseite werden sie nach außen geklappt;

im Inneren bieten zwei Höfe Raum für den Aufenthalt jenseits des Unterrichts und der Forschung. Reizvoll ist die Beplankung mit unbehandelten Holzlatten, an denen die Witterung ihre Spuren hinterlässt.

Nun folgen Sie ca. 500 Meter dem Waldrand entlang der Ringstraße. Der Turm der Forschungsgesellschaft Heizungs-, Lüftungs- und Klimatechnik markiert die Biegung.

Die Forschungsgesellschaft für Klimatechnik mit Komponentenprüfhalle II, das Raumfahrtzentrum ⑤
Pfaffenwaldring 32

Das elfgeschossige Gebäude steht ganz in der Tradition der Bürotürme der Nachkriegsarchitektur: Das Erdgeschoss tritt zurück und offenbart den Blick auf die

Träger, die mit vier Pfeilern das Raster der Bauweise vorgeben. Auf einem quadratischen Grundriss wird der Turm von jeweils zwei Eck- und zwei Mittelstützen getragen. Im Anschluss an eine zweigeschossige Eingangshalle gelangt man zu den Büros in den Obergeschossen, ein Flachdach schließt das Gebäude ab.

Hinter und neben dem Turm befinden sich zwei Gebäude des Universitätsbaumeisters Friedrich Wagner: die Komponentenprüfhalle und die Materialprüfungsanstalt. Als Leiter des Hochschulbauamts von 1961 bis 1971 war er für einige wichtige Neubauten von Forschungseinrichtungen auf den Universitätsgeländen im Stuttgarter Zentrum und in Vaihingen zuständig. Am Ende der Sackgasse, rechts vom Turm, gelangt man zur Komponentenprüfhalle, die sich dort als spiegelnder Kubus zeigt. Der größere Teil des Gebäudes erstreckt sich allerdings nicht auf Straßenniveau, sondern ist ein 30 Meter tiefer Schacht, in dem Belastungsversuche an verschiedenen Objekten vorgenommen werden. Der Tiefbau schließt mit einem schlichten Geviert über einem Sockelgeschoss ab. Die Belichtung des Prüfungsschachtes erfolgt durch den Glasaufsatz, der auf zwei Schienen zur Seite gleiten kann. Großobjekte werden so in den Schacht gelassen. Friedrich Wagner, der 1987 wieder als freier Architekt arbeitete, griff mit der Komponentenprüfhalle ein Grundthema seines Schaffens auf: das Metallfachwerk aus vielstrahligen Streben. Für das Hörsaalprovisorium, das er bereits für den Innenstadtcampus 1961 errichtete,

entwickelte er eine auskragende Stahlgitterkonstruktion. Dabei laufen Streben sternförmig zusammen und besitzen eine große Spannweite. Auch bei der Materialprüfungsanstalt arbeitete er mit diesem »dreidimensionalen Fachwerk«, indem er mit sternförmigen Verstrebungen den Kubus aussteifte und an das Gerüst selbsttragende Glastafeln ansetzte. Vier Baukörper, die die Treppenhäuser aufnehmen, sind dem Kubus vorgelagert.

Links neben dem Hochhaus sehen Sie einen weiteren Universitätsbau Wagners: Durch die glänzende Aluminiumverklei-

Hochhaus

dung weist die Halle über die bloßen Anforderungen nach Funktionalität hinaus und zeigt die gestalterische Fähigkeit des Architekten.

Gegenüber steht das 2011 fertiggestellte Raumfahrtzentrum Baden-Württemberg. Das Forschungszentrum, dessen Baukosten sich auf sieben Millionen Euro belaufen, besitzt 2.000 Quadratmeter Nutzfläche und besticht durch eine Form, die für einen Funktionsbau untypisch ist. Es besteht aus einer etwa 60 Meter langen, bumerangförmigen Anlage, die die Krümmung der Ringstraße aufnimmt. Die Räume, die sich hinter der Glasfassade befinden, werden durch Querlamellen aus Metall vor starker Sonneneinstrahlung geschützt. Im Inneren befinden sich auf drei Geschossen Labor- und Büroräume, Veranstaltungs- und Gemeinschaftszonen sowie großzügige Ausstellungsflächen.

Studentenwohnheim ⑥
Pfaffenwaldring 42–54

Eine bemerkenswerte Wohngruppe sind die Sichtbetonbauten des Berner Büros Atelier 5 aus dem Jahr 1972. Geht man in die Sackgasse, erkennt man links vier Blöcke, die 492 Zimmer und 118 Appartements beherbergen. Obwohl die Baukörper auf einen Kubus zurückzuführen sind, variieren sie diese Grundform durch Differenzierung. Immer wiederkehrende Haustypen – einer dreigeschossig, einer fünfgeschossig – sind so zusammengesetzt, dass sich daraus gestaffelte Häuserensembles ergeben. Einzelne Wohnbereiche sind aufgeständert. Darunter wird das Gelände mit Durchgängen erschlossen. Der Abschluss des Kubus dient als Gemeinschaftsterrasse im darauffolgenden Geschoss. Durch Vor- und Rücksprünge entstehen Lufträume, die entweder als Verkehrszonen oder als Rückzugsräume genutzt werden können.

Studentenwohnheim

Internationales Zentrum

Jede kastenförmige Wohneinheit, durch versetzte Fenster gekennzeichnet, bildet nach außen ein Zimmer ab. Gemeinschaftsräume, Flure und Treppenhäuser sind dem Innenhof zugeordnet. Schmale Stichgänge führen zu den Zimmern. Das Büro Atelier 5 wurde 1955 gegründet und versteht sich noch heute als Entwurfskollektiv. 1970 wurde das Büro in eine Aktiengesellschaft umgewandelt, die Mitarbeiter sind Aktionäre und jeder kann seitdem einen Sitz im Verwaltungsrat einnehmen.

Zwischen den Häuserzeilen sieht man die Sternwarte Pfaffenwald. Sie wurde 1934 von Hermann Fellmeth für Privatzwecke erbaut. Heute ist sie im Besitz der Universität Stuttgart und wird vom Arbeitskreis Astronomie und dem Institut für Plasmaforschung betreut.

Den besten Blick auf das folgende Bauensemble haben Sie von einem sanft ansteigenden Hügel, der Teil eines Landschaftsraums mit kleinem Teich ist.

Das Internationale Zentrum, das ökumenische Zentrum, das Gastdozentenhaus und die Mensa ⑦ Pfaffenwaldring 6 und 60

Die Gebäude sieht man besonders gut durch den Rundumblick von der Anhöhe, an der die Brücken abgehen. Das Internationale Zentrum aus dem Jahr 2004 ist ein lang gestreckter Bau mit drei Glasgeschossen, die von einer Betondecke zusammengefasst werden. Er ist durch die Aufschrift IZ gekennzeichnet. Das Büro Dasch, Zürn und von Scholley entwickelte eine kluge Entwurfsidee, um elegant den Verwaltungs-, Schulungs- und Veranstaltungsbereich unterzubringen. Der Bau fächert sich horizontal auf. Seine Geschosse wurden nach hinten und seitlich verschoben. Glasetagen und Betondecken wechseln sich sandwichartig ab. Dadurch wird die Decke des Untergeschosses als vorgelagerte Terrasse nutzbar und es entstehen Auskragungen, die geschützte Bereiche bilden. Trotz der un-

Gebäude der Kleinsiedlung Bauhäusle

gewöhnlichen Faltung der Decken- und Wandflächen ist der Bau als skulpturale Großform aus der umgebenden Topografie entwickelt.

Der Blick schweift von der Sichtbetonarchitektur des Ökumenischen Zentrums, das 1978 eingeweiht wurde, zum Gastdozentenhaus. Es befindet sich direkt auf dem Plateau. Der Bau entstand 1996 nach einem Entwurf der Stuttgarter Architekten Kohlhoff und Kohlhoff. Spielerisch wird die Fassade durch die beweglichen, geschosshohen Holzklappläden geöffnet und verschattet. Auch hier hat die Witterung das Holz gezeichnet.

Gegenüber befindet sich die Mensa, die durch eine Straßenüberbauung und Brücken mit den dahinterliegenden Wohnheimen verbunden ist. Sie wurde 1970 vom Büro Atelier 5 geplant und bis 1976 ausgeführt. Das Tragwerk besteht aus einem Stützenraster, das an verschiedenen Stellen geöffnet ist. Besonders spürbar ist dies im Innenraum. Ausgehend von den Abmessungen eines Esstisches mit beidseitig fünf Stühlen wurde ein Betonskelett mit den Maßen 3,20 Meter mal 3,20 Meter angelegt und bildet den Rahmen für gliedernde Lufträume mit sichtbar geführter Haustechnik. Auf verschiedenen Ebenen werden Restaurant- und Aufenthaltsräume mit insgesamt 1.000 Sitzplätzen angeboten.

Folgen Sie nun dem Allmandring mit seinen Studentenwohnheimen, die, in verschiedenen Höhen gestaffelt, den Fußweg begleiten. Dunkelgrau, orangefarben, braun und grün gestrichene Flächen markieren die Eingänge und wechseln sich mit einer Fassadenverkleidung ab.

Das Bauhäusle ⑧
Allmandring 15 und 19

Das Bauhäusle ist eine experimentelle Kleinsiedlung, die aus einer Entwurfsaufgabe am Lehrstuhl für Baukonstruktion der Universität Stuttgart 1981 hervorging. Unter der Leitung der Professoren Peter Sulzer und Peter Hübner entstand ein Versuchswohnheim, das *von* Studenten *für* Studenten entwickelt wurde. Die Leitidee, in den Entwurf und die Umsetzung Studenten gleichermaßen zu integrieren, bestimmte fast jedes Projekt von Peter Hübner. Er vertrat eine Lehre, in der das Bauen als sozialer Prozess gefördert und das Lernen im Selbstbau vermittelt werden sollte. Aus dieser pädagogischen Initiative entstanden unterschiedliche Holzbauten auf dem Campus. Am Straßenrand steht das zweigeschossige Holzhaus, dessen Rahmen eine verschalte Z-Form zeigt. Rechts davon sieht man einen verschachtelten Bau mit gegeneinander gesetzten Pultdächern, die begrünt sind. Insgesamt besteht die Siedlung aus Gebäuden mit 30 Zimmern, die um den Zentralbau mit Gemeinschaftseinrich-tungen angeordnet sind. Dazu gehören zwei Küchen, Duschen, WCs sowie ein Waschmaschinen- und Heizungsraum. Bis zum Jahr 2013 werden die Häuser vom Studentenwerk vermietet, wie danach weiter verfahren wird, ist ungewiss.

Das Hysolar-Forschungsgebäude, das Visus (Visualisierungslabor) ⑨
Allmandring 19

Am südwestlichen Rand des Campus befindet sich das HYSOLAR-Forschungsgebäude (Hydrogen for Solar Energy). Die Forscher, die in diesem Institut arbeiten, untersuchen die Erzeugung und Nutzung von solarem Wasserstoff. Zusammen mit saudi-arabischen Partnern wurde es 1986 realisiert. Frei stehend und ohne Anbindung an ein städtebauliches Ensemble, errichteten der Stuttgarter Architekt Günter Behnisch und sein Projektleiter Frank Stepper hier einen Solitär des Dekonstruktivismus, der zu den prägenden Gebäuden der Architekturgeschichte werden sollte. Mit diesem Gebäude for-

Hysolar-Forschungs- und Institutsgebäude

mulierten sie einen Gegenentwurf zur Postmoderne, die in Stuttgart mit der Staatsgalerie eine Ikone dieser Strömung vorzuweisen hat. Behnisch entwickelte mit dem Hysolar seinen ersten Bau, der sich durch die collagenhafte Verwendung der Materialien, die Brechung stereometrischer Formen und durch eine zackige Kontur auszeichnete. Besonders im Detail werden die Kleinteiligkeit und Zersplitterung deutlich. Sie gehören ebenso wie die Bricolage, der scheinbar unfertige und gezimmerte Charakter, zu den bezeichnenden Merkmalen des Gebäudes.

Drei Blechcontainer stehen im spitzen Winkel zueinander und umschließen eine Halle mit dreieckigem Grundriss. Die Container ergeben eine zweigeschossige Anlage. Glas- und Stahlelemente verbinden sich zu einem Dach und überspannen die übereinandergestapelten Bauelemente. Behnisch legt dabei das Tragwerk offen und löst Symmetrie und Axialität zugunsten einer verwinkelten Ansicht auf, sodass es scheint, als sei die Arbeit an dem Gebäude mitten im Entwurfsprozess unterbrochen worden. Ein gebogener Stahlträger zieht sich sichtbar durch die Anlage und wird bis in den Außenbereich weitergeführt. Er erweckt den Eindruck eines Rückgrats, an dem der Bau aufgehängt erscheint. Die Tragkonstruktion des Gebäudes ist als Stahlskelett ausgeführt. Der Rahmen besteht aus I-Profilen, die farbig lackiert sind und in den Büro- und Laborräumen sichtbar werden. Die Außenfassade der Gebäudelängsseiten besteht aus Leichtmetallpfosten.

Eine gemäßigte Bezugnahme auf das Hysolar stellt die Hochschule der Medien in der Nobelstraße dar. Hier finden sich ebenfalls gekippte Fenster und ein eindrucksvoller Materialmix – jedoch in einer Weise, die bereits eine Kanonisierung der dekonstruktivistischen Architektur zeigt.

Auf der Rückseite des Hysolar lagert sich ein Neubau an. 2009 entwarfen die Architekten Harder III Stumpfl einen Laborbau, der sich in den benachbarten Erdwall schiebt und dadurch nur vom Allmandring aus zu sehen ist. Die Verbindung zum Bestandsgebäude, dem Hysolar, ist im Erdgeschoss des Labors durch einen gläsernen Verbindungsgang hergestellt. Niveaugleich liegen Büroarbeitsplätze, ein Seminarraum und eine zweigeschossige Halle. Das Visualisierungslabor unterliegt einem strengen Klimakonzept. Durch die auftretende Abwärme der Rechnerleistungen sind die Raumtemperatur und Trockenheit starken Schwankungen ausgesetzt. Daher wurde ein unter der Erde liegendes, zweigeschossiges Gebäude entwickelt, das in ein relativ gleichmäßiges Temperaturumfeld eingebettet ist.

Zentrum für virtuelles Engineering (ZVE) ⑩ Nobelstraße 2

Mit dem Institutsgebäude, das im Sommer 2012 eröffnet wurde, haben der niederländische Architekt Ben van Berkel und sein Büro UN Studio ihre zweite Visitenkarte in Stuttgart hinterlassen. Ähnlich wie das Mercedes-Benz-Museum in Cannstatt besitzt auch dieser Neubau einen Grundriss, der an ein Blatt erinnert und von der Anordnung der Innenräume abgeleitet wird. Auf einer dreieckigen Fläche, deren Ecken gerundet sind, präsentiert sich das ZVE auf vier Geschossen. Fensterbänder aus schräg gestellten Aluminiumelementen, die blau oder orangefarben eingefasst sind, wechseln sich ab. Sie sind versetzt angeordnet, sodass eine direkte Sonneneinstrahlung vermieden wird. Die dynamische Formensprache der Architektur nehmen die Grünflächen, die das Gebäude umgeben, durch modellierte Hügel auf. Die Landschaftsarchitekten des Büros, Gänßle und Hehr, schufen Rasenflächen, die stellenweise wie ein grüner Sockel für das Gebäude wirken und dessen Extravaganz unterstreichen. Der Eingang und vor allem die Inszenierung des Treppenhauses bieten spektakuläre Ansichten. In den Geschossebenen, die wie überlappende Scheiben angeordnet sind, schraubt sich das Wegesystem spiralförmig sanft nach oben. So weckt dieses Gebäude eher Assoziationen an moderne Großplastiken, die in spannenden Dialog mit der Landschaft treten als an herkömmliche Bauten für die Wissenschaft. Dynamisch gekurvte Linien

Zentrum für virtuelles Engineering

und futuristisch wirkenden Materialien stehen hier als Symbol für die Innovationskraft der Forscher, die sich auf 3.600 Quadratmetern und in den angeschlossenen Labors entfaltet und der hier Ausdruck verliehen werden soll. Der Bauherr, die Fraunhofer-Gesellschaft, setzte mit der Wahl Ben van Berkels einen deutlichen Akzent. Von einem Stararchitekten kann man keine Massenware erwarten und so stellt das Gebäude mit seinen 14 Millionen Euro Baukosten sicher, dass es für entsprechende Aufmerksamkeit sorgt – sowohl bei Wissenschaftlern wie bei Architekturfans.

 Den Grillplatz Pfaffenwald erreicht man bei der Nr. 33. In die Sackgasse einbiegen und ca. 200 Meter in den Wald laufen. Rund 30 Personen finden um die überdachte Feuerstelle herum Platz.

 Mit den S-Bahnen S1, 2 und 3 (»Universität«) sowie mit dem Auto gut zu erreichen. Beim Pfaffenwaldring Nr. 33
Tourstart: Universität: S1, S2, S3
Tourende: Nobelstraße: Bus 82, dann Universität: S1, S2, S3

18 Von Luginsland nach Untertürkheim und Hedelfingen

Gartenstadt, Arbeitersiedlung und ein Kindergarten wie ein Schiff

Der Spaziergang beginnt fast im Grünen, in der Gartenstadt Luginsland. Hier befindet sich eine ausgesprochene Architekturikone, der außergewöhnliche schiffsförmige Kindergarten des Büros Günter Behnisch. Durch die Gartenstadtsiedlung 1910 geht es vorbei an einer modernen Kirche der 1960er-Jahre hinunter zur Wallmersiedlung von Richard Döcker. Sie ist ein Hauptwerk des Siedlungsbaus der 1920er-Jahre, das ganz im Zeichen des Neuen Bauens steht. Aus der gleichen Zeit stammt auch das Inselbad, realisiert von Bonatz und Scholer, den damaligen Gegenspielern Döckers. Das nahe gelegene Inselkraftwerk wurde als früher Industriebau, das Jugendhaus Wangen als experimentelles Bauwerk und Selbstbauprojekt in die Tour mit aufgenommen. Die letzte Station des Rundgangs ist die Kreuzkirche Hedelfingen, ein beeindruckender und mitsamt seiner Ausstattung gut erhaltener Kirchenbau der späten 1920er-Jahre.

Untertürkheim
Hedelfingen

2 ½ Std.

3,5 + 2 km

Tipps zur Tour: Die Tour führt den Hang ins Neckartal hinunter. Wer gerne im Freien badet, kann in den Sommermonaten im Inselbad einen Zwischenstopp einplanen. Die letzte Wegstrecke kann man auf einem kleinen Pfad oberhalb der Hauptstraße oder mit der Stadtbahn zurücklegen.

Kindergarten Luginsland ①
Lotharstraße 24

Schon in den 1970er-Jahren hatte Günter Behnisch den Gedanken, ein Schiff als Kindergarten umzugestalten, um den Kindern einen Ort zu geben, der sich voll-

ständig von den Räumen der Erwachsenenwelt unterscheidet. Beim Projekt für den Kindergarten in Luginsland, den die Stadt Stuttgart in Auftrag gegeben hatte, griff er diese Idee 1987–90 auf. Umgeben von einfachen Satteldachhäuschen, ragt der Schiffsrumpf schräg mit Deck, Mast und Kommandobrücke aus dem Hang heraus. Im Bug befinden sich auf zwei Etagen die Gruppen- und Aufenthaltsräume für 56 Kinder, eine große Halle sowie Technik-, Sanitär- und Verwaltungsräume im Heck. Wie in einem Dampfer sind die Wände schief, die Treppen eng und steil und anstelle der Fenster gibt es Bullaugen. In schiefwinkligen Nischen finden die Kinder höhlenartige Räume mit Ausblicken ins Freie. Ursprünglich war der Bau als Beton- und Stahlkonstruktion geplant. Aus Kostengründen wurde er jedoch als vorgefertigte Holzkonstruktion mit zwei Holzskelettstrukturen ausgeführt: Die eine bildet das schiefe System der Außenwände und zwei schräge Deckenschichten, das zweite System besteht aus den horizontalen Fußbodenebenen und den senkrechten Stützen im Inneren. Für den Innenausbau kam überwiegend Holz zum Einsatz, das in unterschiedlichen Tönen lasiert wurde. Am Außenbau dominieren neben der Holzbeplankung Flächen und Dächer aus Aluwellblech, dessen abgeschnittene Kanten sichtbar bleiben und damit einen spannungsreichen Materialkontrast zum Holz bilden.

Gartenstadt Luginsland ②
Ecke Fellbacher Straße / Danielweg

1911 gründeten neun Daimlermitarbeiter die Baugenossenschaft Luginsland »Gartenstadt Eigenes Heim«. Ihr Ziel war es, dem Wohnungsmangel im Umfeld der 1903 nach Untertürkheim umgezogenen Daimler-Motorenwerke abzuhelfen. Nach

Kindergarten Luginsland

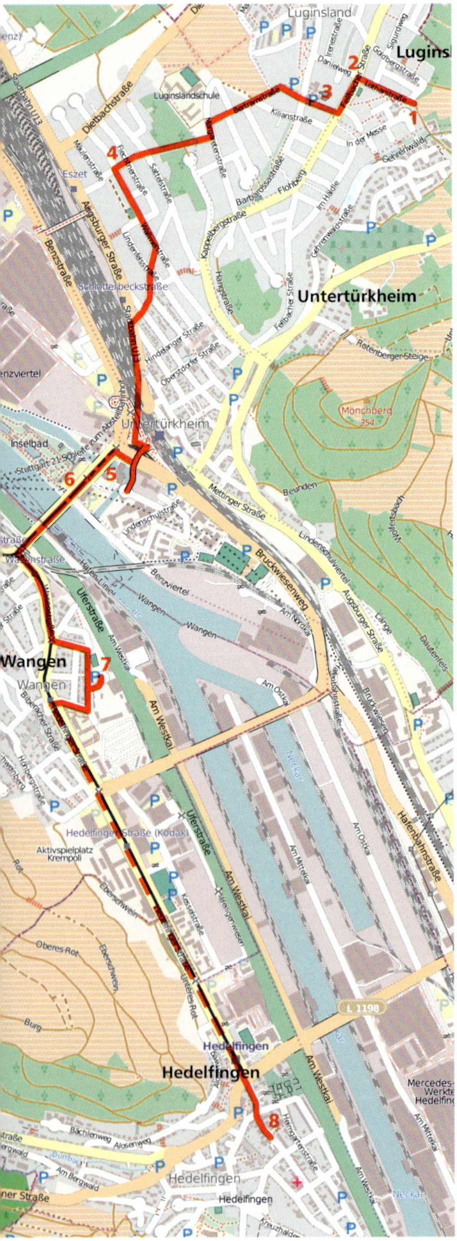

den Plänen der Architekten Wilhelm Wacker und Schönagel wurde das Areal im Straßengeviert der Fellbacher Straße, der Dietbachstraße, der Barbarossastraße und des Danielawegs im Verlauf von 20 Jahren nach und nach bebaut. Bereits 1925 standen 245 Gartenstadthäuser. Das Genossenschaftshaus an der Ecke Fellbacher-/Goldbergstraße wurde 1926 errichtet und 1951 nach Kriegszerstörungen wieder aufgebaut. Die Gartenstadthäuser stehen auf schmalen Grundstücken mit kleinen Vorgärten in Zweier-, Dreier- oder Vierergruppen. Sie unterschieden sich in der Geschosszahl ebenso wie in der Dachform und wurden sowohl giebel- als auch traufständig errichtet. Ein einheitliches Gestaltungskonzept fehlte. Nach schweren Kriegsschäden und dem anschließenden Wiederaufbau hat sich der Charakter der Siedlung stark verändert. Heute befinden sich die meisten Häuser in Privatbesitz.

Neue Gartenstadtkirche ③
Barbarossastraße 52

Die Gottesdienste für die Bewohner der Gartenstadt fanden zunächst im Saal der Kleinkinderschule und im Kinderhort statt. 1929 bis 1931 wurde das »Alte Gartenstadtkirchle« nach Plänen des Architekten Behr errichtet. In einem schlichten Rechteckbau mit Satteldach und Dachreiter kombiniert es einen Kirchensaal mit 300 Plätzen im Erdgeschoss mit Wohnungen für den Pfarrer, den Mesner und die Gemeindeschwester in den darüberliegenden Stockwerken. Nach Kriegszerstörungen bis 1950 wiederauf-

Genossenschaftshaus der Gartenstadt

Neue Gartenstadtkirche

gebaut, wurde die Kirche für die wachsende Gemeinde dennoch bald zu klein. So erhielt 1967 der Stuttgarter Architekt Heinz Rall den Auftrag, eine neue Gartenstadtkirche zu errichten. Er hatte sich ab Mitte der 1950er-Jahre durch zahlreiche moderne evangelische Kirchenbauten in der Region einen Namen gemacht. 1969 wurde der Neubau eingeweiht. Die Kirche liegt inmitten von Gärten und Grünflächen wie eine Skulptur aus hellen, geometrischen Körpern mit abgerundeten

staltete Formen: hölzerne, im Halbrund angeordnete Sitzbänke, ein einfacher Altartisch und abstrakte Rechteckfelder, die als Wandrelief plastisch und farbig lasiert aus den Sichtbetonwänden hervortreten. Bei der Sanierung 1986 ergänzte man Tafelbilder an der zuvor lediglich nüchtern verputzten Altarwand. Sie wurden von Emil Kiess, einem Schüler Willi Baumeisters, geschaffen. Im Zuge der ebenfalls erforderlichen Sanierung der Außenwände trat an die Stelle des originalen Sichtbetons ein heller Außenanstrich.

Wallmersiedlung ④
Fiechtner-, Sattel- und Wallmerstraße

Die in zwei Bauabschnitten errichtete Wallmersiedlung ist ein anschauliches Beispiel für den Wandel der Architekturauffassung in den 1920er-Jahren. Zwei Wohnzeilen an der Ecke Dietbachstraße und Sattelstraße entstanden 1925 bis 1926 noch in traditionellen Formen. Sie besitzen Satteldächer und Zierformen wie etwa Eckquaderungen oder expressionistische Details aus spitzwinkligen Ornamenten im Bereich der Eingänge und Treppenhäuser. Sie wurden von den Architekten Friedrich Mössner und Albrecht Daiber entworfen. 1929 bis 1930 folgten acht weitere Wohnblocks zu beiden Seiten der Biklenstraße. Für sie zeichnete ein Architektenkollektiv vom Bund Deutscher Architekten verantwortlich. Dazu gehörten Richard Döcker, einer der Architekten der Weissenhofsiedlung, der für den Gesamtentwurf und die Bauüberwachung zuständig war, und das Büro Karl Heim & Friedrich Seezer, das

Wallmersiedlung

Ecken. Aus dem fünfeckigen Hauptkörper wächst organisch ein Glockenturm hervor und markiert den Eingang. Hier schließen sich eine überdachte Vorhalle und eine Kapelle an, deren halbrunde Form zum Eingang hinleitet. An Turm und Kirche wiederholen sich vorspringende, geschlossene Formen. Zur Eingangsseite hin liegen nur kleine Fenster in Nischen oder unter Vorsprüngen. Auf der Rückseite wechseln sich dagegen lange, schlitzförmige Öffnungen mit schmalen Wandstreifen ab, die zinnenartig über die Kante des Flachdachs hinausgeführt werden. Durch sie fällt Licht von hinten in den weiten Kirchenraum, der den gesamten Hauptbaukörper einnimmt. Laut Rall war die innere Raumform bestimmend für die äußere Gestalt der Kirche. Das Innere prägen klar und schlicht gedie Bauleitung übernahm. In diesem Teil der Siedlung prägen kubische Formen, Flachdächer, ein weitgehender Verzicht auf Dekorationen und zur Sonne ausgerichtete Balkone das Bild – ganz im Sinn des Neuen Bauens. Dieser kompromisslos moderne Abschnitt der Wallmersiedlung fand durch Publikationen in ganz Deutschland Beachtung.

Bauherrin der Arbeitersiedlung für die nahe gelegenen Fabriken war die Stadt Stuttgart. Sie drängte auf eine enge und ökonomische Bebauung, um die Wohnungsnot zu lindern. Während in den beiden älteren Bauten Zwei- bis Vierzimmerwohnungen mit Größen zwischen 62 bis 107 Quadratmetern errichtet wurden, befanden sich in den neuen Zeilenbauten 316 Dreizimmerwohnungen mit je etwa 55 Quadratmetern. Als minimaler Abstand zwischen den Hauszeilen wurde

Wallmersiedlung

das 1,5-fache Maß der Blockhöhe festgelegt. Viergeschossige Kopfbauten mit übereck geführten Balkonen variieren die dreigeschossigen Zeilenbauten. An den Sonnenseiten lockern halb in den Hausgrund eingeschnittene Balkonloggien die langen Fronten auf. An den Rückseiten übernehmen vorspringende, turmartige Treppenhäuser die Gliederung. Den oberen Abschluss bildet ein halbes, zurückliegendes Geschoss, in dem Dachkammern und Trockenböden untergebracht sind. Während die Stadt Standardgrundrisse ohne Balkone und Bäder vorgegeben hatte, konnte das Architektenkollektiv zeigen, dass diese Neuerungen auch im einfachen Siedlungsbau ohne allzu hohe Kosten realisierbar waren. Allerdings wurden nur bei etwa einem Drittel der Wohnungen Bäder ausgeführt. Für die übrigen Wohnungen standen sechs Einzelwannenbäder bei der Zentralwaschküche zur Verfügung. Außerdem gehörten kleine Läden, ein Garagengebäude und Kinderspielplätze zur Siedlung. Zwischen der alten und neuen Zeilenbebauung entstand ein trapezförmiger Platz für zwei Kindergärten und als gemeinschaftliche Freifläche. Die oberste Zeile überspannt mit einer Durchfahrt die Biklenstraße. Ursprünglich war ein dritter Bauabschnitt mit nochmals höheren Bauten geplant. Er kam jedoch nicht mehr zur Ausführung. Bei den jüngsten Sanierungen wurden Bäder nachgerüstet und Wohnungen zusammengelegt, um den gestiegenen Raumbedarf zu befriedigen. Im ehemaligen Wasch- und Badehaus befindet sich heute ein Kindergarten.

Inselkraftwerk

Inselkraftwerk ⑤
Inselstraße 144

Das Inselkraftwerk in Untertürkheim wurde 1899 bis 1902 nach Plänen von Ortsbaumeister Lusser als erstes kommunales Kraftwerk zur Stromerzeugung in Württemberg gebaut. Die Bauarbeiten und die Ausstattung mit drei Wasserturbinen übernahm die Maschinenfabrik Esslingen. Dem Kraftwerk ist es zu verdanken, dass sich die Firma Daimler Benz 1903 in der Nachbarschaft ansiedelte und einen Vertrag zur Stromlieferung mit der Gemeinde abschloss. Auch die Stadt Stuttgart bezog ihren Strom ab 1903 aus Untertürkheim. In den ersten Jahren wurden zusätzliche Dampfturbinen in einem Kesselhaus betrieben. Mit der Neckarverlegung und dem Bau eines

Kanals zum Kraftwerk im Jahr 1924 kam eine leistungsstarke Kaplanturbine mit der zugehörigen Technik hinzu. Sie ist eine der ersten Kaplanturbinen überhaupt, noch heute in Betrieb und ein wesentlicher Teil des technischen Denkmals Inselkraftwerk.

Der zweiflügelige Backsteinbau zeigt entsprechend seiner Bauzeit noch repräsentative Schmuckformen wie etwa die gliedernden Pfeilervorlagen, die doppelten Stichbogenfenster oder die Schmuckfriese am oberen Gebäudeabschluss. Über dem erhöhten Mittelteil erhob sich ursprünglich ein quadratischer Turm mit einer geschwungenen Dachhaube. Er verschwand in der Nachkriegszeit ebenso wie der Schornstein des Kesselhauses. Außerdem wurden die Giebelseite zum Karl-Benz-Platz und die flussabwärts liegende Fassade verputzt und weiß gestrichen.

Inselbad ⑥
Inselbad 1–3

Im Zuge der Neckarkanalisierung 1924 entstand bei Untertürkheim eine künstliche Insel zwischen dem neuen Neckarlauf und dem Altarm des Flusses, der nun als Kanal das Inselkraftwerk versorgte. Auf dieser Insel wurde am 13. Juli 1924 ein erstes Freibad eingeweiht. Zwischen 1927 bis 1929 errichteten Paul Bonatz und Friedrich Eugen Scholer dort Schwimmbecken sowie Bauten für Garderoben, Duschen und die technischen Einrichtungen im Auftrag der Stadt. Das renommierte Büro hatte zugleich den Auftrag, die Hochbauten der Neckarkanalisierung auszuführen. In der weitläufigen Anlage entstanden neben einem Sportbecken ein Kinderbad, ein Frauenbad, ein Invalidenbad und ein Familienbad. Die umgebenden ein- bis zweigeschossigen Flachdachbauten wurden als Skelettbauten aus Eisenbeton oder als kombinierte Eisenbeton- und Ziegelbauten ausgeführt. Charakteristisch ist ihre strenge, reduzierte Formensprache. So sind die wenigen Öffnungen scharf ins Mauerwerk eingeschnitten, es kommen Fensterbänder und umlaufende Oberlichter unter dem Dachansatz vor. Sie stehen dadurch dem Neuen Bauen näher als die meisten anderen Bauwerke aus dem Büro Bonatz und Scholer.

Zur denkmalgeschützten Anlage gehört neben den Bauten der 1920er-Jahre auch der 1953 bis 1954 nach Plänen von Walter Betting errichtete Eingangspavillon. Er besitzt äußerst schlanke und hohe Eisenstützen, über denen das weit auskragende Flachdach fast zu schweben scheint. Der schmale Baublock mit den Kassen ist mit profilierten Keramikplatten verkleidet. Die drei Kassenfenster werden von einem Betonprofil eingefasst, das ganz im Stil der 1950er-Jahre schräg nach oben auskragt.

Jugendhaus Wangen ⑦
Eybacher Straße 19

Das Wangener Jugendhaus von Peter Hübner entstand 1983 bis 1984 als Projektarbeit am Lehrstuhl für Baukonstruktion der Universität Stuttgart. Hübners Bauten sind selten konventionell errichtet. Mehr als der Architekt bestimmen die Nutzer die Ideen und Formen des Gebäu-

Inselbad

des. Von Anfang an werden alle anstehenden Aufgaben gemeinsam diskutiert, gelöst und umgesetzt. Dabei sind Sparsamkeit, Recycling und die Möglichkeit des Selbstbaus Voraussetzungen. Unter Anleitung der Lehrstuhlmitarbeiter und

eines Mauerpoliers wurde das Haus von Jugendlichen gebaut und ausschließlich durch Spendengelder finanziert.

Ein lang gestreckter Baukörper mit weitgehend geschlossener Fassade schottet den Bau gegen die viel befahrene Bundesstraße 10 ab, die direkt östlich des Grundstücks verläuft. Dazu gesellen sich weitere, übereinandergruppierte Bauteile mit Holz- oder Metallverkleidungen und mit abgeschrägten, begrünten Pultdächern. Ein turmartiger Dachausguck mit Fahnenmast bekrönt das Jugendhaus, das so an eine Burg erinnert – eine Idee aus den Vorgesprächen mit den Nutzern, die baulich umgesetzt wurde. Auch die Oase im südlich angebauten Glashaus oder das Baumhaus im Zentrum des Gebäudes sind realisierte Wünsche der Jugendlichen. Zugleich wirkt der Wintergarten als Sonnenkollektor. Der zentrale Baumstamm durchmisst parallel zur Hauptwendeltreppe die gesamte Vertikale des

Gebäudes und steht am Schnittpunkt von Disco und Bar. Die Innenwände wurden aus Montagesteinen errichtet, während es sich bei den Außenwänden, Geschossdecken und Dachstühlen um Holzkonstruktionen handelt.

Kreuzkirche Hedelfingen ⑧
Amstetter Straße 25

Ab dem Ende des 19. Jahrhunderts trug sich die evangelische Kirchengemeinde Hedelfingens mit dem Gedanken, ihre alte Kirche umzubauen und zu erweitern. 1928 entschied man sich jedoch für einen Neubau auf einem anderen Grundstück. Den Auftrag erhielt der aus der Schweiz stammende Architekt Paul Trüdinger, der zusammen mit Hans Volkhart ein Architekturbüro in Stuttgart führte. Erste Planungen wurden verworfen und man beschloss aus Kostengründen, einen modernen Stahlskelettbau mit Ausmauerungen aus Bimsbeton-Hohlblocksteinen zu errichten. So kam es, dass Hedelfingen einen der modernsten Kirchenbauten in der Region erhielt, dessen schlichte Formen der internationalen Moderne – etwa der Weissenhofsiedlung – nahestehen.

Trüdinger setzt den Kirchenbau aus klaren Volumen zusammen. Um das halbrund schließende Hauptschiff legt sich ein schmales, niedrigeres Seitenschiff, hinzukommen eine offene Pfeilervorhalle, ein rechteckiger Turm und ein niedriger Gemeindesaal an der Nordseite. Die geringfügig geneigten Dächer erscheinen dem Betrachter als Flachdachlösungen. Der Innenraum ist einfach und zugleich raffiniert gegliedert. Zwei schmale, lange Nischen wirken wie Seitenschiffe für den breiten Kirchensaal. Das höher aufragende Mittelschiff schließt mit einem umlaufenden Lichtband direkt unter der Flachdecke ab. Auf diese Weise scheint sie über dem Schiff zu schweben, während kaum sichtbare Stahlstützen zwischen innerer und äußerer Verglasung die eigentliche Traglast der Decke übernehmen.

Fast die gesamte Ausstattung der Erbauungszeit ist bis heute erhalten. Sie wurde von Paul Trüdinger entworfen und von lokalen Handwerkern ausgeführt: Altar, Kanzel, und Taufbecken, die

Kreuzkirche

Holzgitter der Orgel, die Kirchenbänke, die Türen, die Lampen, die Brüstung der Empore, die Harmonikawand zum Gemeindesaal und die verklinkerten Bauteile der Vorhalle gehören zum Gesamtensemble. Die ursprünglich von Rudolf Yelin entworfenen Glasfenster und das von Walter Kohler gestaltete Lichtband wurden während des Zweiten Weltkriegs leider zerstört. Doch entstanden die von Wolf-Dieter Kohler in den 1950er-Jahren geschaffenen heutigen Fenster in enger Anlehnung an die bauzeitliche Gestaltung. Der Text im Lichtband zitiert die Bibelstelle Epheser 4,4–6: »Ein Leib und ein Geist, ein Herr, ein Glaube, eine Taufe, ein Gott und Vater aller, der da ist über euch allen.«

 Keine Einkehrmöglichkeiten direkt an der Strecke.

 Touranfang: Gehrenwald: Bus 60
Tourende: Wangen, Marktplatz: U-Bahn 9, 13; oder Hedelfingen: U-Bahn 9, 13

19 Vom Mercedes-Benz-Museum bis in die Cannstatter Altstadt

Gebaute Mobilität im Automuseum, Sportstätten und Vorschläge für altstadtgerechte Architektur

Der Spaziergang beginnt mit einem Highlight der Stuttgarter Museumsarchitektur, dem Mercedes-Benz-Museum. Er führt entlang des Neckars an einer Reihe großer Veranstaltungs- und Sportbauten vorbei, die an diesem Ort schon eine lange Tradition besitzen. Seit 1818 findet hier das Volksfest auf dem Cannstatter Wasen statt, das erste Stadion wurde 1914 dort errichtet. Nach den Sportstätten führt der Weg durch ein kleines Industriegebiet an zwei Ziegelsteinbauten der 1920er-Jahre vorbei. Von dort aus erreicht man ein Wohngebiet der 1910er-Jahre, in das vor rund dreißig Jahren ein großer Verwaltungskomplex eingefügt wurde. Die Frage, wie man Neubauten in ältere Stadtstrukturen einfügt, ist auch das Thema der beiden letzten Stationen des Spaziergangs, die sich zwei Gebäuden widmen, die im Rahmen der Altstadtsanierung der 1970er- und 1980er-Jahre entstanden.

Bad Cannstatt

3 Std.

4,5 km

Tipp zur Tour: Wer möchte, kann die Tour mit einem Besuch im Mercedes-Benz-Museum starten. Nahe dem Endpunkt der Tour liegt in der Marktstraße 71 A das Cannstatter Stadtmuseum, das Wechselausstellungen auch zur jüngeren Geschichte des Stadtteils zeigt.

Mercedes-Benz-Museum ①
Mercedesstraße 100

Mit dem 2001 bis 2006 erbauten Mercedes-Benz-Museum ist dem Rotterdamer Architekturbüro UN-Studios von Ben van Berkel und Caroline Bos ein außergewöhnlich komplexes und wirkungsvolles Bauwerk gelungen. Es steht auf einem künstlich geschaffenen Plateau und ruft durch seinen stromlinienförmigen, auf- und abschwingenden Körper positive Assoziationen zum Thema Automobilität wach. Bewegung und Geschwindigkeit nehmen Gestalt an und

Mercedes-Benz-Museum

werden zum Ikon, zum Erinnerungsbild. Die Grundfigur ist ein schlichtes Dreieck mit abgerundeten Ecken. Sie wird jedoch in verglaste und aluminiumverkleidete Bänder aufgelöst, die leicht schräg verdreht sind, an- und abschwellen und ins Innere des Gebäudes einzudringen scheinen. Dem entspricht die innere Struktur. Sie wurde zugeschnitten auf das von HG Merz entwickelte Museumskonzept. Zwei Wege führen spindelförmig von oben nach unten durch die Ausstellung. Auf dem einen Weg folgt man dem Mythos der Marke und der Automobilgeschichte, auf dem anderen passiert man die Sammlungsstücke. Diese Wegestruktur wird als räumliche Doppelhelix beschrieben, könnte jedoch ebenso mit Leonardo da Vincis doppelläufiger Wendeltreppe im Loireschloss Chambord verglichen werden. Sie führt um einen mittigen Kern in der Form eines sphärischen Dreiecks. Das

Zentrum nimmt eine zentrale, über 40 Meter hohe Halle auf, in der Fahrstühle die Besucher vom Erdgeschoss bis in die oberste Ebene an den Beginn der Ausstellung bringen. Im Unterschied zu historischen Wendeltreppenkonstruktionen sind im Mercedes-Benz-Museum jedoch alle Wege und Wandungen geneigt, verformt und dadurch dynamisch gesteigert. Der Bau einer solchen Raumskulptur war erst mithilfe von digitalen dreidimensionalen Modellen möglich, die Pläne für die komplizierte Betonschalung oder für die unterschiedlichen Scheibenformate liefern konnten.

Ben van Berkel erklärt das Mercedes-Benz-Museum auch als gebaute Infrastruktur, dessen innere Kleeblattform von den Schleifen eines Autobahnkreuzes abgeleitet wurde. So gesehen passt es

267

perfekt an seinen Ort, umgeben von Auf-
fahrtsschleifen der nahen Bundesstraßen.

Mercedes-Benz-Arena

Mercedes-Benz-Arena ②
Mercedesstraße 87

Die Mercedes-Benz-Arena hat schon eine
fast hundertjährige Baugeschichte und
einige Namensänderungen hinter sich.
Ein erstes Stadion entstand 1914 auf dem
Cannstatter Wasen. Der Holzbau brannte
jedoch wenige Monate nach seiner Einweihung wieder ab. Zum 15. Deutschen
Turnfest 1933 wurde in zweijähriger Bauzeit das zweite Stadion nach Plänen von
Paul Bonatz und dem städtischen Hochbauamt errichtet. Mit der Einweihung
am 23. Juli 1933 erhielt es den Namen
Adolf-Hitler-Kampfbahn. Eine Besonderheit dieses Baus war ein 14 Meter frei
auskragendes Haupttribünendach aus
Eisenbeton. Bis 1939 folgten weitere Umbauten. In der Nachkriegszeit nutzten

die Amerikaner den Bau zunächst unter
dem Namen Century Stadium, dann als
Kampfbahn, bis der Name schließlich
1949 in Neckarstadion geändert wurde. Bis 1951 wurde eine Gegentribüne
errichtet. Zur Fußballweltmeisterschaft
ließ die Stadt das Stadion 1972 bis 1974
nach den Plänen des Stuttgarter Architekturbüros Siegel, Wonneberg + Partner
grundlegend modernisieren. Eine neue
Haupttribüne und eine Überdachung der
Gegengeraden wurden erstellt. Typische
Merkmale dieser Bauphase waren Sicht-
betonelemente und große Bullaugen
mit schräg gestellten Sonnenblenden.
1992/93 erfolgten weitere Umbauten
zur Leichtathletikweltmeisterschaft mit
finanzieller Unterstützung der Firma
Daimler Benz. Daraufhin kam es zur Na-
mensänderung in Gottlieb-Daimler-Sta-

dion. Weitere Umbauten fanden Mitte der 90er-Jahre statt und 2006 wurde für die Fußballweltmeisterschaft erneut umgebaut und erweitert. Ab 2008 heißt das Stadion Mercedes-Benz-Arena. Seit 2009 läuft nun der jüngste Umbau in ein reines Fußballstadion. All diese Arbeiten erfolgen unter der Regie von asp Architekten, den Nachfolgern des Büros Siegel, Won-

neberg + Partner. Wegen der zahlreichen Umbauten und Veränderungen steht nur die Bronzefigur »Diskuswerferin« von Emil Kiemlen aus dem Jahr 1940 unter Denkmalschutz.

Das gestalterische und konstruktive Highlight des Stadions ist bis heute das große Membrandach aus dem Jahr 1993 nach Entwürfen des Stuttgarter Ingeni-

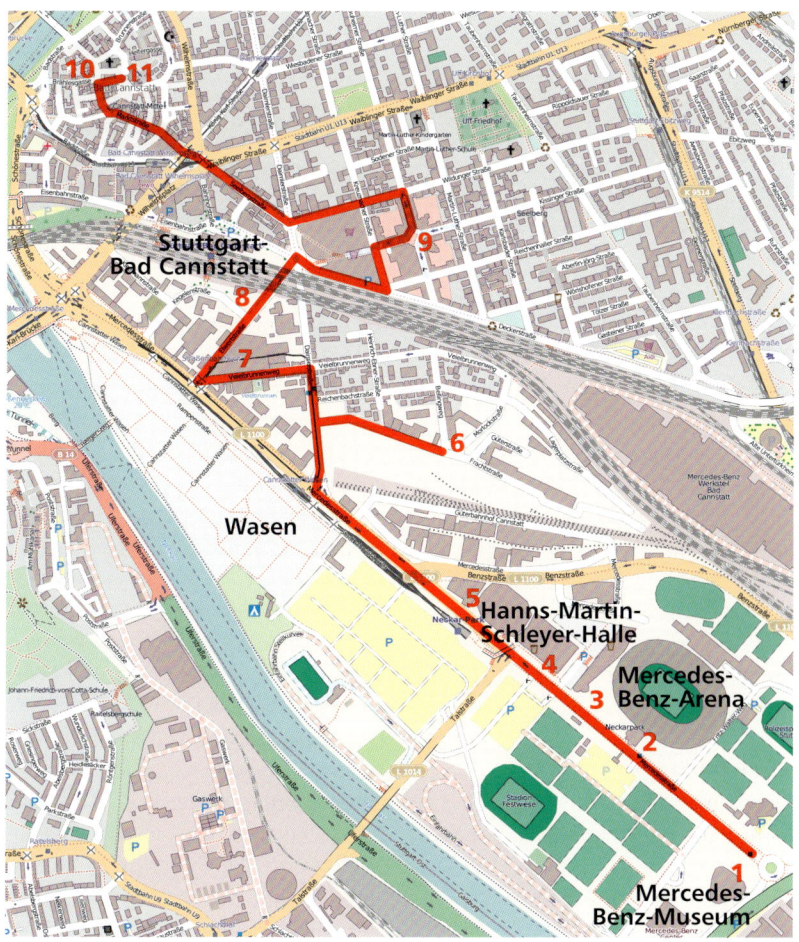

eurbüros Schlaich, Bergermann und Partner. Es folgt dem Prinzip eines liegenden Speichenrades mit offenem Zentrum und ist freitragend mit 40 filigranen Stützen, zwei äußeren und einer inneren Ringkonstruktion errichtet worden. Die Ringe werden von bis zu 22 Meter auskragenden Rohrbögen und radialen, vorgespannten Seilbindern gehalten. Den Tribünen und Sitzrängen folgend, ergibt sich eine ovale, auf- und abschwingende Form. Die äußerst leichte Dachhaut besteht aus einem beschichteten Polyestergewebe, das nur etwa acht Prozent des Sonnenlichts durchlässt.

Carl Benz Center ③
Mercedesstraße 73 D

Im Auftrag von Rudi Häussler errichtete das Stuttgarter Büro KBK Architekten Lutz und Belz 2004 bis 2006 das Carl Benz Center als Bindeglied zwischen der Mercedes-Benz-Arena und der Porsche Arena. Der äußerst schmale, lang gestreckte Bau kragt über schräg gestellten Stützen halbrund zur Straße vor. Die Außenhaut aus silberfarbenen Wandpaneelen, hochrechteckigen Fenstern und roten Fensterlaibungen ergibt ein Flächenmuster, das den Baukörper als Gesamtheit überzieht und zusammenfasst. Nur ein gebäudehoher Durchgang unterbricht ihn auf der Höhe einer Freitreppe. Der vordere Gebäudeteil nimmt ein Hotel mit 150 Betten auf. Der rückwärtige Bau ist symmetrisch auf die Mittelachse des Stadions bezogen und beherbergt einen großen Veranstaltungsraum für bis zu 2.000 Personen. Er läuft über drei Geschosse durch. Darüber ist in das Dach ein 900 Quadratmeter großes Kunstrasenfußballfeld für die VfB-Jugendakademie

Porsche-Arena

integriert. Mit Fanshop, Ticketverkauf, Mitgliederverwaltung und Räumen für die Fanclubs sind weitere Einrichtungen des VfB im Carl Benz Center untergebracht. Auch ein Rehazentrum für die Spieler des Fußballvereins gehört neben Gastronomie und Wellnessbereich dazu. Die Freiflächen um das Gebäude wurden so angelegt, dass sie für Open-Air-Veranstaltungen genutzt werden können.

Porsche-Arena ④
Mercedesstraße 69

Die Porsche-Arena entstand zwischen 2004 und 2006 als Sport- und Veranstaltungshalle direkt neben der Hanns-Martin-Schleyer-Halle (Nr. 5). Ein Foyerbau verbindet die beiden Gebäude. Der Entwurf stammt vom Stuttgarter Büro asp Arat Siegel und Partner und damit von den Nachfolgern des Büros Siegel, Wonneberg + Partner, den Architek-

ten, die rund zwanzig Jahre zuvor die Schleyer-Halle bauten. Die neue Porsche-Arena ist schlicht und rechteckig. Das Sockelgeschoss besteht aus Sichtbeton mit außenliegender Wärmedämmung und Betonfertigteilverkleidungen. Über breite Treppen und Stege auf v-förmigen, äußerst schlanken Stützen kommt man zur verglasten Eingangsebene. Darüber kragt ein mit dunklen Platten verkleideter Überbau aus, dessen schmale Langfenster wie eine aufgesetzte Lineatur wirken. Die zentrale Halle besitzt einen ovalen Grundriss und kann mit Dämm- oder Wechselböden für verschiedene Nutzungen, beispielsweise für Eishockey- oder Tennisspiele, Ballsportarten, Boxveranstaltungen, Konzerte oder Versammlungen, umgebaut werden. Auch die Bestuhlung ist flexibel erweiterbar, so-

dass die Halle zwischen 5.200 und 7.500 Besucher fasst. Das Tragwerk des Hallendachs überspannt mit Fischbauchträgern die kurze Hallenseite mit einer Weite von 63,10 Metern.

Hanns-Martin-Schleyer-Halle ⑤
Mercedesstraße 69

Nach einem Wettbewerb im Jahr 1978 wurde die Hanns-Martin-Schleyer-Halle 1980–83 durch das Architekturbüro Siegel, Wonneberg + Partner und das Ingenieurbüro Peter und Lochner erbaut. Mit einer Fläche von 12.000 Quadratmetern und 5.000 fest verfügbaren Sitzplätzen war sie damals die größte Mehrzweck-

Hanns-Martin-Schleyer-Halle

halle Süddeutschlands. Sie wird für Leichtathletik-, Radsport-, Turn- und Reitveranstaltungen sowie für Großkonzerte genutzt. Formgebend sind die ovale Arena und die darüberliegende Dachkonstruktion. Sie besteht aus Spannbetonrahmen, die als geknickte Kragarme über den Tribünen der Längsseiten sitzen. Fachwerkträger aus Stahlrohr verbinden je ein Kragarmpaar und überspannen damit stützenfrei den 65 m breiten Arenaboden einschließlich der je etwa 18 Meter breiten Tribünen. Über den Fachwerkträgern sitzt eine Sheddachkonstruktion, die zugunsten einer optimalen Beleuchtung diagonal gedreht wurde. Die Konstruktion blieb sowohl im Innenraum wie auch am Außenbau sichtbar. Wie Spinnenbeine treten die Kragarme zwischen der Außenverkleidung aus Aluminiumprofilbahnen hervor. Drüber erhebt sich das spitzwinklige Gebirge der Sheddächer. Diese prägnante Silhouette wurde zum Logo der Schleyer-Halle.

Anbauten aus dem Jahr 1989 passen sich im Material dem Ursprungsbau an, sind jedoch mit dekonstruktiven Elementen wie den auskragenden und schräg gekappten Lochträgern deutlich spielerischer konzipiert. Völlig zurückhaltend fügen sich demgegenüber die Erweiterungen aus den Jahren 2004 bis 2006 im Zuge des Neubaus der Porsche-Arena ein.

Stadtarchiv ⑥
Bellingweg 21

Das ehemalige Kontor- und Lagergebäude wurde 1921 nach Plänen von Albrecht Schieber für den Großeinkaufsverein der

Stadtarchiv

Kolonialwarenhändler Württembergs (später EDEKA) erbaut. Es ist ein sachlicher Industriebau, der dennoch nicht vollständig auf Dekor verzichtet. Vor allem am ehemaligen Eingang, der mittig im halbrunden Vorbau sitzt, sind einfache Schmuckformen zu finden: Rahmungen aus Kunststein, Rundfensterchen, stichbogige Fenster oder verzierte Fenstergitter. Markant wirken die beiden umlaufenden Kunststeingesimse auf Höhe der Fensterbrüstungen im ersten und zweiten Obergeschoss, die über dem Eingang zu Dreiecksgiebeln aufsteigen. Die übrigen Öffnungen sind glatt in das rote Ziegelsteinmauerwerk eingeschnitten. Farblich abgesetzt sind lediglich die betonierten Deckenplatten, die über den Fenstern als Gesimsband in Erscheinung treten. Durch das große Einfahrtstor konnten Eisenbahnwagen in das Gebäude einfahren. Die Laderampe und Teile der Gleise sind bis heute erhalten. Im Inneren übernimmt eine mittige Stützenreihe

die Traglasten, sodass freie Lagerflächen ohne tragende Innenwände möglich waren. Bei seinen späteren Bauten wie dem Hahn & Kolb-Haus in der Stadtmitte oder der Heslacher Siedlung Ziegelklinge verzichtet Albrecht Schieber weitgehend auf Dekor und entwickelt sich zu einem Vertreter des Neuen Bauens in Stuttgart.

Der denkmalgeschützte Hauptbau des Kontors und die anschließenden Lagererweiterungen von 1937 und 1953 wurden in den Jahren 2008 bis 2010 saniert und zum Stadtarchiv umgenutzt.

Straßenbahndepot ⑦
Veielbrunnenweg 1–3

Das Straßenbahndepot wurde 1928 im Auftrag der Stuttgarter Straßenbahnen AG errichtet. Der Architekt hieß vermutlich Müller, mehr ist über ihn bislang nicht bekannt. Das Gebäudeensemble fällt durch seine klare, reduzierte For-

mensprache, die geschickte Gruppierung der Baukörper und das dunkle Ziegelsteinmauerwerk auf. Stilistisch steht es der Neuen Sachlichkeit nahe. Eingang und Einfahrt liegen im spitzen Winkel des dreieckigen Grundstücks zur Mercedesstraße hin. Den Auftakt bildet ein Vorhof, der von Mauern und einem eingeschossigen Dienstgebäude eingefasst wird. Dahinter ragt ein fünfstöckiges Dienst- und Wohngebäude auf, das mit seiner breiten Front einen Riegel vor den langen Wagenhallen bildet, die sich fächerförmig im hinteren Teil des Grundstücks ausdehnen. Ein Pfeilergang umzieht das eingeschossige Dienstgebäude im Hof und setzt sich vor dem Hochbau bis zur Einfahrt der Wagenhalle fort. Als Pforte und überdachter Gang schafft er einen vom Straßenbahnverkehr getrennten, sicheren Zugang zu allen drei Gebäuden, erinnert jedoch auch an Wandelgänge und Pfeilerhallen repräsentativer Bauten. Das lange, jedoch schmale Hochhaus

wird mit einem Flachdach abgeschlossen und ist durch Betongesimse gegliedert, die das gesamte Gebäude umziehen. Sie fassen die Fenster der obersten drei Obergeschosse als horizontale Bänder zusammen.

Cann ⑧
Elwertstraße 2–4

Das Cann entstand 2009–11 nach den Plänen des Stuttgarter Architekturbüros Auer, Weber und Assoziierte und beherbergt das Haus der Familie, ein Jugendhaus und eine Jugendherberge mit 150 Betten, Tagungsräumen und zugehöriger Gastronomie. Auf den ersten Blick erinnert die Fassadengestaltung an das Carl Benz Center: Geschosshohe Wandpaneele, hier braun verkleidet, wechseln sich mit schmalen Fensterstreifen ab. In jeder Etage unterschiedlich rhythmisiert, ergibt sich so ein Flächenmuster für die

Cann

Außenhaut. Allerdings ist das Ziel hier nicht, einen homogenen Baukörper zu schaffen. Ganz im Gegenteil ist das Cann in gestapelte, schräg zueinander gesetzte Quader aufgelöst, die auf dem dreieckigen Grundstück so angeordnet wurden, dass zur Elwertstraße ein geöffneter Hof entsteht. Betonrahmen und Betonscheiben fassen einzelne Stockwerke zu Boxen zusammen, sodass der Bau auf den schnellen Blick nur zwei statt fünf Geschosse zu besitzen scheint. Es lohnt sich, die umlaufenden Betonrahmen mit dem Auge zu verfolgen, um nachzuvollziehen, wie die Boxen oder Wandscheiben miteinander verschränkt sind. Dieses Spiel und die spitzwinkligen Ecken machen das Cann zu einer spannungsreichen Skulptur, die durchlaufen und entdeckt werden kann.

Wie bei allen gegenwärtigen Neubauten wurde beim Cann auf das Energiekonzept großen Wert gelegt. Man nutzt hier die Pfahlgründung zur Temperierung der Innenräume. Auf dem Dach befindet sich außerdem eine Solaranlage.

Verwaltungszentrum der Telekom ⑨ Kissinger Straße und Nauheimer Straße

Zwischen 1984 und 1987 errichtete das Stuttgarter Architekturbüro Kammerer + Belz, Kucher und Partner ein neues Verwaltungszentrum für die damalige Oberpostdirektion, die aus der Stadtmitte nach Bad Cannstatt umzog. Zur Verfügung stand ein brachliegendes Industrieareal, auf dem zuvor die AEG und die Maschinenfabrik Hesser produziert hatten. Vor allem städtebaulich war die Lösung der Architekten vorbildlich: Statt große Bürohochhäuser für die 1.600 Mitarbeiter auf das Areal zu stellen, führten sie die vorhandenen Straßenzüge der Kissinger und Nauheimer Straße fort und organisierten den Verwaltungsbau in vier

Verwaltungszentrum der Telekom

ihre Bauzeit: Sie entstand 1977 nach Plänen des Stuttgarter Architekten Werner Luz als Sichtbetonskelettbau anstelle eines barocken Bürgerhauses. Jahrelang hatte man über Abriss oder Sanierung diskutiert, bevor die Entscheidung für den Neubau fiel. Luz überbaute die komplette Altstadtparzelle, wodurch das Gebäude wieder eine unregelmäßige Form erhielt. Mit dem Skelettbau nahm er die Struktur historischer Fachwerkgebäude auf, nutzte jedoch die Möglichkeiten des Betons für eine freiere Gestaltung. Die einzelnen Geschosse werden durch kräftige horizontale Balken voneinander abgesetzt. Wie beim Fachwerkbau kragen sie zur Marktstraße in jeder Etage etwas weiter aus. Dazwischen gliedern allein senkrechte Betonstäbe die Fassaden, manche davon sind tragend, andere

Baublöcken, wobei sie die Blockrandbebauung der umliegenden gründerzeitlichen Gebäude aufnahmen. Sie gliederten die Bauten durch Absätze in kleinere Einheiten, passten sich in der Höhe, bei der Dachform und mit dem Fassadenmaterial Ziegelstein an den vorhandenen Bestand an. Das Zentrum der Anlage bildet ein öffentlicher Platz mit Wasserspielen am Kreuzungspunkt der beiden Straßen. Hier liegen in diagonalen Rücksprüngen sinnfällig die Eingänge zu den vier Baublöcken.

Kron-Apotheke ⑩
Marktstraße 59

Auf den ersten Blick fällt die Kron-Apotheke in der Cannstatter Altstadt nicht als modernes Gebäude auf. In Größe und Form fügt sie sich nahtlos in die Reihe der giebelständigen Häuser ein. Auf den zweiten Blick verrät sie jedoch deutlich

Kron-Apotheke

im freien Rhythmus gesetzt. Typisch für die Bauzeit ist dabei der Verzicht auf einen Sockel oder eine Schwelle im Erdgeschoss, wodurch Innen- und Außenraum ineinander überzugehen scheinen. Erst hinter dem Stabwerk folgt die Fensterebene. Fast alle Flächen sind verglast, jedoch durch dunkle Rahmen unterteilt, sodass die Fenstergrößen denen der umgebenden Bauten ähneln. In den Etagen über der Apotheke befinden sich Arztpraxen und zwei Dachgeschosswohnungen.

Verwaltungsgebäude des Bezirksamts
Cannstatt

Verwaltungsgebäude des Bezirksamts Cannstatt ⑪
Marktplatz 10

Rund zehn Jahre nach der Kron-Apotheke baute Werner Luz 1987/88 das Verwaltungsgebäude des Cannstatter Bezirksamts am Marktplatz. Es ist ein Rasterbau, der ein Grundmodul nutzt, um den Baukörper zu öffnen und zu variieren. Träger und Stützen des Skelettbaus bilden rechteckige Felder aus. Da sie vor der Außenhaut liegen, sind sie deutlich zu erkennen. An den Gebäudeecken bleiben ganze Felder ausgespart oder werden nur als Rahmen ausgeführt. Die Wandfelder sind größtenteils verglast und durch Fensterrahmen und -sprossen nochmals in kleinere Rasterfelder gegliedert. Stahlbetonteile und geschlossene Wandfelder sind mit braun getöntem Leichtmetall verkleidet. Die Fensterrahmen nehmen diesen Farbton auf. So wirkt der Bau trotz seiner Vor- und Rücksprünge homogen und ruhig. Das große Dach ist zur Stadtkirche hin mit einem umlaufenden Fensterband geöffnet, um einem Sitzungssaal mit Empore für 250 Personen ausreichend Licht zu verschaffen.

 Zahlreiche Cafés und Restaurants in der Cannstatter Altstadt und am Mercedes-Benz-Museum.

 Tourstart: Mercedes-Benz Welt: Bus 56; Neckarpark (Mercedes-Benz): S-Bahn 1 (längerer Fußweg)
Tourende: Rosensteinbrücke: U-Bahn 13, 14; Bus 52, 55, 56; Wilhelmsplatz: U-Bahn 1, 2; Haltestelle Bahnhof Bad Cannstatt: S-Bahn 1, 2, 3

20 Von Stammheim bis zum Porschemuseum

Dreimal Architektur als sozialer Prozess und ein Museumstempel

Dieser Spaziergang führt zu drei Bauten des Architekten Peter Hübner in Stammheim-Süd, einem Stadtteil Stuttgarts, der in den 1980er-Jahren neu bebaut wurde. Hübners Bauten entstanden unter starker Beteiligung der Bevölkerung und der späteren Nutzer. Sie hatten zum Ziel, die Identität des Stadtteils zu stärken und damit dem negativen Image, das Stammheim mit Assoziationen wie Strafvollzugsanstalt, Hochsicherheitstrakt und RAF-Prozesse verband, etwas entgegenzusetzen. Die Wegstrecke zwischen den drei Bauten ist lang, wird jedoch durch die fantasievollen und unkonventionellen Bauten Hübners belohnt. Über die Siedlung Elbelen und eine Kirche der späten 1950er-Jahre erreicht man am Ende des Rundgangs das Porschemuseum.

Stammheim Neuwirtshaus

2 ½ Std.

3,5 km

Tipp zur Tour: Die kleine Tour lässt ausreichend Zeit für den Besuch des Porschemuseums am Tourende.

Grundschulpavillon Stammheim-Nord ①
Fliegenweg 4

Recht unauffällig steht der flache Rundbau der Grundschule in einem großen Wiesengrundstück. Er wurde 1989 von einer Elterninitiative zusammen mit dem Architekten Peter Hübner entwickelt, der kurz zuvor schon das Stammheimer Jugendhaus gebaut hatte (Nr. 2). Statt ein vorhandenes Schulprovisorium an diesen Ort zu verlegen, wie von der Stadtverwaltung vorgeschlagen, wollte man lieber selbst planen und für etwa 100 Kinder einen wohnlichen, kindgerechten Ort als Schule schaffen. Nur acht Monate

Grundschulpavillon Stammheim-Nord

benötigte man von der Planung bis zur Fertigstellung.

Der Rundbau besteht aus einem Holzskelett, das mit nur drei verschiedenen Dachträgertypen arbeitet. Wie die Speichen eines Wagenrads folgen die Dachträger mit zehn Grad Abstand radial aufeinander. Das vordere Kreissegment ist als Eingang geöffnet und besitzt eine farbig gestrichene Holzverkleidung. Ansonsten besteht die Außenwand ganz aus Fenstern. Hier liegen vier Klassenzimmer mit Blumenerkern, dazwischen die Lehrerzimmer, Toiletten und sonstigen Nebenräume. All diese Räume erhalten zusätzliches Licht durch ein zur Kreismitte orientiertes Oberlichtfenster. Als innerer Ring erschließt ein Flur die Klassenzimmer. Durch zwei Sitzstufen ist er vom zentralen Gemeinschaftsraum abgesetzt, der somit wie eine Arena oder ein Marktplatz genutzt werden kann. In der Planungsphase hatte man alternativ zum Rundbau auch einen rechteckigen

Typ geprüft. Alle Beteiligten bevorzugten jedoch den Rundbau, der sich zudem als kostengünstiger herausstellte. Sein Vorteil ist die klare, einleuchtende Organisation und die starke Beziehung aller Räume sowohl nach außen als auch nach innen zum gemeinsamen Zentrum. Das verwendete Material, Holz, verstärkt noch die freundliche, nicht institutionelle Atmosphäre des Gebäudes.

Jugendhaus Stammheim ②
Marco-Polo-Weg 2 a

Der Kopf eines Drachens empfängt den Besucher am Eingang des Stammheimer Jugendhauses, das 1988 bis 1990 gebaut wurde. Sein mit Holzschindeln geschuppter Laib legt sich als Dach schützend über die niedrigen Außenwände. Der geschwungene Rücken des Reptils endet mit einem langen Schwanz vor einem Lärmschutzwall der angrenzenden

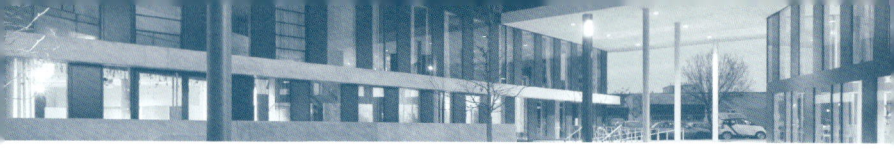

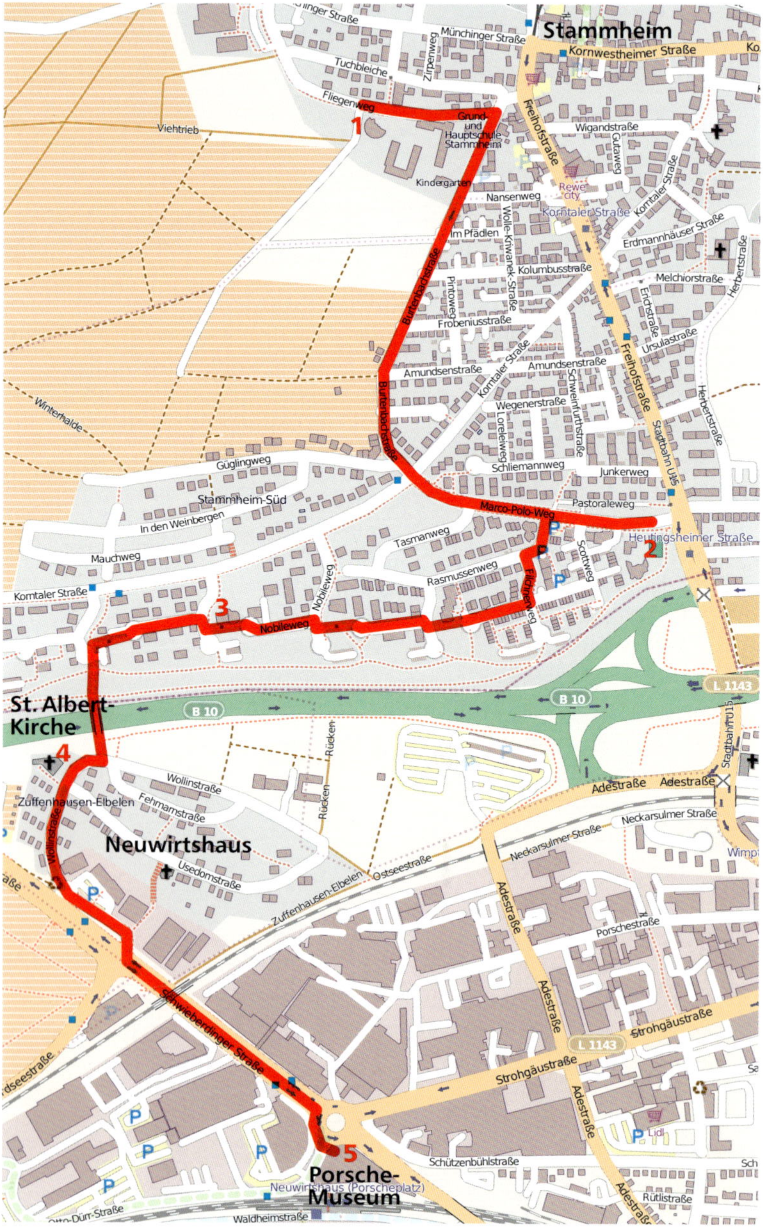

Stammheim
Münchinger Straße
Kornwestheimer Straße
Tuchbleiche
Zirpenweg
Fliegenweg
1
Grund- und Hauptschule Stammheim
Viehtrieb
Freihofstraße
Wigandstraße
Gutaweg
Kindergarten
Nansenweg
Rewe city
Korntaler Straße
Korntaler Straße
Erdmannhäuser Straße
Im Pfädlen
Wolle-Kriwanek-Straße
Burtenbachstraße
Kolumbusstraße
Melchiorstraße
Herbertstraße
Pintoweg
Frobeniusstraße
Erichstraße
Ursulastraße
Amundsenstraße
Amundsenstraße
Winterhalde
Wegenerstraße
Loreleiweg
Schweinfurthstraße
Stadtbahn U15
Herbertstraße
Güglingweg
Schliemannweg
Junkerweg
Stammheim-Süd
Pastoraleweg
Marco-Polo-Weg
In den Weinbergen
Tasmanweg
Heutingsheimer Straße
2
Mauchweg
Scottweg
Rasmussenweg
Filchnerweg
Nobileweg
Korntaler Straße
3
Nobileweg
L 1143
B 10
B 10
St. Albert-Kirche
4
Rücken
Wollinstraße
Fehmarnstraße
Adestraße
Adestraße
Zuffenhausen-Elbelen
Neckarsulmer Straße
Neckarsulmer Straße
Wollinstraße
Neuwirtshaus
Usedomstraße
Ostseestraße
Zuffenhausen-Elbelen
Adestraße
Porschestraße
Schwieberdinger Straße
Adestraße
L 1143
Strohgäustraße
Strohgäustraße
Adestraße
Lidl
5
Porsche-Museum
Schützenbühlstraße
Neuwirtshaus (Porscheplatz)
Rütlistraße
Otto-Dürr-Straße
Waldheimstraße

Bundesstraße. Weiter ins Grundstück hinein folgt ein kunterbuntes Durcheinander aus verglasten oder mit Holz verkleideten Bauteilen, Grasdächern und bunten Mosaiken.

Die Ideen für das Jugendhaus entwickelte Peter Hübner in einem Brainstorming mit den späteren Nutzern, den Betreibern und den Bewohnern des Stadtteils. Zunächst wurden Besonderheiten Stammheims gesammelt und überlegt, wie sich diese mit den Wünschen und Träumen der Jugendlichen in Verbindung bringen lassen. Vom Stammheimer Keltengrab, dem einzigen auf Stuttgarter Markung, leitete man in freier Assoziation mögliche archäologische Funde ab und stellte sich einen bewohnten urzeitlichen Wald, ein Stamm-Heim vor. In der konkreten Umsetzung entstanden daraus

ein Dinosaurier-Café, eine begrünte Sonnenoase und eine Disco in Form eines Keltengrabes. Der Hauptbau des Jugendhauses basiert auf einem Holzskelett aus rohen Rundstämmen. Das Pfostenraster mit einem Abstand von 3 auf 4,5 Metern ist im fertigen Gebäude durch die frei entwickelten Wände und Raumgrundrisse kaum mehr sichtbar. Vielmehr verwandelten sich die Stämme im Café zu Saurierbeinen, in der Disco zu einem geschnitzten Keltenfürsten und einer Keltenfürstin.

Das Dinosaurier-Café ist bis in die Dachkonstruktion hinein offen. Das Rückgrat des Reptils besteht aus einem Leimbinder, der auf einer anderen Baustelle Hübners übrig war und weiterverwendet werden

Jugendhaus Stammheim

Evangelisches Gemeindehaus Arche

konnte. Auch der Steinboden des Cafés wurde aus kostenlos überlassenen Natursteinplatten geschaffen.

Die Disco grub man in den zwölf Meter hohen Erdwall der Bundesstraße ein, die dadurch zugleich einen guten Lärmschutz erhielt. Der von acht halbrunden Mauernischen umgebene Raum schließt mit einer Kuppel aus übereinandergeschichteten Baumstämmen und einem Oberlicht ab. Er nimmt damit eine Bauform der Puebloindianer auf, die ihre »Kivas« genannten Kulträume entsprechend bauten.

Innerhalb von zwei Jahren wurde das Stammheimer Jugendhaus vorwiegend

im Selbstbau errichtet. Stammaktien für das Stammkapital konnten als Baumstammscheiben erworben werden. Nur 40 Prozent der üblichen Baukosten fielen schließlich an. Durch die Beteiligung der Bevölkerung entwickelte es sich zum Zentrum des ganzen Stadtteils.

Evangelisches Gemeindehaus Arche ③
Hornemannweg 10

Das Wohngebiet Stammheim-Süd wurde von 1984 bis 1987 neu erschlossen und bebaut. Neben privaten Wohnbauten entstanden Reihenhäuser und Hausgruppen im Rahmen eines städtischen Sonderprogramms »Preiswertes Wohneigentum«. Inmitten dieser Häuser steht das Gemeindehaus Arche. Der erste Bau, eine einfache, rechteckige Holzbaracke in Montagebauweise, war 1987 errichtet worden. Bereits nach wenigen Jahren war sie jedoch sanierungsbedürftig und die Gemeinde wünschte sich einen Erweiterungsbau. Geld war allerdings nur für die Renovierung vorhanden. Was lag näher, als den bewährten Kontakt mit dem Architekten Peter Hübner auch hier zu nutzen und mit engagierter Beteiligung der Gemeindemitglieder nach einer Lösung zu suchen. Aus den gemeinsamen Diskussionen entstand die Idee eines spiralförmigen Erweiterungsbaus, der wie ein aufgeschnittener Ammonit ein Gerüst aus 24 spiralförmig angeordneten Fachwerkbindern erhielt. Das breite Spiralende stellt den Anschluss an den Altbau her und nimmt zugleich einen neuen Eingang auf. Eine mobile Trennwand ermöglicht die getrennte Nutzung beider Bauteile. Für jeden der 24 Binder wurden Paten aus der Gemeinde gewonnen, die verantwortlich die Montage übernahmen. Die Binder bestehen aus Douglasiendielen, die bei zunehmender Spannweite durch zusätzliche Dielen verstärkt wurden. Ein flaches Dach schließt den Rundbau ab. Die Wandflächen zwischen den Bindern wurden zum Innenraum mit glatten Birkenholzmultiplexplatten geschlossen. Am Außenbau wurden vertikale Bretter angebracht, die in unterschiedlich großen Rechteckfeldern gruppiert sind. Zum Dachansatz hin werden diese Felder zunehmend verglast. Durch die locker angeordneten Oberlichtfenster erhält der Innenraum einen kontemplativen und spirituellen Charakter. Das »Glasmosaik« entstand aus nicht mehr benötigten Mustergläsern der Materialprüfanstalt der Universität Stuttgart. Der Neubau wurde zwischen 1997 und 1999

realisiert. Großen Anteil an Planung und Bau hatte Volker Lassen, Zimmermannsgeselle und Architekturstudent Hübners an der Universität Stuttgart.

Katholische Kirche St. Albert ④
Wollinstraße 55

Als das Gebiet in den Elbelen vom Siedlungswerk der Diözese Rottenburg 1957/58 bebaut wurde, fehlte dort eine eigene Kirche. Zusammen mit den Bewohnern der mehr als 20 Jahre älteren Neuwirtshaussiedlung wurde der Saal im Gasthaus »Neuwirtshaus« für die Gottesdiente genutzt. Zu Beginn der 1960er-Jahre gründete sich schließlich ein Kirchenbauverein Neuwirtshaus / Elbelen. Man forderte drei Architekten auf, einen Neubau zu entwerfen. Den Auftrag erhielt der aus Stuttgart-Degerloch stammende Architekt Eberhard Steim. Von 1965 bis 1967 entstand der nüchterne Sichtbetonbau, der ganz aus spitzwinkligen Dreiecken aufgebaut ist. Der Grundriss besteht aus drei Segmenten eines Zwölfecks. Die

Katholische Kirche St. Albert

Dachfläche erscheint durch die unterschiedliche Höhe der Segmente wie gefaltet. Sichtbare Fugen der Schalbretter und das große, dreieckige Kirchenfenster steigern die Dynamik des Baus. Seine Gestalt weckt Assoziationen an einen steil aufragenden Schiffsbug oder an ein »Zelt Gottes«. Leider wurde der rechts neben dem Schiff frei stehend geplante, nadelspitze Kirchturm aus Kostengründen nicht vollständig ausgeführt. Nur sein Stumpf begrenzt den überdachten Eingangsbereich. Die zeittypische Einfachheit und Materialsichtigkeit führte dazu, dass der Bau manchen Gemeindemitgliedern »zu evangelisch« erschien. 1983 musste die Dachdeckung mit Kupferblech erneuert und eine erste Betonsanierung durchgeführt werden. Die Zukunft von St. Albert ist derzeit ungewiss, da die katholische Kirche Einsparungen in Gemeinden mit zwei Kirchenbauten erwägt. Zur Gemeinde gehört neben St. Albert noch die Kirche St. Antonius im Zentrum von Zuffenhausen.

Porschemuseum (5)
Porscheplatz

Seit den 1930er-Jahren liegt der Firmensitz des Autoherstellers Porsche in Zuffenhausen an der Schwieberdinger Straße, wo er auf mehrere Gebäude verteilt ist. Mit der Einweihung des neuen Porschemuseums nach Entwürfen des Architekturbüros Delugan und Meissl erhielt der Konzern im Januar 2009 einen spektakulären Identifikationspunkt an diesem Ort. Wie ein schweres Raumschiff auf der Startrampe scheint der Bau über

dem Kreisverkehr am Porscheplatz zu liegen. Über die Autoströme der ehemaligen Bundesstraße herrscht er ebenso wie über die Züge der vorbeiführenden S-Bahn-Linien. Mit der Idee, einen kantigen, wuchtigen, dominanten und kraftvollen Monolithen über nur drei Stützen schweben zu lassen, trafen die Architekten die Wünsche der Auftraggeber zur Repräsentation der Marke Porsche und gewannen 2005 den ersten Preis im Wettbewerb um den Museumsneubau. Um den 140 Meter langen und 70 Meter breiten »Flieger« mit Überhängen bis zu 45 Metern realisieren zu können, war ein Stahlskelett von der Masse des Pariser Eiffelturms notwendig. Für die Tragwerksplanung orientierte man sich an Erfahrungen aus dem Brückenbau. Die schwebende, entrückte Erscheinung wird durch die verspiegelten Edelstahlplatten an der Unterseite des »Fliegers« erzeugt. Darunter liegen unter einem Glasdach das Museumsfoyer, der Museumsshop, eine Kaffeebar und eine gläserne Werkstatt. Das Gelände fällt zum Eingang hin ab und verjüngt sich trichterförmig, sodass optisch ein Sog ins Gebäude entsteht. Steil wirkende Rolltreppen und Lastenaufzüge führen in den Stützen hinauf zum Ausstellungsraum. Auf diesem Weg ist die gesamte Gebäudehöhe von etwa neun Metern erlebbar. Der Ausstellungsraum ist als stützenloser Einheitsraum mit leicht schiefen Ebenen, geneigten Brüstungen, Rampen und Wänden als Bühne für die 82 ausgestellten Fahrzeuge fast vollständig in Weiß gehalten. Die ständig sich verändernde Raumgeometrie möchte den Eindruck

![Porschemuseum]

Porschemuseum

von Mobilität und Dynamik verstärken. Ein einziges, überdimensionales Fenster ist zur Straße hin gerichtet. Neben der Ausstellungsfläche befinden sich im Obergeschoss Veranstaltungsräume, ein Restaurant und eine Dachterrasse.

 Einkehrmöglichkeiten sind im Stadtzentrum von Stammheim oder am Ende der Tour im Porschemuseum zu finden.

 Tourstart: Stammheim: U 15
Tourende: Neuwirtshaus (Porscheplatz): S-Bahn 6, 60

21 Von Zuffenhausen bis zum Max-Eyth-Steg

Backstein historisch und modern

Auf diesem Spaziergang lässt sich die Architektursprache der 1930er- und 1950er-Jahre anhand zweier Schulbauten direkt vergleichen. Den Schwerpunkt der Tour bildet jedoch der Wohnungsbau. Ein herausragendes Beispiel des modernen Städtebaus der 1950er-Jahre stellt die Wohnanlage Romeo und Julia dar, die weit über die Grenzen Deutschlands als vorbildliche und individuelle Lösung für Großwohnbauten bekannt wurde. Dazu setzen das rund 15 Jahre später entstandene Wohnhügelhaus an der Tapachstraße und das Wohnhochhaus Apollo in der Trabantenstadt Stuttgart-Freiberg zwei Kontrapunkte in der Formensprache der 1960er-Jahre. Der Spaziergang endet schließlich am Neckar im weitläufigen Naherholungsgebiet.

Zuffenhausen
Freiberg

3 ½ Std.

6 km

Tipp zur Tour: Am Ende der langen Tour belohnen weitläufige Wiesen mit großen Bäumen und Segelboote am Max-Eyth-See.

Bis ins 19. Jahrhundert war Zuffenhausen ein kleines Bauerndorf, wuchs jedoch durch die Einrichtung der Eisenbahn und die Ansiedlung von Industriebetrieben bis 1905 zur eigenständigen Stadt. 1931 erfolgte die Eingemeindung nach Stuttgart. Einen regelrechten Bauboom erlebte der Ort in der Zeit nach dem Zweiten Weltkrieg, als in Stuttgart-Rot das damals größte Siedlungsprojekt Deutschlands für 20.000 Bewohner in Angriff genommen wurde.

Hohenstein- und Robert-Bosch-Schule ①
Hohensteinstraße 17 und 25

Im Wettbewerb um den Neubau der Hohensteinschule gewannen Paul Schmitthenner und sein Assistent Karl Erich Loebell 1927 den ersten Preis. Das 1929

Hohenstein- und Robert-Bosch-Schule

bis 1930 realisierte Projekt umfasste eine Gewerbeschule, eine Handelsschule, eine Frauenarbeitsschule sowie eine Real- und Volksschule. Drei mächtige Flügelbauten aus rotem Ziegelsteinmauerwerk sind Z-förmig angeordnet, sodass links und rechts von ihnen zwei Höfe entstehen. Der eine wurde für den Schulsport benutzt, der andere diente als Pausenhof. Beide werden von Ziegelsteinmauern eingefasst, wobei den Eingang zum Turnhof ein kleines Pförtnerhäuschen mit Walmdach flankiert. Im rückwärtigen Flügelbau an der Suevenstraße befindet sich ein großer Turn- und Versammlungssaal, der unschwer an seinen hohen, schmalen Fenstern zu erkennen ist. Von beiden Seiten führen hohe Freitreppen zu den Saaleingängen.

Die Hohensteinschule gehört zu den wenigen Schulbauten, die zwischen den beiden Weltkriegen in Stuttgart entstanden. Bemerkenswerterweise bedient Schmitthenner sich hier einer Formensprache, die dem Neuen Bauen überraschend nahesteht: Die Baukörper sind auf ihre geometrischen Grundformen reduziert und die Fenster sitzen außenbündig. Während die Treppentürme als reine Quader vorspringen, treten die flachen Walmdächer kaum in Erscheinung, muten vielmehr als Flachdächer an. Allerdings finden sich gleichzeitig deutliche Merkmale der Stuttgarter Schule wie das sichtbare Ziegelmauerwerk, wuchtige Tür- und Fensterrahmungen aus Kunststein und die Bekrönungen der Treppenturmdächer. Die Eisenbetondecken wurden teilweise bis an die Fassaden durchgeführt und treten als durchlaufende Fensterstürze in Erscheinung. Zur farblichen Anpassung versetzte man den Beton mit Ziegelmehl. Dort, wo keine Decken an die Fassaden grenzen, wurden die Fensterstürze, entsprechend alter Handwerkstradition, mit hochkant

Stahlbetonbau, dessen Fassaden in Anpassung an die benachbarte St.-Antonius-Kirche mit dunkel gebrannten Ziegelsteinen verkleidet wurden. Mit der 1902 begonnenen St.-Antonius-Kirche, der Hohensteinschule von 1930 (Nr. 1) und dem Gemeindezentrum bieten sich drei Generationen von Ziegelbauten zu einem Vergleich ihrer Gestaltungsprinzipien an: Bei der Kirche wird der Ziegelstein dekorativ genutzt, um Nischen und Rundbogen im Geschmack der Neoromanik zu schaffen. Schmitthenner dagegen verwendet das Material blockhaft und gestaltet monumentale Baukörper. Am Gemeindehaus wird mit dem dunklen Klinker eine beeindruckende Großskulptur geformt. Geschlossene Wandflächen und Volumen mit Einschnitten und Rücksprüngen wechseln sich ab und ermöglichen Einblicke ins Innere.

Gemeindezentrum St. Antonius und Franz-Josef-Fischer-Haus

gestellten Ziegeln als scheitrechte Stürze gemauert.

Gemeindezentrum St. Antonius und Franz-Josef-Fischer-Haus ②
Besigheimer Straße 19

Das Büro von Arno Lederer, Jórunn Ragnarsdótir und Marc Oei ist sicherlich eines der interessantesten Stuttgarter Architekturbüros der Gegenwart. 1998 bis 2001 errichteten die Architekten im Auftrag der katholischen Kirche das Gemeindezentrum St. Antonius in Gebäudeeinheit mit dem Franz-Josef-Fischer-Haus, in dem sich zwölf betreute Altenwohnungen befinden. Es ist ein

Der abgerundete Treppenturm nimmt das Chorrund der St.-Antonius-Kirche auf und markiert den Eingang in den Kirchhof. Von hier betritt man das Erdgeschoss, das Betreuungs- und Pflegeeinrichtungen, einen Gemeindesaal, eine Sozialstation und einen Weltladen beherbergt. Großflächige Verglasungen öffnen dieses Geschoss zum Innenhof.

In den oberen Etagen wird der dreieckige Grundstückszuschnitt spürbar. Die Seniorenwohnungen sind entlang der Hofseite wie die Glieder einer Kette, jedoch jeweils versetzt aneinandergereiht. Im Gebäudeausschnitt zur Straße fallen die zurückliegenden, schräg das Gebäude durchziehenden Laubengänge ins Auge. Die Staffelung der Wohnungen ermöglicht es, dass jeder Bewohner an seinem Eingang einen eigenen Vorplatz auf dem Laubengang erhält, und damit einen geschützten und zugleich kommunikativen Ort mit Blick auf die Straße. Die versetzt angeordneten Balkone zur Hofseite dagegen gewähren mehr Ruhe und vollständige Privatheit.

Die langen Sonderformate der schwarzen Klinker und der Verzicht auf die Vermörtelung der senkrechten Fugen betonen die vertikale Lagerung des Mauerwerks. Zusammen mit wenigen Elementen in Sichtbeton, den weiß lackierten Fenstern, hellgrau verputzten Wänden und Holzböden besitzt das Gemeindezentrum dadurch eine bewusst ruhige Ausstrahlung.

La-Ferté-Steg ③
Haldenrainstraße / Mönchsbergstraße / Markelsheimer Straße

Der La-Ferté-Steg überspannt als Brücke für Fußgänger und Fahrradfahrer

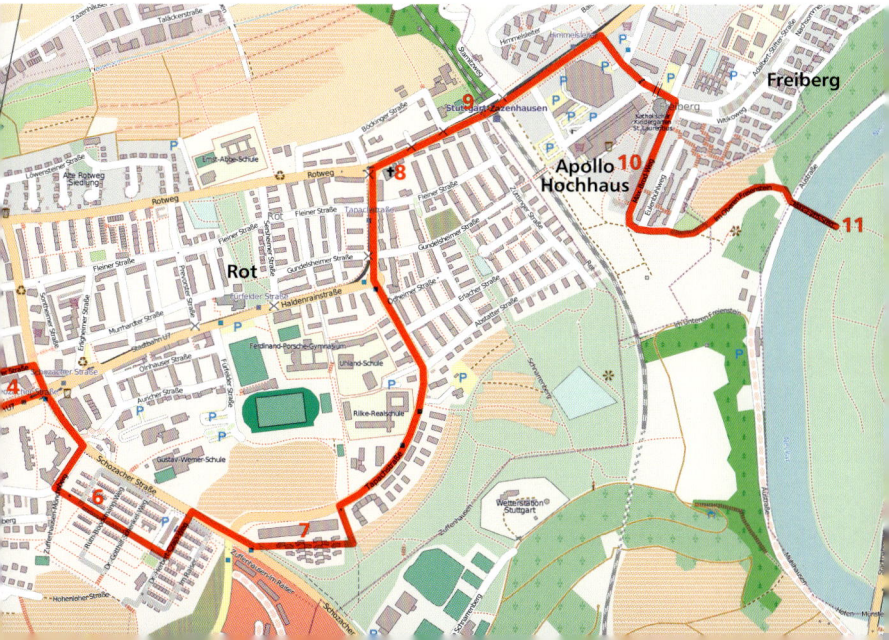

die vielbefahrene Haldenrainstraße. Er verbindet das oberhalb der Mönchsbergstraße gelegene Wohngebiet mit dem Festplatz und dem Hallenbad von Zuffenhausen. Der Entwurf der Stuttgarter Büros asp Architekten, Arat Siegel und Partner, und Peter und Locher, Tragwerksingenieure, ging 1999 als Sieger aus einem Wettbewerb hervor. 2001 war der Steg fertiggestellt und weitere fünf Jahre später erhielt er für seine Schönheit, Eleganz, Funktionalität und innovative Technik den erstmals vergebenen Deutschen Brückenbaupreis.

Der Steg setzt über einer Betonscheibe an der Hangböschung an und kurvt auf einer Kreislinie mit einem gleichbleibenden Radius von 54 Metern und mit gleichmäßigem Gefälle zur Grünfläche hinunter. Sechs äußerst schlanke Stahlstützen tragen die 119 Meter lange, fast schwebend erscheinende Brückenbahn. Für eilige Fußgänger führt in der Brückenmitte eine Stahltreppe zur Straße hinunter. Der Brückenname bezieht sich auf die Städtepartnerschaft Zuffenhausens mit der französischen Stadt La Ferté-sous-Jouarre 60 km östlich von Paris.

La-Ferté-Steg

Wohnhochhäuser »Romeo und Julia« ④
Schozacher Straße 40, Schwabbacher Straße 15

Die Wohnhochhäuser »Romeo und Julia« von Hans Scharoun und Wilhelm Frank entstanden 1954 bis 1959 im Rahmen der Neubesiedlung des Stadtteils Stuttgart-Rot. Das Ziel der Nachkriegssiedlung für rund 20.000 Menschen bestand darin, jedem Bewohner gesunden, sonnigen Wohnraum in grüner Umgebung zur Verfügung zu stellen. In die lockere Bebauung wurden einzelne Hochhäuser an dominanten Punkten integriert, »Romeo und Julia« sind nur ein Teil davon. Während eine Überzahl der Gebäude älteren Bautraditionen verhaftet blieb und aus Zeilenbauten mit Satteldächern besteht, realisierten Scharoun und Frank mit ihrer komplett neuartigen Wohnanlage eines der herausragendsten Beispiele der Fünfziger-Jahre-Architektur und zugleich ein Musterbeispiel für das organische Bauen.

Wohnhochhäuser »Romeo und Julia«

Die Wohnanlage besteht aus dem 19-stöckigen Hochhaus »Romeo«, das dominierend an einer großen Kreuzung steht, und dem niedrigeren, hufeisenförmig geschwungenen Wohnblock »Julia«. Der Name soll Hans Scharoun eines Abends in seinem Büro eingefallen sein, als ihm beim Betrachten der Pläne der männliche Aspekt des Hochhauses und die rundlich-weibliche Form des Wohnblocks auffiel. Nach Norden verbinden zweigeschossige Garagenbauten mit Läden und Restaurants die beiden Häuser. Im Süden ist ein Landschaftsgarten angelegt, der sich bis in den Innenhof von »Julia« hinein erstreckt.

Im Solitär Romeo liegen je sechs unterschiedlich große Wohneinheiten auf einer Etage. Insgesamt gibt es 104 Ein- bis Vierzimmerwohnungen. Der ringförmige Baukörper der »Julia« ist in der Höhe gestaffelt. Er entwickelt sich von fünf über acht bis zu zwölf Etagen in Richtung »Romeo« und nimmt 82 Wohnungen auf. Im Ring liegen pro Etage jeweils gleich große Wohnungstypen, nur die beiden Wohnungen an den Stirnseiten sind größer. Ein Treppenhausturm in der Mitte des Gebäudes führt auf Laubengänge entlang dem inneren Rund. Von hier aus werden die einzelnen Wohnungen erreicht. Auf der Gegenseite verschafft die fächerförmige Aufweitung des Hauses jeder Wohnung eine möglichst große Aussichtsseite und Fenster in Richtung Süden, Südosten oder Südwesten. Dies gilt auch für die Wohnungen im »Romeo«. In der obersten Etage befinden sich jeweils

291

Silcher- und Haldenrainschule

Atelierwohnungen mit großen, schräg gestellten Fenstern. Spitzwinklig vortretende, zur Sonne orientierte Balkone und Dächer, Verkleidungen aus Waffelaluminium und mehrfarbige Anstriche verstärken die expressive Wirkung der gefalteten Fassaden.

Die Abweichung vom rechtwinkligen Grundriss und die polygonalen Räume ermöglichten Scharoun eine größtmögliche Differenzierung der Wohnungen, Gestaltungsspielraum und große Vielfalt. Der Erfolg mit »Romeo und Julia« führte für das Architektenteam zu Folgeaufträgen in der Region: dem Doppelhochhaus Salute in Stuttgart-Fasanenhof und der Anlage Orplid in Böblingen.

Silcher- und Haldenrainschule ⑤
Schwabbacher Straße 25

1950 bis 1953 errichtete Günter Wilhelm die Silcher- und Haldenrainschule für den neuen Stadtteil Zuffenhausen-Rot. In sechs Pavillonbauten wurden eine Volks-

schule, eine Sonderschule, eine hauswirtschaftliche Berufsschule und eine Turnhalle untergebracht. Größer könnte der Kontrast zur zwanzig Jahre älteren Hohensteinschule mit ihrer kompakten Form und dem fest umschlossenen Schulhof kaum sein! Hier verteilen sich die Bauten locker in einem hügeligen Landschaftspark und folgen damit den Prinzipien der organischen Stadtplanung. Günter Wilhelm ist vor allem als Architekt für Schulbauten bekannt. Mit der Silcherschule erwarb er sich internationale Anerkennung. Jahre später wurde er Leiter des Schulbauinstituts der Universität Stuttgart. Zu seinen Verdiensten zählt die Erneuerung der Schulhausarchitektur in der Zeit nach dem Dritten Reich, wobei er sich an der Freiluftschulbewegung und den Pavillonschulen orientierte. Optimale Belichtung und Belüftung gehörte ebenso zu den erklärten Zielen dieser Be-

Wohnbebauung im Raiser,
Reihenhäuser Kohlmayer und Oberst

wegung wie die Schaffung von Räumen für das Arbeiten in Kleingruppen und Möglichkeiten für vielfältige Bewegung. Als Vorbild für die Silcherschule führte Wilhelm die Pavillonschule Ernst Mays in Frankfurt-Bornheim von 1929 an.

Zur Grundidee zählte außerdem, dass Wilhelm die Größe und Anlage der Pavillons auf die Altersstufen der Schüler abstimmte. Im größten, zwei- bis viergeschossigen Bau sind die Verwaltung und die Fachklassenzimmer untergebracht. In den zwei- oder eingeschossigen Bauten erhalten die Schüler der unteren Klassen nach Möglichkeit ebenerdige Räume mit direktem Ausgang in den Garten. Der Sonderschule dient ein Pavillon mit kammförmig auskragenden Räumen, die jeweils über einen eigenen kleinen Hof verfügen. Die Pavillons besitzen asymmetrisch angeordnete Pultdächer aus grauem Welleternit, die im Höhenversatz ein Fensterband ermöglichen. Während die Giebelwände als geschlos-

sene, hellgrau gestrichene Scheiben in Erscheinung treten, sind die Längswände durch das helle Betonskelett, die Wandfelder aus rotem Ziegelstein und die großen Fenster mit der für die 1950er-Jahre typischen, asymmetrischen Gliederung geprägt. Lang gestreckte, flach gedeckte Gänge führen auf die Eingänge zu.

Wohnbebauung im Raiser ⑥ Max-Gutekunst-Weg / Ruth-Bockmann-Weg / Doktor-Gotthilf-Schenkel-Weg

Auf dem Gelände der ehemaligen Grenadierkaserne entstanden nach einem Wettbewerb in den Jahren 2002 bis 2003 knapp 250 Wohneinheiten für junge Familien und eine Kindertagesstätte. Für diese Neubebauung wurden die aus dem Dritten Reich stammenden Militärbauten bis auf ein Gebäude zwischen Mönchsbergstraße und Doktor-

**Wohnbebauung im Raiser,
Häuser der Architektengruppe Trostdorf**

Herbert-Czaja-Weg und einige Reste der Umfassungsmauern abgerissen. Wenige Wohnstraßen erschließen das Gebiet, zwischen den Reihenhauszeilen verlaufen kleine, autofreie Wohnwege. Insgesamt wurde auf ökologische Bauweise Wert gelegt.

Im Auftrag der Stuttgarter Wohnungs- und Städtebaugesellschaft errichtete das Büro Kohlmayer und Oberst aus Stuttgart zwölf Eigentumswohnungen und 37 Reihenhäuser in Holzrahmen- und Holztafelbauweise zwischen Max-Gutekunst-Weg und Ruth-Bockmann-Weg. Die sechs Zeilen kombinieren einen Vierzimmerhaustyp mit Dachterrasse und einen Fünfzimmerhaustyp. Die Fassaden sind mit grau lasierten Douglasienschichtplatten verkleidet, zu denen die Schiebeläden mit hellen Douglasienkanthölzern einen deutlichen Kontrast bilden. Dieses Projekt wurde 2003 mit dem Holzbaupreis und 2005 mit dem BDA-Preis ausgezeichnet.

Die weißen Kuben am Doktor-Gotthilf-Schenkel-Weg entstanden im Auftrag der Wüstenrot Haus- und Städtebau Gesellschaft nach Entwürfen der Stuttgarter Architektengruppe Trostdorf. Es handelt sich um zehn Eigentumswohnungen und 30 Reihenhäuser mit vier oder fünf Zimmern, die ebenfalls in sechs Zeilen angeordnet sind. Für Auflockerung und Rhythmus sorgen Eingangskuben und Dachaufbauten mit umrahmten Dachterrassen.

Gleich auf der anderen Straßenseite des Doktor-Gotthilf-Schenkel-Wegs errichtete das Tübinger Architekturbüro Ackermann & Raff im Auftrag des Siedlungswerks Stuttgart ein Mehrfamilienhaus mit 14 Mietwohnungen und 27

Wohnbebauung im Raiser,
Häuser des Büros Ackermann & Raff

Kindertagesstätte im Raiser

Reihenhäuser in sieben Zeilen. Bei den Reihenhäusern lassen sich durch modulare Elemente wie einen »Gartenfinger« – ein niedriger, lang gestreckter Bau im Garten – oder ein Studio mit Dachterrasse fünf verschiedene Haustypen kombinieren. Diese Elemente werden durch gelb-orangefarbene oder hellgraue An-

295

striche hervorgehoben. Zudem sind die breit gelagerten Reihenhäuser so angelegt, dass sie zu späterer Zeit in zwei Etagenwohnungen unterteilt werden können.

Zusammen mit den Wohnbauten wurde auch die Kindertagesstätte im Doktor-Herbert-Czaja-Weg 10 nach Plänen des Stuttgarter Architekturbüros Käppel und Klieber in Holzständerbauweise errichtet. Ein Kernbau mit begrüntem Dach nimmt die Verwaltungs-, Versorgungs- und Gemeinschaftsräume auf. Davor liegen die Gruppenräume, die versetzt zueinander angeordnet und farblich akzentuiert sind. Ein gefaltetes Dach schließt diesen vorderen Bauteil ab.

Wohnanlage Tapachstraße ⑦
Tapachstraße 75–97

Die Wohnanlage in der Tapachstraße wurde von den Architekten Peter Faller und Hermann Schröder zwischen 1968 und 1971 für Bundesbedienstete geplant und gebaut. Sie besteht aus einem Terrassenhaus mit 80 Wohnungen und 19 vorgelagerten, eingeschossigen Gartenhofhäusern. Dem fünf- bis siebenstöckigen Geschossbau liegt die Idee des Wohnhügelhauses zugrunde, einer Hausform, die von Faller und Schröder in den 1960er-Jahren vorgeschlagen wurde, um die Vorteile des Hochhauses mit dem Bedürfnis nach individuellem Wohnen und privaten Gärten zu kombinieren. Es wurde hier als »halbes« Wohnhügelhaus mit Orientierung der Wohnräume und Gärten nach Süden ausgeführt.

Die Geschosse sind um jeweils zwei Meter versetzt zueinander angeordnet. Jede Wohnung besitzt einen privaten Freibereich, zu der sich die Wohn- und

Wohnanlage Tapachstraße

Schlafräume mit wandhohen Fenstertüren öffnen. Die Erdgeschosswohnungen verfügen über vorgelagerte Gartenhöfe, geschützt durch hohe Mauern und ein »Stalltor«, mit dessen zwei übereinanderliegenden Türflügeln gesteuert werden kann, wie weit der Garten zu den Gemeinschaftswegen geöffnet werden soll. In den Obergeschossen schützen breite Pflanztröge die Terrassen vor Einsichtnahme der Nachbarn. Die Wohnungsgrößen variieren zwischen 73 und 125 Quadratmetern, die Terrassen sind zwischen sechs und 41 Quadratmeter groß. Die beiden obersten Etagen sind als Maisonettewohnungen zusammengefasst.

Die Nordseite wirkt wie eine harte, abweisende Betonskulptur. Hier liegen alle Erschließungen: Die Einfahrt in die Parkebene, ein Fußgängerdeck, das ursprünglich durch Brücken über die Straße mit der geplanten, jedoch nicht ausgeführten Nachbarbebauung verbunden werden sollte, und schließlich die Laubengänge zu den Wohnetagen. Diese Gänge liegen zwei Stufen niedriger als die Wohnungseingänge, sodass die Fenster zum Gang vor den Einblicken der Passanten geschützt sind.

Südlich des Wohnhügelhauses schließt sich das Ensemble der Bungalows mit Atriumhöfen und Pergolen an. Dazwischen verlaufen schmale Wohn- und Spielwege, über die die Gemeinschaftseinrichtungen wie Spielplätze, die Waschküche, die Zugänge zu den Parkdecks und die Durchgänge zur Straße erreicht werden.

Die Wohnanlage in der Tapachstraße erhielt unter anderem 1971 den Paul-

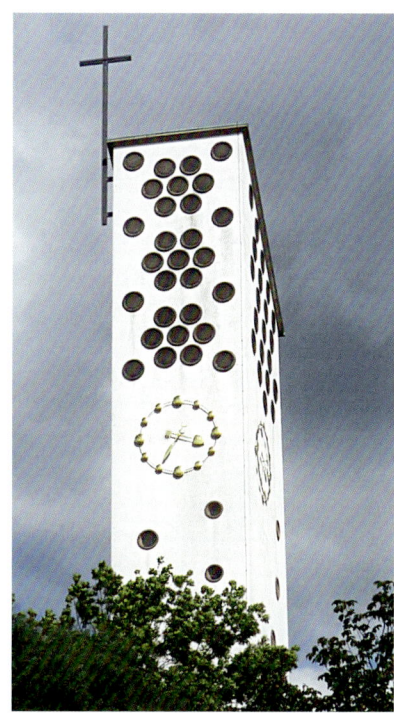

Turm der evangelischen Auferstehungskirche

Bonatz-Preis, 1972 folgte der vom Bund Deutscher Architekten (BDA) verliehene Hugo-Häring-Preis. Sie kann noch heute als ein gelungenes Beispiel für eine Großwohnanlage gelten, die Zusammenleben auf engstem Raum unter gleichzeitiger Wahrung von Privatheit und Teilhabe an Freiflächen gestattet.

Ev. Auferstehungskriche ⑧ Haldenrainstraße 200

In der stark wachsenden Siedlung Stuttgart-Rot entstand nach dem Zweiten Weltkrieg schnell eine neue evangeli-

sche Gemeinde. 1951 wurde ein offener Wettbewerb für den Neubau einer Kirche, eines Kindergartens und eines Pfarrhauses als Ensemble auf dem Eckgrundstück zwischen der Haldenrainstraße und dem Rotweg durchgeführt. Unter 60 eingereichten Planungsvorschlägen wählte die Kirchengemeinde, unabhängig von der Juryentscheidung, den modernen Entwurf des Stuttgarter Architekten Erwin Rohrberg zur Ausführung.

1953 konnte der Kindergarten realisiert werden. Es ist ein einfacher, eingeschossiger Bau mit flachem Satteldach und Dachreiterchen, dem die begrenzten Finanzmittel der Nachkriegszeit noch anzusehen sind. Dennoch wurde auf Dekor nicht verzichtet, wie man an einem vorkragenden Blumenfenster mit kleinem Kupferdach und Rautengitter, an der Holzsäule im Eingangsbereich, den rundbogigen Türen oder den dreieckig angeordneten Lüftungsziegeln unter dem Dachfirst sehen kann. Als nächstes wurde 1954 das Pfarrhaus fertiggestellt

und bezogen. Der Bau der Kirche konnte erst im Herbst 1955 begonnen werden, nachdem die »Opfergemeinschaft für den Kirchenbau« in der Gemeinde ein Fünftel der veranschlagten Baukosten selbst gesammelt hatte.

Dabei war der moderne Entwurf von Erwin Rohrberg nicht unumstritten. Gegenüber den konservativen Kirchenbauten setzte er sich durch gesteigerte Formen, eine starke Lichtdramaturgie und den Einsatz zahlreicher kleiner Rundfenster ab. Diesem auffallendsten Merkmal verdankt die Auferstehungskirche auch ihren Spitznamen »Käskirche«.

»Bei einem Kirchenbau muß vieles über die bloßen Zweckformen hinausgehen. Ein heiliger Bau muß sprechen können, rufen und mahnen«, so erklärte Rohrberg sein Konzept. Die Kirche besitzt einen trapezförmigen Grundriss, der sich von der breit vorgelagerten Treppenanlage über den Gemeinderaum schräg verengt und

Ortsvermittlungsstelle

so auf den Altar zuführt. Das Dach steigt dagegen zum Altar hin an, im Gemeinderaum ist es als wellenförmige dunkle Holzdecke gestaltet. Durch die kleinen, farbig verglasten Rundfenster und durch bunt gestaltete Seitenwände ist der Gemeinderaum bewusst dunkel gehalten. Der höher aufragende Altarraum ist durch ein nicht sichtbares Oberlichtband und eine verglaste, seitliche Erweiterung in helles Licht getaucht. Hinzu kommt die Beleuchtung der mittleren Altarwand mit Kruzifix durch weitere unsichtbare Seitenfenster. Zur Steigerung der Lichtwirkung sind die Wände im Altarraum überdies strahlend weiß getüncht. Auch die seitliche Anordnung des Turmes in der Straßenflucht sah Rohrberg nicht allein städtebaulich bedingt, sondern als Symbol einer »den Beschauer mitreißenden Bewegung nach oben«.

Ortsvermittlungsstelle der Deutschen Post ⑨
Böckinger Straße 31

Durchquert man die Grünanlage an der Mönchfeldstraße vor den Gleisen, dann lässt sich über die Hecke ein Blick auf die 1986 bis 1990 errichtete Erweiterung der Ortsvermittlungsstelle der Deutschen Post von Arno Lederer und Jórunn Ragnarsdóttir erhaschen. Es ist ein kleiner, unspektakulärer Funktionsbau, dessen ungewöhnliches Aussehen und gestalterische Qualität umso mehr in Erstaunen versetzt. Der Erweiterungsbau umfasst ein Notstromdieselaggregat und eine Lüftungsanlage. Den Motor versteckten die Planer hinter lärmschluckenden Betonwänden im Erdgeschoss, während die Lüftungsanlage im Obergeschoss hinter einem offenen Stahlgerüst sitzt, das mit senkrechten Holzlatten verkleidet wurde und von einem weit auskragenden Flachdach vor Regen geschützt wird. Die Betonfreitreppe zum Obergeschoss erinnert mit ihren rechtwinklig zur Treppenschräge geführten Geländerpfosten an die Treppenskulpturen der 1950er-Jahre, etwa an die von Le Corbusier. Eine schräg abgekappte Verkleidung aus Wellaluminium am Altbau leitet auf den Neubau hin und gibt ihm den passenden Hintergrund.

Wohnhochhaus »Apollo« ⑩
Max-Brod-Weg

Die Trabantenstadt Stuttgart-Freiberg entstand zu Beginn der 1960er-Jahre auf der grünen Wiese als reine Flachdachsiedlung mit einem großen Anteil an hochgeschossiger Bebauung. Moderne Baumaterialien wie Sichtbeton wurden hier nun ebenso eingesetzt wie Fertigbauverfahren. Die Scheibenhochhäuser an der Wallensteinstraße etwa erstellte man mit dem Baukastensystem der schwedischen Firma Ohlsson & Skarne aus wandhohen Fertigteilplatten. Eine der größten Wohnanlagen Deutschlands war damals das 22-stöckige Wohnhochhaus »Julius Brecht« mit 440 Wohneinheiten am nördlichen Ende Freibergs, errichtet 1966 bis 1968 durch den Architekten Hans Max Brenner.

Der auffälligste Bau ist das Wohnhochhaus Apollo an der Hangkante zum Neckar, eine Kombination aus einem

Wohnhochhaus »Apollo«

Hügel- und einem Scheibenhochhaus. Es entstand 1967 bis 1969 nach Plänen der Architektengemeinschaft Jäger, Pabst, Oelssner. Der untere, bis zu neun Stockwerke hohe Gebäudeteil ist als schräg zurückweichendes Terrassenhaus gestaltet. Darüber sitzen bis zu zehn Stockwerke hohe Scheiben, die in der Mitte der Anlage die größte Höhe erreichen. Jeder Wohnung sind auf der gesamten Breite Balkone zum Neckar hin vorgelagert, was wohl einer der Hauptgründe dafür ist, dass sich das Hochhaus bei seinen Bewohnern nach wie vor großer Beliebtheit erfreut. Die Hausabschnitte sind versetzt zueinander angeordnet. Von der gegenüberliegenden Neckarseite aus ist gut zu erkennen, dass die gestaffelten Balkone die Weinbergterrassen optisch fortsetzen. Freilich fügt sich das Wohngebirge nicht in die Landschaft ein, sondern dominiert die Hügelkuppe.

Fußgängerbrücke am Max-Eyth-See ⑪
Arnoldstraße

Wie ein leicht geschwungenes Band führt die Fußgängerbrücke am Stuttgarter Max-Eyth-See 114 Meter frei gespannt über den Neckar. Sie wurde 1989 vom Ingenieurbüro Schlaich, Bergemann und Partner als Hängeseilkonstruktion entworfen und antwortet mit ihrer asymmetrischen Form auf die spannungsreiche Landschaft zwischen steilen Weinbergen und parkartiger Flussaue. Aus einem Hohlweg, der das Wohngebiet Freiberg mit dem Naherholungsgebiet am See verbindet, schlängelt sich der Steg am diesseitigen Brückenmast vorbei. So erhält man zunächst einen freien Blick auf die Landschaft, ohne die Hängeseile wahrzunehmen. Auf der gegenüberliegenden Neckarseite verzweigt sich der Steg am zweiten Masten in die Aue. Für den Bau der Brücke stellte man zunächst die beiden Masten auf, zog die Tragseile mit den abgehängten Hängeseilen ein, um dann von der Brückenmitte aus mittels eines Lastkahns Betonfertigteile einzuhängen und die Brücke nach beiden Seiten zu schließen. Mit den nach und nach zugefügten Lasten erhielt die Brücke am Ende ihre vorberechnete Form. Damit reiht sie sich ein in eine ganze Serie filigraner und ausgeklügelter Hängebrücken und innovativer Tragwerkskonstruktionen, die dem Stuttgarter Ingenieurbüro Jörg Schlaich und Rudolf Bergemanns zu internationalem Renommee verhalfen.

Cafés und Restaurants rund um den Kelterplatz oder am Max-Eyth-See.

Tourstart: Hohensteinstraße: U-Bahn 7, 15; Bus 52;
Zuffenhausen: S-Bahn 4, 5, 6, 60
Tourende: Max-Eyth-See: U-Bahn 14; Bus 54

Fußgängerbrücke am Max-Eyth-See

22 Der Scharnhauser Park – ein Stadtteil entsteht

Zwischen Landschaftstreppe und windschiefem Kubus

Als 1992 die Militärverwaltung aus den »Nellingen Barracks« in Ostfildern abzog, blieb ein 141 Hektar großes Areal mit altem Baubestand zurück, umgeben von Feldern und Freiflächen. Ein Jahr später lag der Masterplan für den neuen Stadtteil vor, dem ein Siedlungsbau mit Modellcharakter folgte. Im Zentrum von Ostfildern entstand der Scharnhauser Park, dessen Name sich von einem barocken, in Resten erhaltenen Garten mit kleinem Lustschloss ableitet. Geplant wurden Wohn-, Kultur-, und Verwaltungsbauten für 9.000 Einwohner und 2.800 Arbeitsplätze, hinzu kamen die dafür erforderlichen Infrastruktureinheiten. Die Architekten gliederten die Parzellen mit einer planerischen Großform, die durch gegenübergestellte Bauten in Straßenzeilen bestimmt wird. Dazu gehören zwei Grünkorridore. Der erste verbindet die Bestandsgebäude der 1950er-Jahre mit den Neubauflächen, der zweite zeigt sich als schnurgerade, unbebaute sogenannte Landschaftstreppe. Beides sind städtebaulich gelungene Vorschläge, das Gebiet sinnvoll und ansprechend zu organisieren.

Ostfildern

2 ¾ Std.

3,2 km

Tipps zur Tour: Im Stadthaus kann man nicht nur das Treppenhaus mit seinen verzerrten Raumebenen besichtigen, sondern auch den dazugehörigen Ausstellungsraum: In der Städtischen Galerie werden vier Ausstellungen im Jahr mit zeitgenössischer Kunst gezeigt.

Der Rundgang beginnt im Nordosten des Quartiers. Wenn Sie mit der Stadtbahn ankommen, steigen Sie an der Haltestelle »Scharnhauser Park« aus. Die Haltestelle, vom Büro Janson und Wolfrum geplant, bildet eine Plattform, die den Besucher bereits das Stadtquartier erahnen lässt. Folgen Sie der Niemöllerstraße, am Kreisverkehr vorbei, bis zur Ecke Reinachweg.

Die Grund- und Hauptschule ① Ecke Reinachweg / Gerhard-Koch-Straße

Von hier aus haben Sie die architektonischen Highlights im Blick: das Stadthaus des Berliner Architekten Jürgen Meyer H. aus dem Jahr 2001 befindet sich auf der linken Seite, die Grund- und Hauptschule des Büros von Arno Lederer, Marc Oei und Jórunn Ragnarsdóttir von 2002 auf der rechten Seite. Die Schule besteht aus zwei Gebäuden, die einen vorgelagerten Platz dominieren. Wie ein eigenständiges Stadtelement präsentieren sich die Architekturen, die sich im ersten Moment blockhaft dem Blick verweigern. Zum einen reagiert das Schulgebäude auf die Backsteinhochhäuser gegenüber der Gerhard-Koch-Straße, zum anderen ruft es durch das Mauerwerk Assoziationen an Festungsarchitektur hervor. Die Unterrichtsräume befinden sich in einem lang gestreckten Bau, einem eingekerbten mittleren Riegel, dem zwei Kuben zugeordnet sind. Symmetrisch deuten sich rechts und links die Zugangswege durch Überdachungen an. Ein Wasserspeier und eine Uhr setzen auf der geschlossenen Fläche Akzente. Im Inneren wird der abweisende Charakter des Baus aufgebrochen: Oberlichter im dreigeschossigen Entree inszenieren das Streulicht, das die Wände aus Sichtbeton hinabgleitet. Hell ist das oberste Geschoss, wo das Licht durch das V-förmig eingeschnittene Dach dringt, sich über weiß verputzte Schotten bewegt und ein je nach Sonnenstand und Wetter wechselndes Schattenspiel entfaltet. Das Hauptgebäude unterteilt ein durchgehender breiter Flur. Er er-

Grund- und Hauptschule

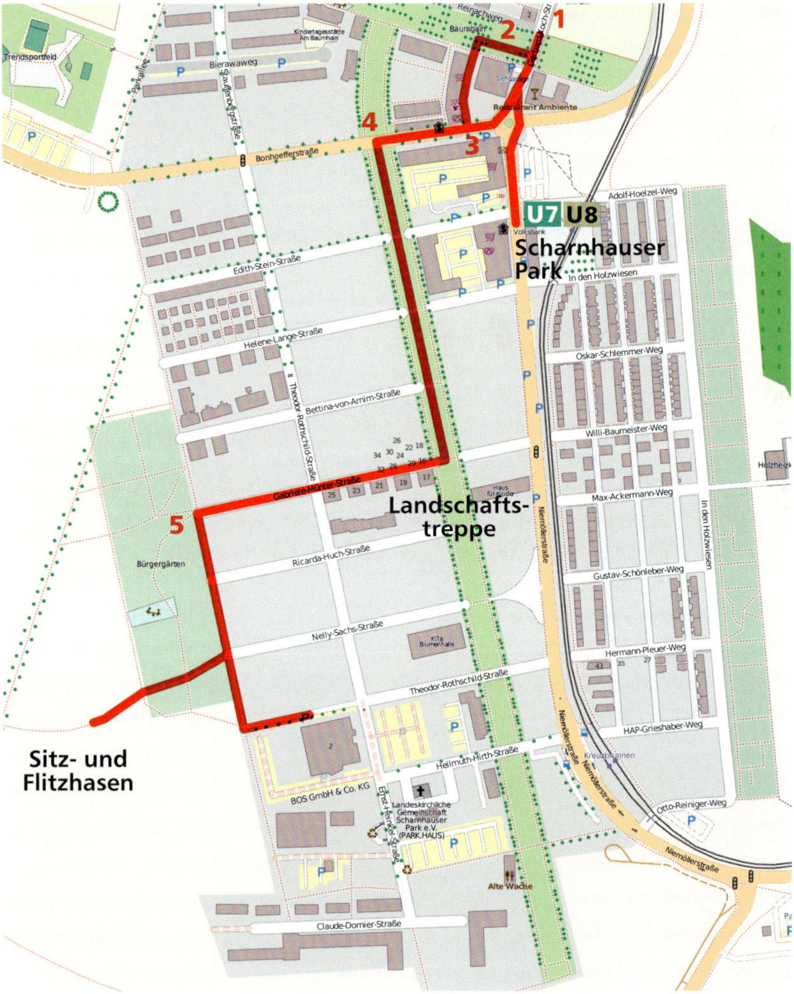

schließt beidseitig die Klassenzimmer und verbreitert sich an einer Stelle zu einem offenen, kollektiven Raum. Dies entspricht dem Konzept, das bereits bei der Baden-Württembergischen Bank von Rolf Gutbrod Programm war: Prinzipien des Städtebaus finden Anwendung bei der Planung eines Gebäudes, weshalb Straßen und Plätze innenräumlich gedeutet werden.

Über eine breite Treppe ist die Schule mit der benachbarten Sporthalle verbunden. Sie prägt den Siedlungsrand entlang der Stadtbahntrasse. Auch hier

Wohntürme

wird deutlich, dass die Planer einen kalkulierten Gegenentwurf zur gängigen Stahl-Glas-Architektur vorgelegt hatten. Nicht die Aufhebung von Innen- und Außenraum, die Entmaterialisierung des Werkstoffs, Transparenz und Leichtigkeit waren das Ziel, sondern eine mächtige Backsteinarchitektur mit einer Fassade, die gekennzeichnet ist vom grafischen Duktus grober, breiter Mörtelfugen. Einem Formenrepertoire aus fragilen Einzelteilen ist betonte Körperhaftigkeit entgegengesetzt. Die Sporthalle besteht aus massiv gemauerten Fassaden, zylindrischen Rundungen, Stützpfeilern und kegelförmigen Abluftkaminen. Auf dem Hallendach, das sich rampenartig in den Hügel schiebt, befindet sich ein Sportplatz. Daneben sind Glaszylinder gesetzt, die der Halle Licht zuführen. Durch Türme, Fassadenflächen, Lichtschächte und

Kamine überlagern sich in den Gebäuden der Grund- und Hauptschule Reminiszenzen an verschiedene markante Bauten der Architekturgeschichte. In den Kanon klassischer Schulhausbauten wollen sich die Sporthalle und Unterrichtsräume nicht einreihen, jedenfalls lässt sich die Funktion als Ort des Lernens nicht mehr unmittelbar am Bau ablesen. Vielmehr deuten sich zahlreiche, immer wieder neue Lesarten der Gebäude an, die diese damit zu vielschichtigen Kunstobjekten machen.

Die Wohntürme ②
Reinachweg 2–10

Auffällig sind auf der rechten Seite die Turmhäuser der Stuttgarter Architekten Claudia und Sven Kohlhoff aus dem Jahr

Das Stadthaus

1999. Mit ihren acht Geschossen, dem zentral angelegten Treppenhaus und dem Flachdach bilden sie eine rhythmische Linie entlang des Grünstreifens. Der jeweilige Zugang wird durch hohe Mauern und V-förmige Einschnitte gestaltet. Ein Gebäude ist mit vorgehängten Balkonen ausgestattet, ein anderes markiert den Rand der Wohnbebauung und nimmt durch die Backsteinfassade das Motiv der gegenüberliegenden Schule auf. Wie durch eine Stadtmauer, die die Bauten miteinander verbindet, wird die ehemalige, dahinterliegende »Housing Area« von den Turmhochhäusern eingefasst. Hier beginnt das Neubaugebiet des Parks, dahinter finden sich die Reste der ursprünglichen Kasernenarchitektur des US-Militärs. Man erkennt sie als niedrigere Zeilenbauten mit Walmdach

und weißem Putz. Diese Wohnblocks entsprachen in ihren Grundrissen und Dimensionen exakt den Gebäuden, die in den 1950er-Jahren in anderen deutschen US-Stützpunkten errichtet wurden. Mit ihren typischen Lochfassaden und Schrägdächern sind sie deutlich von den jüngeren Flachdachbauten der letzten Jahre im Scharnhauser Park zu unterscheiden. Seit 1993 sind die Bestandsgebäude renoviert und als Miet- und Eigentumswohnungen zivil genutzt.

Das Stadthaus ③
Gerhard-Koch-Straße 1

Vom Marktplatz aus hat man einen guten Blick auf das 2001 fertiggestellte Stadthaus, das mehrere Institutionen beherbergt. Dort sind das Rathaus, die Musik- und Volkshochschule, die städtische Galerie, die Stadtteilbücherei und Versammlungsräume untergebracht. Das Stadthaus bildet den Schlussstein eines Kreissegments, bleibt jedoch durch seine exponierte Lage als Solitär erkennbar. Es besteht aus einem klaren Baukörper von 38,00 Metern mal 27,30 Metern Kantenlänge. In Ost-West-Richtung ist dieser Körper um fünf Grad geneigt. Doch bleiben die Geschossebenen und das Dach horizontal, sodass das Gebäude eine interessant verzogene Kubatur mit einem rautenförmigen Querschnitt besitzt. Auf der Seite zum Marktplatz kragt über die gesamte Länge das Vordach mit acht Metern aus. Das gefällelose Flachdach hebt den Eingang hervor, besitzt aber darüber hinaus eine weitere Eigenschaft: Das Regenwasser, das sich auf dem Dach sammelt, tropft in kleinen Auslässen in das Wasserbecken auf Markplatzniveau. Auf diese Weise entsteht ein Tropfenvorhang, der eine leise Geräuschkulisse erzeugt und abends der eindrücklichen Lichtfassadengestaltung dient.

Vom Marktplatz aus gelangt man über einen Steg, der über ein Wasserbassin führt, in das Stadthaus. Nachdem man den Eingangsbereich passiert hat, fällt der Blick auf eine Verglasung, die auf den Ausstellungsraum im Untergeschoss verweist. Hier werden oft interessante Ausstellungen zeitgenössischer Kunst gezeigt, sodass man auch am Wochenende in das Innere des Gebäudes gelangen kann. Biegt man rechts ab, sieht man nach wenigen Metern das Treppenhaus.

Es wird durch zwei Glasdächer belichtet. Die größere Fläche über dem Treppenraum ist als Stahlkonstruktion auf T-Trägern aufgelegt, während das kleinere Glasdach mit einer selbsttragenden Konstruktion ausgeführt wurde. Insgesamt ist das Treppenhaus eine theatrale Inszenierung aus Lichtbändern, Betonflächen, Durchblicken und Raumöffnungen. Ebenso wie die Gebäudehülle ist der Treppenraum nicht an rechten Winkeln ausgerichtet. So entstehen Ansichten, die mit ihren stürzenden Linien an expressionistische Bühnenbilder erinnern.

Die Landschaftstreppe ④
Bonhoefferstraße

Die Landschaftstreppe, die eine Breite von 40 Metern besitzt, ermöglicht einen weiten Blick in die Umgebung bis zur Hügelkette der Schwäbischen Alb. Sie bildet das Rückgrat des Stadtteils. Die kompakten Körper der Bebauung rechts und links rahmen diesen malerischen Ausblick und setzen einen vertikalen Kontrapunkt zum Parkstreifen. Auf dem sanft abfallenden Weg bildet die Treppe eine Abfolge von Terrassen, bei der sich Treppenstufen mit Rasenflächen abwechseln. 293 Säuleneichen begleiten den Weg dieser eindrucksvollen Inszenierung. Als Gegensatz zur Versiegelung des Stadtraums entwickelten die Architekten Alban Janson und Sophie Wolfrum die Idee eines Landschaftskorridors, der sowohl die Funktion eines Parks hat, als auch den gezielten, in Zeilen entlang der Treppe verlaufenden Zugang zu den Quartieren vorsieht. Auf knapp einem Kilometer

Länge durchzieht die Landschaftstreppe den Scharnhauser Park. Ähnlich einem »Reißverschluss« trennt und verbindet sie das Neubaugebiet mit der angrenzenden Wohnbebauung. An dieser Achse reihen sich die Stadtbausteine des Quartiers auf, sodass man die verschiedenen Variationen des modernen mehrgeschossigen Wohnungsbaus auf dem Weg zum nächsten Standort intensiv studieren kann: Allesamt sind sie zwar Flachdachbauten, doch unterscheiden sie sich in Farbgebung und Fassadengestaltung. Backsteinfassaden stehen neben Gebäuden mit weißem Putz, Wohnblöcke mit Aluminiumverkleidungen grenzen an Häuser mit roten Anstrich oder großflächigen Glaselementen. Mal ist das letzte Geschoss als Penthouse mit Luftraum ausgeführt, mal finden sich Balkone, die sich über drei Seiten der Fassade ziehen, oder Loggien, die die Mehrfamilienhäuser strukturieren.

Freiraumanlagen und Bürgergärten ⑤
Gabriele-Münter-Weg

Auf der Höhe der Gabriele-Münter-Straße gelangt man zu einfallsreich gestalteten, zeitgenössischen Spielplätzen, Brunnen und Gärten, die anlässlich der Bundesgartenschau 2002 errichtet wurden. Besonders im Sommer entfalten sie ihre Pracht. Auf wenigen Quadratmetern reihen sich kleine Parks, die unterschiedliche Themen haben. Ein Rosengarten verläuft entlang einer Achse, die von einer Pergola überdacht wird, das Heckenlabyrinth entwickelt sich auf mehreren Ebenen und

Landschaftstreppe

Spielplatz

befindet sich neben einem Steingarten, der mit dünnen Stahlstäben eingefasst ist. Hier wachsen ausschließlich Gehölze, die für trockene Regionen vorgesehen sind. Ein Eyecatcher ist der Brunnen der Künstlerin und Bühnenbildnerin Rosalie. Buntfarbige Frösche räkeln sich mal sitzend, mal ausgestreckt in einem flachen Teich. Sie lassen sich das Wasser auf den Bauch prasseln, das aus Gießkannen strömt, die hoch über ihnen in der Luft hängen. Hinter einer Landschaft mit sanften Hügeln verstecken sich die »Sitz- und Flitzhasen«, die ebenfalls von Rosalie stammen. Jetzt sind es 24 gelbe und pinke Riesenhasen, die in einen Kreis angeordnet sind und eine monumentale Sonnenuhr bilden: Im Zentrum steht eine Karotte, die ihren Schatten je nach Sonnenstand auf eines der Hasenpaare wirft.

Drinks, Snacks und Eisspezialitäten gibt es rund um das Stadthaus. An der Landschaftstreppe liegen das Restaurant und der Biergarten der Alten Wache – mit Panoramablick auf die Schwäbische Alb.

Tourstart: Scharnhauser Park: U7, U8
Tourende: Kreuzbrunnen: U7, U8

Literaturauswahl

Fischer, Joachim: Neue Architektur Stuttgart. Herausragende Bauten 1999–2009, Hamburg 2009.

Franke-Hölzermann, Carola: Architektur Neues Stuttgart. Stuttgarter Baukultur 1996–2006, Salenstein 2005.

Grohnert, Reinhard: Parlament im Wandel 1952–1992. Ein Wegweiser für die Ausstellung des Landes von Baden-Württemberg anlässlich seines 40jährigen Bestehens, Stuttgart 1992.

Joedicke, Jürgen (Hrsg.): Dokumente der modernen Architektur, Hugo Häring, Schriften, Entwürfe, Bauten, Stuttgart 1965.

Kähler, Gert: Architektour. Bauen in Stuttgart seit 1900, Braunschweig 1991.

Kirsch, Karin: Die Weissenhofsiedlung. Werkbund-Ausstellung »Die Wohnung« – Stuttgart 1927, Stuttgart 1987.

Lupfer, Gilbert: Architektur der fünfziger Jahre in Stuttgart, Tübingen 1997.

Simon, Christina und Hafner, Thomas (Hrsg.): Wohnorte. 50 Wohnquartiere in Stuttgart von 1890 bis 2002, Stuttgart 2002.

Vetter, Andreas (Hrsg.): Die 25 Einfamilienhäuser der Holzsiedlung am Kochenhof, Stuttgart 2006.

Wörner, Martin und Lupfer, Gilbert: Stuttgart. Ein Architekturführer, Berlin 1997.

Bildnachweis

S. 3: Porsche AG

S. 8, 146, 147, 149, 152, 153: Ulmer, Manfred

S. 11, 27, 28, 30, 31, 32, 33, 34, 35, 36, 37, 39, 40, 43, 44, 170, 171, 173, 174, 176, 178, 179, 180, 181, 182, 183, 184, 185, 189, 190, 191, 192, 193, 194, 197, 198, 199, 200, 201, 202, 203, 205, 206, 208, 209, 210, 211, 213, 214, 215, 216, 217, 257, 259, 260, 261, 262, 263, 264, 265, 268, 270, 271, 272, 275, 274, 276, 277, 287, 288, 290, 291, 292, 293, 294, 295, 296, 287, 300, 301: Krämer, Anja

S. 16: Büro für Baubotanik, Hannes Schwertfeger und Oliver Storz

S. 18: Umschichten, Lukasz Lendzinski und Peter Weigand

S. 19: Lava, Stuttgart

S. 25, 30, 38, 41, 42: Landesmedienzentrum Baden-Württemberg

S. 55, 66, 148, 151, 249, 253, 255: Vogt, Jörn

S. 56: Urheber unbekannt

S. 70: Büro Aldinger und Wolf, Stuttgart

S. 76: Gragnato, Siegfried und Büro Arcass

S. 77: Braun, Zooey und Büro Reichert und Schulze

S. 78, 95: Gericke, Wolf-Dieter und Büro Drei Architekten

S. 80: Wilhelmy, Dirk und Büro Archy Nova

S. 81: Franck, David und Architekt Henning Ehrhardt

S. 88: Braun, Zooey

S. 93, 121, 125, 175: Broc, Al und Büro Alexander Brenner

S. 95: Hatt, Dominik und Büro Florian Danner

S. 99: Mörike-Gymnasium, Bildarchiv

S. 101: Willwersch Architekten

S. 109: Büro Kienle Planungsgesellschaft Freiraum und Städtebau mbH

S. 119: Staatsministerium, Staatliches Hochbau- und Vermögensamt

S. 123: Roth, Lukas und Büro Peter Kulka

S. 161: Kurz, Jörg

S. 173: Bonatz-Archiv Peter Dübbers

S. 177: Stiftung Bundespräsident-Theodor-Heuss-Haus, Stuttgart

S. 187: Scholl, Rainer

S. 189: Heinle, Wischer und Partner, Freie Architekten

S. 224: Duckek, Martin

S. 225: Evangelischer Oberkirchenrat Stuttgart

S. 240: Hindeley, Mark und Bernd Nixdorf

S. 244 Scholz, Hendrik und Büro Pfrommer/Röder

S. 267: Richters, Christian, Mercedes Museum

S. 275: Dieterich-Fotografie, Stuttgart

S. 285: Gonzàlez, Brigida

S. 298: Lederer, Arno

Alle restlichen Fotos stammen von Valérie Hammerbacher.

Register

Zwischen Tradition und Avantgarde

Gabriele Katz
Stuttgarter Damenklasse
Künstlerinnen auf dem Weg
in die Moderne
164 Seiten.
über 100 Farb- und
Schwarz-Weiß-Abbildun-
gen, Halbleinen, gebunden
29,95 €
Format 21 x 27,5 cm,
ISBN 978-3-7650-8428-7

Talent, Kampfgeist und Mut – das brauchten jene Frauen, die um 1900 als Künstlerinnen arbeiten wollten. Denn Kunst galt damals als Männerdomäne, in der
Frauen keine aktive Rolle zu spielen hatten.

Nicht so in Stuttgart: Als einer der ersten Orte in Deutschland ließ die Königli-
che Kunstschule Frauen zum Kunststudium zu. Mehr noch: Stuttgart mit seiner
legendären *Damenklasse* rund um den Maler Adolf Hölzel entwickelte sich neben der *Brücke* und dem *Blauen Reiter* zum Zentrum der deutschen Avantgarde.
Die Autorin beleuchtet Leben und Werk von 16 in Stuttgart ausgebildeten
Malerinnen. Großartige Kunstwerke und bislang unveröffentlichte Dokumente
geben Einblick in das Schaffen unkonventioneller Frauen, in Glück und Tragik der
Künstlerinnen auf dem Weg in die Moderne.

Anna Peters, Käte Schaller-Härlin, Emma Joos, Maria Caspar-Filser, Ida Kerkovius,
Lily Hildebrandt, Maria Hiller-Foell, Luise Deicher, Käthe Loewenthal …

G. BRAUN

© 2013 G. Braun Telefonbuchverlage GmbH & Co. KG,
Karlsruhe

Lektorat: Dagmar Schmidt

Umschlagabbildung vorne: Lukas Roth und Büro Peter Kulka
Umschlagbild hinten: Valérie Hammerbacher

Kartengrundlage: OpenStreetMap
Kartenbearbeitung: post scriptum, www.post-scriptum.biz

Satz, Layout und Umschlaggestaltung:
post scriptum, www.post-scriptum.biz

Druck: Bosch-Druck GmbH, Landshut

ISBN 978-3-7650-8612-0